KB015160

세렌디피티

코카콜라, 커피, 누텔라, 고르곤졸라, 샴페인….
우연이 창조해낸 48가지 성공 스토리

Serendipity

세렌디피티

위대한 발명은 '우연한 실수'에서 탄생한다!

오스카 파리네티 지음 | 최경남 옮김 | 안희태 그림

레몬한스푼

세렌디피티

1판 1쇄 2024년 7월 10일

지은이 오스카 파리네티
옮긴이 최경남
그린이 안희태

편집 정진숙   디자인 레이첼   마케팅 용상철
인쇄·제작 도담프린팅   종이 아이피피(IPP)

펴낸이 유경희   펴낸곳 레몬한스푼
출판등록 2021년 4월 23일 제2022-000004호
주소 35353 대전광역시 서구 도안동로 234, 316동 203호
전화 042-542-6567   팩스 042-718-7989   이메일 bababooks1@naver.com
인스타그램 bababooks2020.official
ISBN 979-11-986933-5-8   03300

나의 세 아이들, 그중에서도
큰아들 프란체스코^{Francesco}에게.
자신의 일에서 대단히 흥미롭고 새로운 모험의 여정을 시작한
이 아이에게도 우연한 행운을 맞이하는 순간이
한 번 이상은 찾아올 것이라는 예감이 든다.
이 책에 대한 아이디어를 준 것은 바로 나의 큰아들이다.

우연한 실수의 미학, 세렌디피티

우리는 많은 실수를 저지르고 종종 잘못된 길로 들어서기도 한다. 때로는 잃어버린 것을 찾다가 도리어 찾고 있던 것과 다른 무언가를 발견하기도 한다. 우리가 불완전하기에 일어나는 일들이다. 그러나 이게 나쁘지는 않다.

어찌 되었든 완벽이란 없다. 만약 있다고 해도 지루할 것이고 성장을 위한 자극제도 없을 것이다. 불완전함은 더 나은 사람이 되도록 채찍질한다. 더 나은 사람이 되기 위해서는 엄청난 노력을 기울여 목적을 이루어야 하고 그 과정에서 실수를 저지르기도 한다. 그러다가 우리의 통제를 벗어나는, 그래서 우리가 감수하고 적응해야 하는 사건 사고가 발생하면서 그것이 우리를 새로운 방향으로 이끌기도 한다.

때때로 역사의 흐름을 바꾸는 일들이 일어난다. 6,600만 년 전 멕시코의 유카탄 근처에 떨어져 산산조각이 난 운석을 생각해보라. 이 사건은 근본적으로 공룡의 멸종을 초래했다. 만약 그 운석이 지구와 충돌하지 않았다면 인간은 아마도 존재조차 하지 않았거나 설사 존재하더라도 오늘날 같은 모습은 아니었을 것이다.

간단히 말해, 지구에 생명체가 처음으로 등장한 이래로 약 35억 년 동안 수많은 사고와 실수가 발생했고 이에 적응하는 과정에서 오늘날 우리가 누리는 결과로 이어졌다.

인간은 모든 생명체 중에서도 지구에 대한 책임을 맡은 존재다. 이것을 고려할 때 인간은 일련의 불완전함이 낳은 산물로서 어느 정도 성공을 거두었다고 할 수 있다. 적어도 우리에게는 그렇게 보인다. 불의 발견에서부터 인터넷의 발명에 이르기까지 인간이 이룬 다양한 발명과 발견들 덕분에 지금 이 지점에 이르게 되었다.

발명하기 위해서는 연구를 해야 한다. 이 과정에서 때로는 올바른 방향으로 출발하여 가고자 했던 곳에 이르는가 하면, 때로는 잘못된 길로 들어서 실패하기도 한다. 그러나 주어진 목표에 도달하기 위해 특정한 방향을 택했다가 예상치 못한 것을 우연히 발견하게 되는 순간들도 있는데 이것이 훨씬 더 나은 결과로 이어지기도 한다.

인도를 찾아나섰다가 미 대륙을 '발견했던' 크리스토퍼 콜럼버스가 이것의 극적인 예라 할 수 있다. 페니실린과 엑스레이 역시 모두 실수로 만들어졌으며 전자레인지, 셀로판, 테플론, 다이나마이트, 포스트잇 노트 등도 마찬가지다.

1754년, 영국의 작가이자 미술사가인 호레이스 월폴Horace Walpole은 우리가 무언가를 찾다가 실수로 다른 것을 발견하게 된 것을 묘사하기 위해 '세렌디피티serendipity'라는 단어를 만들었다. 이 단어는 스리랑카의 옛 이름인 세렌딥Serendip에서 따온 것으로 오래된 페르시아 우화에 나오는 나라 이름이다. 이 우화에는 세렌딥을 다스리는 지아퍼왕의 세 아들이 나오는데, 왕자들은 세계를 여행하다 계속해서 찾지도 않았던 것을 우연히 발견한다. 월폴은 바로 여기서 영감을 얻었다.

그러나 '세렌디피티'라는 단어가 무언가를 발견할 때만 사용되는 것은 아니다. 세렌디피티는 열차를 놓치고 다음 열차를 타면서 이상형의 사람을 만나는 것처럼 사랑에도 있고, '시를 쓸 때 세렌티피티는 흔한 일이다. 마치 인도를 정복하려는 목표로 출발했다가 미대륙에 도착하는 것처럼'이라고 안들레아 잔초토Andrea Zanzotto가 썼듯이 문학에도 존재하며, 피터 호윗 감독의 영화 〈슬라이딩 도어즈Sliding Doors〉에서 볼 수 있듯이 영화에도 숨어 있다.

이 책에서는 음식이라는 내 전문 분야와 관련하여 뜻밖에 발생한 아주 재미있는 이야기들을 들려주고자 한다. 나는 거의 20년 동안 음식과 와인 분야의 전문가로 활동해왔지만 그보다 두 배는 더 오랫동안 아마추어였다. 다양한 음식의 역사를 연구하면서 몇몇 놀라운 세렌디피티 사례를 접하게 되었다.

이 책에서 내가 다루는 이야기들 중 상당수는 이미 엄청난 성공을 거둔 코카콜라나 고르곤졸라와 같이 기존에 잘 알려진 유명한 음식과 음료에 관한 이야기다. 또 어떤 이야기들은 실수나 착오, 사고를 해결하려는 과정에서 얻게 된 위대한 발견을 담고 있다. 예를 들어 이탈리아의 대표적인 빵인 파네토네나 마요네즈에 버무린 러시안 샐러드, 아일랜드산 흑맥주 기네스와 같은 것들이 있다. 또 다른 예들은 음식이나 재료, 음료에 관한 것으로 고문용으로 쓰였던 고추나 이탈리아 최고의 적포도주 바롤로, 밀라노식 리조토와 같이 그 기원이 너무나 기괴해 이 책에 담을 가치가 충분한 것들이 있다.

이러한 이야기들을 쓰는 동안 '궁극의' 세렌디피티가 있다는 생각이 문득 들었다. 그중 가장 중요한 세렌디피티는 아마도 인류가 아닐까 하는 생각이었다. 한 학자의 도움으로 이 이야기도 포함시켰다.

이러한 이야기들을 풀어내기 위해 소재가 된 발명에 대해 나보다 더 풍부한 지식을 지닌 사람들과 대화를 나누었다. 생산자, 식도락가, 요리사, 파티시에, 예술가, 과학자 등 각자의 분야에서 전문가적 안목과 경험을 가진 사람들이 이 책에 중요한 가치를 더해주었다고 확신한다. 그러므로 이 책은 나보다 더 재능과 지식이 뛰어난 사람들을 매일 만나면서 그들에게 배우고 얻은 것을 독자에게 전하려고 쓴 책이라 할 수 있다. 부디 즐거운 책 읽기가 되기를 바란다.

덧붙임: 좋은 음식과 음료를 즐기려는 모든 사람을 위한 제안

이 책을 읽으며 각 장의 주요 소재로 등장하는 제품을 시식해 볼 것을 추천한다. 시식하고 시음하는 것에 대한 지식이 늘수록 먹는 즐거움은 배가된다. 나 역시 친구들과 이러한 실험을 해보았는데 믿어도 된다. 정말 효과가 있다!

오스카 파리네티

1

코카콜라

좋은 약이지, 암 그렇고 말고!

무타르 켄트와의 대화

무타르 켄트^{Muhtar Kent}는 2007년부터 2017년까지 코카콜라의 CEO로 있었다. 2013년에 나는 운 좋게도 그를 만나 좋은 친구가 되었다. 미국에 갈 때마다 그를 방문하고 함께 식사를 하는데 그가 유럽에 올 때도 마찬가지다.

뉴욕에서 태어난 그의 부모님은 튀르키예 출신으로 그의 아버지는 뉴욕 주재 튀르키예 영사였다. 영국에서 대학 교육을 받고 런던 카스 비즈니스 스쿨에서 MBA를 마친 무타르는 완벽한 천재이자 그의 경력이 보여주듯 승리자였다.

사실 그의 경력은 동화와도 같다. 1978년 그는 코카콜라에서 운전기사를 모집하는 광고를 본 후 아버지에게는 말하지 않은 채 그 자리에 지원했고, 미국 전역으로 음료를 배송하는 빨간 배송 트럭을 운전하게 되었다. 그가 한 일은 트럭을 몰고 가서 음료 상자를 차량에서 내리고 떠나는 것이었다.

이후 무타르는 2008년 이 기업의 CEO가 되었을 뿐만 아니라 2009년부터 2019년까지는 회장직도 겸임했는데 이는 세계 최대 탄산음료 기업에서 최고 직책을 두 개나 맡은 셈이었다. 그는 탁월한 성과를 통해 이사회의 임명이 적절했음을 증명했다.

나는 인생에서 무타르만큼이나 호감을 주는 사람을 만난 적이 없었다. 그는 외향적이고 박식한 사람으로, 코카콜라라는 역사상 가장 큰 돌풍을 일으킨 세렌디피티 사례들 중 하나를 파악하기 위해서라면 그를 찾는 게 당연했다.

"그게 말이야, 오스카. 나도 책을 써달라는 요청을 받았어. 자서전을 원하는 출판사도 있었는데 할지 안 할지는 두고 봐야지. 자네는 내 이야기가 아니라 코카콜라가 어떻게 탄생했는지를 듣고 싶어 나를 만난 거겠지. 나는 40년 넘게 코카콜라에서 일하면서 이 이야기를 수 차례 듣기도 하고 들려주기도 했다네. 애틀랜타에는 심지어 당시의 아름다운 이미지와 아이템들을 가지고 코카콜라가 탄생한 이야기를 전시해놓은 박물관도 있지. 내가 몇 번이나 자네를 초대했는데 자네는 한 번도 오지 않았어. 이 나쁜 사람아!"

"갈게요, 맹세코 갈게요." 내가 말했다.

무타르는 자신이 생각하는 것을 있는 그대로 말하지 빙빙 돌려 말하지 않는다. 이 점이 내가 그를 좋아하는 이유다. 그의 자서전에 관해 말하자면 한 권으로는 충분하지 않을 수도 있다. 그는 세계에서 가장 유명한 탄산음료의 전체 역사를 목격하고, 그것도 그 이야기의 주연을 맡은 사람이었다. 그는 이 사실을 마음 깊이 알고 있다. 그가 말하기 시작했다.

코카콜라는 전혀 다른 목적으로 만들어졌다. 1886년 5월 8일, 애틀랜타에서 약사로 일했던 존 스티스 펨버턴John Stith Pemberton은 '와인 코카wine coca' 제조법을 완성했다. 그는 두통과 피로를 치료하는 탁월한 시럽, 그러니까 본질적으로 약을 발명했다고 믿었다. 실제로 그가 만든 것은 유럽에서 약용 시럽으로 성공을 거둔, 와인과 코카 잎을 섞은 '코카 와인'을 어느 정도 모방한 것이었다.

펨버턴은 자신이 발명한 시럽이 담긴 유리병을 동료 약사에게 가져가 맛을 보도록 했다. 이 동료는 그 시럽이 효과도 있지만 더 중요한 것은 맛이 좋다는 점을 분명히 말했고 한 잔당 5센트의 가격을 매겨 바로 판매를 시작했다.

그러나 문제가 있었다. 무타르는 내가 그 문제가 무엇인지 추측할 수 있나 보려고 잠시 멈추었다가 미소를 지으며 말했다. "문제는 알코올을 못 받아들이는 고객들이 존재했다는 거야."

"그래서 어떻게 했는데?"

"우리의 발명가는 알코올 대신 건강에 아주 좋다고 알려진 열대 식물 콜라 너트에서 얻은 추출물을 넣으려고 시도했다네. 그 결과 예상치 못한 맛이 나왔어. 이렇게 해서 코카 잎과 콜라 너트 추출물의 조합이 탄생했고, 이것이 바로 우리 음료에 흉내 낼 수 없는 맛을 선사했지."

오래지 않아 펨버턴은 자신이 발명한 것이 약이 될 뿐만 아니라 순수하게 즐거움을 위해 마실 수 있는 훌륭한 무알코올 음료가 될 수 있다는 사실을 깨달았다. 그래서 약사 펨버턴은 탄산수를 첨가하려고 했다. 그의 직감은 놀라웠다. 그러나 이 음료를 어떻게 팔아야 할지 확실하게 알지 못했기에 그 결과를 혼자서만 간직하고 있었다.

새로운 음료에 정체성을 부여한 사람은 그의 회계 담당자였던 프랭크 메이슨 로빈슨Frank Mason Robinson이었다. 당시 유행하던 스펜서 글자체에서 영감을 얻어 그는 두 재료의 이름을 합치고 두 단어의 똑같은 첫 자를 강조하며 두 개의 C를 대문자로 표현했다. 이처럼 로빈슨은 몇 가지 가벼운 작업을 마무리함으로써 오늘날에도 여전히 사용되는 이 상표를 개발했다.

나는 "펨버턴과 로빈슨, 둘 다 대단한 사람들이었군. 자신들의 발명품이 오늘날 이렇게 거물로 변할 줄 누가 알았겠는가"라고 논평했다.

무타르는 이렇게 반응했다. "아, 그게 말이야. 사실 펨버턴은 2년 후인 1888년 사망했다네."

그때는 회사와 제품이 이미 그의 손을 떠난 시점이었다. 죽기 전 그는 자신의 약국과 코카콜라 제조법, 상표 등을 포함하여 소유한 거의 모든 것을 팔아야 했다. 이 가엾은 펨버턴과 악수를 나누고 2,300달러에 이 모든 것을 인수한 구매자는 사업가 아사 캔들러Asa Candler였는데, 이 금액은 펨버턴이 발명품을 개발하는 과정에서 쌓인 부채 규모와 비슷했다.

당시 코카콜라는 작은 판매 부스에서 유리잔에 담아 판매됐다. 판매자들은 약국에서 시럽을 사서 소량의 물을 탄 후 고객들에게 제공했다. 캔들러의 지도 하에 애틀랜타 밖의 판매 부스들로 유통이 확장되었고, 그러다가 증가하는 수요에 적절히 대응하고 음료를 운반할 수 있도록 1894년 조지프 비덴한Joseph Biedenharn은 미시시피에 있는 자신의 음료 키오스크 뒤에 병입 기계를 설치했다.

그는 코카콜라를 병에 넣은 최초의 사람이었다. 그러나 대규모 병입은 5년 후에야 시작되었는데, 테네시주 채터누가에 살던 선견지명을 갖춘 기업가 세 사람이 아사 캔들러로부터 코카콜라 병입 및 판매에 대한 독점권을 확보했다. 그들이 지불한 돈은 단 1달러였다. 벤저민 토마스Benjamin Thomas, 조지프 화이트헤드Joseph Whitehead, 존 럽턴John Lupton 세 사람은 세계적인 병입 시스템이 된 코카콜라의 병입 방식을 개발한 공로를 인정받았다. 그러나 크게 성공한 다른 모든 제품들과 마찬가지로 모방 제품들이 도처에서 생겨났다. 이때 그들은 독점적인 음료에는 맛 외에도 그것을 독창적인 음료로 만들어주는 특별하고 독특한 병이 필요하다는 점을 깨닫게 된다.

1916년, 이 세 명의 (현재는 수백 명에 이르고 미국의 모든 주로 확장된) 탄산음료 제조업자들은 손에 쥐기 쉽고 즉각적으로 알아볼 수 있는 독특한 형태의 병 디자인에 합의했다. 이것이 오늘날 우리 냉장고에 있고 피자 가게의 식탁 위에 놓인 코카콜라 병이다.

코카콜라 무료 시음 쿠폰과 수많은 신문광고, 그리고 역사에 길이 남을 슬로건으로 최초의 마케팅 활동이 시작된 것도 이 무렵이다.

1960년대에 집행했던 그들의 광고에서 내가 기억하는 것은 제품의 세세한 사항을 알려주지 않고 '코카콜라를 마셔요Drink Coca-Cola'라고 권유하는 장면이다.

"물론 나도 그 광고 기억하지. 하지만 초반에 이들은 훨씬 더 소심하고 겸손했어. '상쾌함을 위한 잠깐 멈춤', '코카콜라는 생기를 더해줍니다', '코카콜라를 마시면 미소가 지어져요' 같은 광고 문구처럼 말이야. 초창기 슬로건들 중 하나가 '위대한 국민 비알코올 음료^{The Great National Temperance Beverage}'였다는 사실은 알고 있지?"

한편, 1919년에 우드러프^{Woodruff} 가족이 등장하여 다른 파트너들과 함께 코카콜라 컴퍼니를 2,500만 달러에 인수했고 전 세계를 정복하기 위한 첫 수출을 시작하며 환상적인 성장의 시기를 열었다.

전체 이야기는 무타르조차도 말하기 버거울 정도로 너무 길다. 그래서 그는 제2차 세계대전 중 코카콜라의 보급과 관련된 에피소드 하나만 들려주었다.

"1941년 미국이 전쟁에 개입했을 때 코카콜라의 사장이었던 로버트 우드러프^{Robert Woodruff}는 '군복을 입은 남자들이라면 그들이 어디에 있든, 우리 회사가 어떤 비용을 치르든, 작은 병의 코카콜라를 5센트에 살 수 있게 해주어야 한다'라고 쓴 적이 있지. 2년 후 북아프리카의 총사령부로부터 해외 전보가 하나 도착했어. 드와이트 아이젠하워 장군이 보낸 전보였는데, 병입 공장을 세울 수 있는 기계 10대를 긴급하게 선적해주고, 코카콜라 300만 병을 즉시 공급해달라는 긴급 요청이었지. 이 화물을 싣고 이륙한 비행기 조종사는 목숨을 건 모험을 했다고 알려졌어. 비행기에 화물을 너무 잔뜩 실은 바람에 모래 언덕에서 이륙하려고 할 때 크게 애를 먹었기 때문이지. 그 사이 회사에서 전문가 몇 명이 병입 공장을 설립하기 위해 알제리의 수도 알제로 떠났고 바로 이 공장이 전쟁 기간 동안 세워진 64개의 해외 시설들 중 첫 번째 공장이었다네."

확실히 코카콜라는 군인들의 기운을 북돋우는 데 안성맞춤인 음료였던 것으로 보인다. 실제로 이 음료는 보병들과 공군 이등병에서 시작해 거실과 식당, 술집에서 이 음료를 마시는 그다음 세대에 이르기까지 모든 사람들의 의욕을 높였다.

나머지는 좀 더 최근의 역사다. 코카콜라는 증권거래소에 상장된 공개 기업이 되면서 세계를 장악했다. 오늘날 우리는 매년 1,100억 병 이상의 코카콜라를 소비한다.

떠나기 전에 무타르에게 물어야 할 한 가지 불편한 질문이 있었는데 아마 그도 예상하고 있었을 것이다. "1,100억 병이라니 너무 많다고 생각하지 않나?"

"1987년에 내가 이 회사로 왔을 때 회사의 가치는 20억 달러가 안 됐다네. 그러다 2019년 5월, 은퇴할 무렵에는 자본금이 2,000억 달러가 넘는 기업이 됐지. 판매와 수익의 증가 덕분에 회사의 가치가 엄청나게 높아진 건 분명한 사실이야. 하지만 오스카, 자네가 무슨 말을 하려는지 알아. 코카콜라 같이 성공한 기업이 져야 할 사회적 책임은 엄청나지. 코카콜라는 인류가 직면한 생태학적 문제에 대해 아주 잘 알고 있어. 나의 지휘 아래 환경 존중을 목표로 한 연구 프로그램을 시작했고 대규모 투자를 통해 이제 우리는 첫 번째 결과를 목격하고 있지."

그들이 자체적으로 설정한 목표는 포장을 100% 재활용하고 재사용하는 것이다. 무타르는 코카콜라가 다시 한번 세계를 놀라게 할 것이라며, 단지 이러한 목표를 인식하는 데 그치지 않고 지구를 구하기 위한 집합적인 노력의 일환임을 보여줄 것이라고 확신했다. 지구를 구하는 것은 이제 시급한 수준을 넘어선 일이다.

우리 모두에게 이보다 더 중요한 과제는 없다.

2

초코잼 누텔라

위안을 주는 낙관적인 제품

|

조반니 페레로와의 대화

조반니 페레로Giovanni Ferrero는 누텔라Nutella · 틱택Tic Tac · 킨더Kinder · 페레로 로쉐Ferrero Rocher 등을 만드는 세계에서 가장 훌륭한 제과 회사 페레로 그룹을 이끌고 있다. 그는 2011년에 그의 형 피에트로Pietro를 심장마비로 잃었고, 4년 후에는 그의 아버지 미켈레Michele가 89세의 나이로 사망했다. 이제 페레로의 미래 전략을 결정하는 것은 조반니에게 달려 있으며 숫자를 보면 그가 매우 잘하고 있음을 알 수 있다. 그는 주변에 뛰어난 중역들과 페레로 가문을 존경하는 수만 명의 노동자들에게 도움을 받고 있는데, 여기에는 그럴 만한 이유가 있다. 누텔라가 어떻게 탄생했는지를 알아내기 위해 나는 곧장 그에게로 갔다.

"누텔라가 어떻게 탄생했는지 정말로 알고 싶다면 누텔라가 개발된 1964년 4월보다 훨씬 더 먼 과거로 거슬러 올라가야 합니다. 우연히 만들어진 누텔라의 기원은 1800년 나폴레옹 칙령에서 찾을 수 있습니다."

그는 당시 일어났던 일을 간략하게 설명했다. 나폴레옹은 유럽을 정복한 후 프랑스 국기가 아닌 다른 국기(주로 영국 국기)를 단 배들이 지중해 항구로 식료품을 운반하는 것을 금지했다. 코코아에는 세금이 부과되어 더 이상 찾아볼 수 없게 되었다. 당시 귀족들과 중산층들 사이에서는 코코아가 매우 기분 좋은 음료라는 사실을 발견했을 때였다. 그러다가 전후 굶주림의 시기에 가난한 피에몬테 지역의 제과 장인들은 초콜릿을 얇게 입혀도 충분히 맛있는, 가장 중요한 것은 초콜릿을 대체할 수 있는 레시피를 찾기 시작했다.

조반니가 말했다. "지금의 프랑스인들은 마치 사라져버리면 어떡하냐는 듯 누텔라를 사들이고 있지만, 그 당시 초콜릿을 국내로 들이지 못하도록 한 사람이 그들의 장군이라는 사실은 아이러니하죠."

"피에몬테 사람들은 헤이즐넛을 활용하는 데 노력을 기울였지요?" 내가 물었다.

아마도 나폴레옹이 그 칙령을 내리지 않았다면 헤이즐넛이 이렇게까지 인기를 끌지는 않았을 것이다. 그 전까지만 해도 우수한 포도나무와 송로버섯으로 유명했던 이탈리아의 랑게 지역은 헤이즐넛의 거대한 잠재력을 감추고 있었다. 최고의 품질을 지닌 향기롭고 맛있는 헤이즐넛이 그곳에서 엄청나게 재배되고 있었지만, 어느 누구도 그것이 오늘날까지 인기를 누리고 있는 페레로의 스토리를 만들어낼 것이라고는 상상하지 못했다.

조반니는 계속해서 말을 이었다.

"제 할아버지 피에트로(조반니의 형 피에트로와 같은 이름-옮긴이)는 선견지명과 통찰력을 가진 알바^{Alba} 출신의 기업가였습니다. 1946년에 그는 헤이즐넛이 '저렴한' 새로운 초콜릿 제품을 만드는 데 핵심이 될 수 있는 가능성을 내다봤어요. 저는 아직도 긍정적인 에너지와 마법으로 가득 찬 비아 라타치^{Via Rattazzi} 8번가 실험실에서 하얀 실험 가운을 입고 새로운 것을 만들어내기 위한 작업에 세심하게 집중하던 할아버지의 모습이 눈에 선해요. 할아버지의 천재성은 수세기 동안 지속될 나무의 새싹을 심는 데서 드러났습니다. 이렇게 인근 언덕에서 코코아, 설탕, 헤이즐넛으로 만들어진 단단한 블록 잔두야 페이스트 또는 잔두요트^{Giandujot}가 탄생했어요. 할아버지는 그것을 파스토네^{pastone}(으깬 혼합물)라고 불렀습니다. 이것이 약 70년 전 누텔라의 전신이었지요. 당시에는 그것을 약국에서 쓰던 짚으로 만든 누런 종이로 감쌌는데 살라미처럼 슬라이스로 잘라야 했어요. 독특한 맛과 부드러운 식감을 가지고 있었고 가격도 적당했습니다.

하지만 이는 시작일 뿐이었죠. 1년도 지나지 않은 1947년에 크레미노^{Cremino}로 이름이 바뀐 잔두야 페이스트 제품은 5리라라는 합리적인 가격이 매겨져 단일 포장으로 판매되었습니다. 지혜로운 해결책이었어요. 훌륭한 제품을 사람들이 감당할 수 있는 가격에 공급하고자 했으니까요."

2년 후인 1949년에는 슈퍼크레마^{Supercrema}가 등장했다. 조반니의 할아버지인 피에트로는 51세의 나이로 슈퍼크레마가 등장하기 몇 달 전에 세상을 떠났고 이 신제품의 개발은 그의 할머니 피에라^{Piera}와 삼촌 조반니, 그리고 스물네 살에 불과했던 그의 아버지 미켈레의 몫이 되었다.

슈퍼크레마는 이탈리아 최고 주부들의 관심을 끌 수 있는 고품질의 제품으로 매장에 선보였다. 조반니는 여전히 자랑스럽게 자신들의 개발 타깃을 회상했다. 가정에서 적극적인 역할을 하고 가족 모두를 위해 좋은 제품을 선택하는 것을 자신의 책임이라 느끼는 고전적인 아내이자 엄마인 '시뇨라 발레리아Signora Valeria'. 그녀들은 맛있으면서도 인증된 천연의 제품이고 영양이 풍부하며 무엇보다 예산을 초과하지 않아야 하는 제품을 찾는 사람들이었다. 게다가 슈퍼크레마는 재사용이 가능한 유리병에 담겨 나왔다. 페레로 가족은 소비자의 니즈를 완벽하게 이해했고 자신들의 훌륭한 제품과 함께 단순하지만 정확한 마케팅 캠페인을 시작했다.

"이제 조반니, 슬라이스로 잘라야 했던 잔두요트가 어떻게 발라 먹을 수 있는 스프레드가 되었는지를 설명해주실 수 있나요? 이것도 우연이었나요?"

"정확히 말하면 실용주의와 창의성을 깨달은 한 혁신적인 사업가가 이끌어낸 기회를 통해 나온 것이었어요. 세렌디피티는 완벽을 추구하는 과정에서 찾아오는데, 중요한 '발견'은 다른 무언가를 찾는 동안 일어나는 것이 아니라 혁신을 위한 지성과 본능이 결함처럼 보이는 것을 기회로 바꾸고 고객이 인식하기도 전에 필요를 창출할 때 발생하지요.

간편하게 발라 먹을 수 있는 잔두요트는 새로운 재료를 추가하고 양을 다양하게 바꾸어보며 수많은 배합 비율을 비교 평가하는 등 '실수를 통해 배운다'는 속담을 실체화하는 과정에서 개발되었습니다. 그것이 바로 우리의 스프레드가 50년이 지난 지금도 여전히 최고의 자격과 독특한 지위를 유지하고 있는 이유죠."

그의 아버지가 자주 들려주던 이야기가 있었다. 이야기는 1949년으로 거슬러 올라간다. 그의 아버지는 아스티에 있는 베이커리와 식료품점들을 방문했을 때 잔두요트가 매대에서 녹는 것을 보곤 했다. 처음에 그는 이 현상이 불만이었고 문제라고 여겼지만 식료품점을 이곳저곳 계속 돌아보다가 영감이 떠올랐다. 실온에 두면 녹기 시작하는 '구조적인 결함'은 새로운 제품의 탄생, 수요의 재해석, 새로운 형태의 소비로 이어졌다.

조반니는 계속 말을 이어갔다. "그때 떠오른 영감은 완벽을 추구하는 여정의 계기가 되었고, 15년 후인 1964년에 미켈레 페레로의 누텔라가 출시되는 결과로 이어졌습니다." 헤이즐넛이 주는 '견과류의 고소함'에 '크림 같은 부드러움'이 혼합된 것이다. 천재적이었다!

"완벽을 향한 강박적인 추구는 혁신적이고도 야심찬 비즈니스 접근 방식에 영감을 불어넣는 원동력이에요. 오늘날과 같은 도전에 직면한 이 순간에도 그렇지요. 페레로의 가치는 우리가 가족 기업이라는 사실과 밀접하게 연결되어 있으며, 처음 시작부터 진정성과 진실성을 가지고 소비자를 배려하는 기업이 되는 것이었습니다."

이들의 접근 방식은 조반니의 말처럼 '밀레니얼 세대의 직원들이라는 새로운 집단과 완벽하게 조화를 이루며' 대를 이어 전해 내려왔다. "젊은이들은 회사의 가치와 그들 자신의 가치가 일치하기를 기대하고, 공정하고 지속 가능한 방식으로 행동하고 성장할 수 있는 능력을 갖춘 비즈니스에 자신의 재능을 사용하기를 원합니다."

예전 그의 아버지처럼 그는 동료들의 복지를 최우선으로 한다. 나는 페레로의 직원들이 출퇴근할 때 무료로 타던 헤이즐넛 색깔의 버스들이 기억난다. 그 버스들이 랑게에서 가장 외딴 마을의 좁은 길을 따라 천천히 달리던 장면이 아직도 머릿속에 떠오른다.

이 모습은 왠지 자신들이 충실하게 따라야 한다고 느끼는 레시피를 상징하는 것 같다. 이는 사람들이 가진 기술을 존중하고 이들에게 자신의 기술을 최대치로 활용할 수 있는 기회를 제공하기 위해 최선을 다하려는 레시피다. 누텔라에서부터 최근의 신제품에 이르기까지 역사에 남을 제품들이 탄생할 수 있었던 것은 각자가 개별적인 기술을 갖췄기 때문이었다.

"우리 '페레로 사람들'에게는 다음과 같은 미션이 있습니다. 그것은 연구에 대한 열정과 기존 패러다임에 도전할 수 있는 기업가로서의 지위를 활용하여 독특하고 기억에 남는 소비자 경험을 창출하고, 대중들과 우리가 경영하는 분야와의 강한 유대감을 놓치지 않는 것입니다. 저는 우리의 전통과 관련된 모든 가치를 활에 비유하여 표현하고 싶습니다. 활의 시위를 잡아당기면 당길수록 현대성과 확신의 화살을 더 멀리 쏠 수 있다는 말입니다."

이쯤에서 우리 대화는 끝났다. 그러나 마지막으로 한 가지 질문이 떠올랐는데 그들의 마케팅 전략에 관한 것이었다.

이들의 전략은 너무나도 단순하기 때문에 오늘날 비즈니스 환경의 모델과는 사실상 정반대라고 할 수 있다. 그러나 이 전략은 적확했고, 일부 페레로 제품들은 상업 제품의 수명 주기에 대한 기존의 예상을 깨고 영원하고 시대를 초월하는 제품이 되어가고 있다. 조반니는 이에 대해 어떻게 생각할까? 절대적으로 맞는 말이지만 그가 생각하지 못한 것이 있었다.

"그에 대한 대답은 우리 제품의 깊은 뿌리와 원형으로서의 가치에 있다고 생각합니다. 우리는 인간 조건의 보편적이고 영원한 필요에 대해 반응합니다. 누텔라에 특별한 뭔가가 더 있다면 그것은 그러한 보편적인 인간의 진리입니다. 좀 더 제대로 설명해 보지요. 누텔라는 존재하는 가장 맛있는 아침용 스프레드일 뿐만 아니라 아침식사 전에 거치는 정서적인 단계의 일부가 되기도 합니다. 우리 정신이 밤에서 낮으로 깨어나는 의식을 위해 먹는, 또는 좀 더 '집에 틀어박혀 있고 싶은' 중요한 시간에 먹는 최고의 위안을 주는 컴포트 푸드지요. 은유적으로 말하면 누텔라의 강력한 맛은 애정 어린 포옹이라 할 수 있습니다."

"그러니까 누텔라는 낙관적인 제품인 거네요?" 내가 이렇게 넌지시 말하자 조반니는 다음과 같이 대답했다.

"그렇지요. 희망적인 낙관주의는 우리 삶에 긍정적인 변화를 가져오거나 긍정을 만드는 것이니까요. 그리고 이것이 바로 '모두를 위한 보편적인 진실'이라는 누텔라의 정신을 말해줍니다."

3

커피

카페인을 먹은 염소

|

프란체스카 라바차와의 대화

세렌디피티 순위에 자동으로 올라 있는 커피에 얽힌 전설이 있다.

비록 대부분의 이탈리아 사람들이 매일 아침, 아마도 평생 동안 에스프레소 컵으로 커피를 홀짝이지만, 그렇다고 대부분의 이탈리아인이 고대에서 시작된 커피의 역사를 알고 있지는 않다.

에티오피아 남서쪽 카파Kaffa의 고지대에서 염소를 방목하던 칼디Kaldi라는 양치기가 있었다. 그는 어느 날 염소들이 무성하게 꽃이 핀 식물에 달린 붉은 베리를 먹는 것을 보았다. 그는 염소떼들이 그 베리를 먹고 소화하고 나면 평소보다 훨씬 더 기분 좋게 뛰어다니는 것을 발견하고는 궁금한 마음에 베리를 직접 먹어보기로 했다.

양치기는 한 수도사의 도움을 받아 이 열매를 구웠고 군침이 나올 만큼 근사한 향이 풍겨나오자 이 구운 베리를 갈아 가루로 만든 뒤 뜨거운 물과 섞어보기로 했다. 그렇게 그는 역사상 첫 커피를 마셨다. 그의 염소들처럼 그는 낯선 에너지가 폭발하는 것을 느꼈고 이렇게 커피는 탄생했다.

*

프란체스카 라바차Francesca Lavazza는 19세기 말 라바차 커피를 설립한 루이지 라바차의 증손녀다. 그의 아버지는 에밀리오, 할아버지는 베페다. 그녀는 남동생, 사촌들과 함께 가족 회사 라바차 커피를 이끄는 4대 자손이다. 라바차는 이탈리아에서 가장 규모가 크고 거래량이나 품질 면에서 가장 영향력 있는 가족 소유 기업들 중 하나다. 라바차가 이탈리아 기업이다보니 세계는 대부분 이탈리아를 커피의 땅으로 여긴다. 하지만 이탈리아에는 커피가 상대적으로 늦게 전해졌고 이탈리아 사람들은 커피를 대량으로 소비하지 않는다. 따라서 왜 이런 인식이 생겼는지 의아했다. 사실 핀란드 사람들은 이탈리아인보다 평균 두 배 이상 커피를 마신다.

그래서 나는 프란체스카에게 물었다. "하필이면 왜 이탈리아인가요?" 이는 커피라는 식물의 기원을 알아내기 위해 수천 년 전의 과거로 돌아가는 것을 전제로 한 질문이었다. 그러나 또다시 다른 질문이 머리에 떠올랐다. "왜 사람들은 커피가 어디에서 왔는지를 모를까요?"

브라질? 아니다. 브라질에는 포르투갈 사람들이 18세기 초반에 남아메리카에 커피를 전했을 때 들어왔다.

중앙아메리카? 아니다. 남아메리카에 커피가 전해진 것과 거의 비슷한 시기에 프랑스 사람들이 중앙아메리카에 커피를 가지고 갔다.

그렇다면 동양인가? 그곳도 아니다. 네덜란드 사람들이 자신의 식민지였던 인도네시아, 특히 자바섬으로 커피를 운송했다는 기록이 있다.

"프란체스카, 그렇다면 커피의 원산지가 어디인지 말해줄 수 있나요?"

"그 양치기 칼디가 풀을 뜯어먹게 하기 위해 염소들을 데리고 간 곳은 에티오피아의 카파 고원이었어요. 커피 역시 모든 것이 시작된 아프리카에서 왔답니다. 이름도 역사상 최초로 커피 의식을 치렀던 카파라는 지역의 명칭에서 따왔고요."

그녀는 기이한 커피 의식을 계속해서 묘사했다. 이 의식은 커피를 수확하고 건조하며 로스팅해서 가루를 내는 일의 책임을 맡았던 여성들만 치를 수 있었다. 빻은 커피는 제베나^{jebena}라는 주전자에 넣었고 이를 브라지에^{brazier}라는 화로에 올렸다. 이 의식에는 네 잔의 커피를 마시는 행위가 포함되는데 각 잔에는 고유한 의미가 담겨 있었다. 그러나 이 풍습에는 특별한 점이 하나 있었다. 커피를 마시는 컵에는 손잡이가 없어야 했다. 손잡이가 커피와 심장의 거리를 멀어지게 하는 것을 의미하기 때문이었다. 커피를 손으로 잡고 몸에 가까이 두면서 따뜻하게 유지할 수 있어야 했다.

호모 사피엔스처럼 에티오피아에서 시작된 커피는 이후 지구 구석구석으로 퍼져나간 것으로 알려져 있다.

"커피는 수천 년 동안 아프리카에 국한되어 있었지만 특정 시점이 되어 북쪽을 향해 길을 떠났고 결코 멈추지 않았습니다." 프란체스카는 상상 속의 세계지도를 자신 앞에 펼쳐두고 이 여정의

각 단계를 설명했다.

우선 1300년, 커피가 아시아·페르시아·아프리카를 연결하는 예멘의 사나에 도착한 것은 커피 루트의 획기적인 분기점이었다. 이 국가들에서 커피는 '선지자의 검은 와인'으로 알려졌고 이곳의 특정 도시는 이탈리아의 어디에나 있는 화구용 커피 포트인 모카moka라는 이름의 기원이기도 하다. 서부 예멘의 항구 도시인 모카 또는 알마카는 최초이자 가장 잘 알려진 커피 생산지였는데, 특히 높은 가치로 평가받는 아라비카Arabica의 생산지였다. 그리고 이곳에서 전 세계로 예멘의 커피가 수출되기 시작했다.

프란체스카가 말해준 두 번째 단계는 커피가 무슬림 세계 전역에 퍼지면서 넓은 지리적 지역을 포괄하게 된 것과 관련된다.

"커피숍의 전신이 존재한 것은 15세기까지 거슬러 올라가요. 동양식으로 차려진 커피숍들은 남자들이 만나서 아이디어를 교환하는 장소였습니다. 주로 이들은 저녁 기도 시간까지 깨어 있기 위해 커피를 마셨어요. 초기에는 마법을 가진 것처럼 귀중한 것으로 여겨졌던 이 식물을 보호하기 위해 커피 수출이 금지되었고 약용으로도 사용되었습니다. 하지만 사람들은 커피가 큰 사회적 가치를 지니고 있음을 금세 깨달았죠. 극동 지역에서는 차가 '생각 자극제'로 선호되었다면 중동과 이후 서구권에서는 커피가 그 지위를 가져갔다고 볼 수 있어요."

그렇게 커피는 큰 배를 타고 이탈리아에 왔다. 이야기의 세 번째 단계는 베니스에서 일어났다. 프란체스카는 설명을 이어갔다.

"하지만 그렇게 수월한 항해는 아니었어요. 왜냐하면 먼저 교회의 저항을 극복해야 했기 때문이었죠. 16세기 후반에 교황 클레멘스 8세(이탈리아의 철학자 조르다노 브루노를 잔인하게 화형에 처한 교황)는 무슬림이 만든 음료의 소비를 금지해달라는 요청을 받았는데, 성직자들은 커피가 애초에 악마가 소개한 사악한 검은 물이라고 믿었습니다!"

다행히도 교황 클레멘스 8세는 커피를 직접 맛보고 싶어했다. 그는 그 맛과 향에 매료된 나머지 커피를 즐기는 특권을 이교도에게만 맡겨두는 것이 '죄악'이라고 선언했다. 그는 커피에 세례 성사를 베풀었고 그로써 커피는 유럽의 문을 열게 됐다.

교황의 첫 축성을 받은 첫 번째 커피 화물은 향신료, 비단, 향수, 염료 그리고 커피와 같은 온갖 종류의 이국적 상품들이 동방에서 들어오는 관문인 베니스에 하역되었다. 그리하여 커피를 처음으로 마신 이탈리아인은 베니스 사람이 되었고 음악 용어가 그랬듯이 그 이래로 쭉 커피와 관련된 주요 용어들도 이탈리아어가 되었다.

베니스에서 커피는 마르세유 사람들 덕분에 프랑스로 가게 되는데 마르세유는 계몽주의의 도래와 동시에 유럽 최초의 문학 카페가 생긴 곳이다. 18세기 말까지 파리에만 약 300개의 카페가 생겼고 젊은 지식인 수십 명이 예술, 책, 역사, 시사, 음악에 대해 토론하기 위해 이곳으로 모였다. 다음 차례는 영국이었다. 작가, 시인, 사업가들이 투자, 책, 예술, 그리고 과학적 발견을 아우르는 대화를 위해 커피하우스에 모였다.

"하지만 이탈리아가 뒤처지는 것은 아니었어요." 프란체스카는 말을 잠시 멈췄다. 나는 그녀가 피에몬테에 대해 이야기할 것이라는 사실을 알았다. 그녀는 내게 피에몬테에 대해 이야기할 때 내가 우쭐해지는 것을 알고 있었다.

"오스카, 우리도 계몽주의의 일부였어요. 특히 여기 토리노는 더했죠. 19세기, 나아가 20세기에 많은 문학 카페가 등장했어요. 이탈리아의 계몽주의 운동가 피에트로 베리Pietro Verri는 1764년 이탈리아에서 가장 유명한 계몽주의 잡지를 창간했고 《일 카페Il Caffé》라는 이름을 붙였습니다. 발보, 다첼리오, 라 마르모라, 카보우르와 같은 정치인들은 토리노에 있는 카페에서 국정을 계획하기도 했죠."

나는 놀랐다. "그렇다면 토리노가 이탈리아 커피의 수도라고 할 수 있을까요? 나폴리는 어떡하고요?"

"네, 훌륭한 에스프레소를 만드는 나폴리의 명성을 빼앗아오지 않아도 토리노가 이탈리아 커피의 수도라고 확실히 말할 수 있어요. 그 이유는 간단해요. 최초의 에스프레소 머신이 20세기가 시작되기 15년 전에 토리노에서 발명되었고 개발되었기 때문이죠."

그로부터 10년 후 프란체스카의 증조부인 루이지 라바차는 자신의 가족과 함께 약속 어음으로 도심에 있는 오래된 식료품점을 매입했다. 그는 많은 다른 가게들이 하는 것처럼 커피를 취급하기 시작했지만 이전에 아무도 하지 않았던 방식, 즉 다양한 품종을 섞어 파는 방식을 도입했다.

당시에 커피는 싱글 오리진으로 판매, 소비되고 있었다. 달리 말하면 가루 커피가 담겨 있는 커피 상품들은 단일 지역에서 온 것이었다. 루이지는 여러 곳에서 온 다양한 커피를 섞어 블렌드를 만들겠다는 아이디어를 가지고 있었는데, 이는 차의 경우에는 이미 실행되고 있던 아이디어였다. 그 결과 그는 한눈에 인식할 수 있는 독특하고 완전히 새로운 맛의 제품을 탄생시켰다.

하지만 이것은 좋은 아이디어들 중 단지 첫 번째일 뿐이었다. 수십 년의 세월이 흘렀고 낮 시간에 커피를 마시는 관습이 이탈리아인들 사이에 점점 더 깊게 자리잡았다.

"오스카, 지금 우리는 경제가 호황이던 시절, 대량 소비의 초창기였던 1950년대 말에 대해 이야기하고 있다는 점을 명심하세요. 당시 카로셀로Carosello(1957~1977년 국영 방송 RAI에서 방영되었던 인기 텔레비전 광고쇼의 이름-옮긴이)보다 더 그 시절을 대변하는 아이콘이 있을까요? 이탈리아 사람들은 가족과 저녁식사를 한 후 부른 배를 안고 TV 앞에 앉아서 그 광고 이야기를 보곤 했죠. 그걸 이야기라고 불러도 되겠죠? 특정 제품을 홍보하는 이야기였으니까요. 그러던 중 제 할아버지 루이지의 아들인 주세페(라바차 그룹의 현 회장-옮긴이)가 두 번째 훌륭한 아이디어를 생각해냈어요."

주세페는 당시 전 시대를 통틀어 가장 위대한 이탈리아의 만화가인 아르만도 테스타Armando Testa의 손에 광고를 맡겼는데 그는 라바차 광고를 위해 '카벨레로와 카르멘시타Caballero and Carmencita'라 불리는 멋진 두 캐릭터를 고안해냈다. 이 캐릭터들은 TV를 통해 모든 이탈리아의 가정으로 전해졌고 라바차 커피가 그 뒤를 이었다.

이제 라바차 가족과 다른 훌륭한 이탈리아의 생산자들 덕분에 이탈리아 커피는 큰 인기를 누리고 있다. 커피 생산자들에게 다음 단계는 지속 가능성에 대한 책무를 다하는 것이다. 이는 환경만이 아니라 농부들의 노동 조건에 대한 문제이기도 하며 우리도 공유하는 사안이다.

나와 프란체스카는 둘 다 이탈리아의 생산자들이 이 분야에서 세계적인 리더가 되는 것을 보고 싶어한다. 라바차는 몇 년 전 이 여정을 시작했고 진정으로 이 분야에 전념하고 있다.

"이것은 그저 단순한 마케팅 활동이 아니라, 고품질의 제품이 존재할 수 있도록 일하는 사람들을 가치 있게 여기는 것에 대한 문제입니다. 이것이 우리 라바차가 유기농 수제 원두 블렌드 티에라¡Tierra!를 개발하는 접근 방법이지요. 이 블렌드는 생산 과정 전반에 걸쳐 지속 가능성을 유지한 커피로, 이 제품이 마땅히 받아야 할 주목과 관심을 누리며 우리를 커피의 심장부인 원산지들과 그 땅으로 책임감 있게 데려다줄 겁니다."

4

요거트

칭기즈칸의 에너지 음료

아나 로시와의 대화

슬로베니아 출신의 아나 로시^{Ana Roš}

는 2017년 '세계 50대 최고 레스토랑' 어워드에서 세계 최고의
여성 셰프로 선정되었다. 이 어워드는 독자적으로 활동하는 최고
의 음식 및 와인 전문가 1,000여 명을 대상으로 최고의 요리사
순위를 매기는 세계적인 조직에 의해 운영된다. 2017년 4월 5일,
호주 멜버른에서 열린 시상식을 통해 아나 로시는 최고의 여성
셰프로 공식 인정받았고, 그것을 계기로 모든 사람이 아나 로시
가 누구인지 알게 되었다. 그런데 그녀는 정말 그럴만한 자격이
있었다.

　아나의 레스토랑인 히샤 프랑코^{Hiša Franko}는 슬로베니아 카포레
토에 있는 농가에 자리 잡고 있는데, 외교학 학위를 가진 그녀는
2002년 남편 월터^{Walter}와 함께 이곳으로 이사했다. 이탈리아 사
람이라면 너무나 잘 알고 있는 카포레토는 이탈리아 북동쪽, 카
르스트 지역에 있는 신화적인 곳으로 지난 세기 동안 이곳을 중
심으로 국경이 자주 옮겨졌고, 1917년 10월 이탈리아 군대가 한
달 동안 후퇴하면서 사상 최악의 패배를 당한 곳이기도 하다. 그
러나 제1차 세계대전에서 이탈리아는 승전국들 중 하나였기에
제2차 세계대전 후 유고슬라비아의 도시가 될 때까지 약 20년 동
안 카포레토에는 이탈리아의 국기가 휘날렸다. 그러다 1990년대
에 이르러서야 다시 슬로베니아의 품으로 돌아왔다.

아나는 자랑스러운 슬로베니아인이며, 그녀의 요리는 그녀의 강인하고 단호한 성격에서 비롯되었다. 요거트에 대해 이야기하면서 자신의 집 주변 계곡에서 생산되는 우유와 효모를 발효시키던 일을 얼마나 즐겼는지 자랑하던 아나의 모습이 떠올랐다.

"저는 요거트를 좋아해요. 아침을 자주 거르고 점심도 거를 때가 많지만 요거트는 항상 머릿속에 있어요. 그 어떤 음식보다 저를 행복하게 해주거든요."

아나는 저온 살균 처리를 하지 않은 우유로 만든 치즈, 버터, 케피어^{kefir}(버섯 모양의 종균으로 만들어 일명 '티벳버섯 요구르트'로 불리는 발효유-옮긴이), 사워 밀크 등 유제품을 주로 먹는 지역에 살고 있다. 말하자면, 우유가 지배하는 곳이다. 대부분의 유제품에는 설탕이 첨가되지 않은 생유가 사용된다.

그녀의 레스토랑에서는 현재 볶은 커피, 바닐라, 무화과, 세이지, 푸아그라 등으로 재워둔 천연 요거트를 제공하고 있다고 소개했다. 그녀는 요거트가 요리에 주는 특성, 즉 철을 함유한 것 같이 입 안에 미네랄 맛을 남기는 깊고 진한 맛 때문에 요거트를 좋아한다. 요거트는 발효에서 파생된 다른 제품들과 마찬가지로 우연히 탄생한 것으로 보이는 또 하나의 특별한 제품이다.

몽골 사람들은 오랫동안 요거트를 즐겨 먹어왔으며 칭기즈칸의 전사들은 요거트가 힘은 물론이고 아름다움도 준다고 믿었다. 요거트의 세렌디피티는 몽골인들 사이에 전해지는 전설에서 찾을 수 있다.

"요거트의 유래는 밤에 모닥불을 피워놓고 둘러앉아 자주 들었던 이야기예요. 칭기즈칸의 병사 중 하나가 긴 사막을 횡단하던 중 휴식을 취하기 위해 한 마을에 들렀어요. 그곳에서 그는 적군을 만났는데, 적군은 그 병사의 물병을 채워주며 친구인 척했어요. 그러나 그 적군이 채워준 것은 우유였고, 이 우유가 상해서 칭기즈칸의 병사가 중독되면 위험한 초원을 살아서 떠날 수는 없을 것이라 믿었던 것이지요. 그러나 정반대의 일이 일어났습니다. 우유가 발효되기 시작한 거예요. 다른 마실 것이 없었던 그 병사는 발효된 우유를 마셨고 원시적인 형태의 요거트 덕분에 그는 목적지에 무사히 도착하는 데 필요한 힘을 얻었습니다. 이 사건을 계기로 칭기즈칸은 요거트의 힘을 확신하게 되었고 직접 모든 병사들에게 요거트를 먹으라고 독려했지요."

할머니 집에서 보냈던 아나의 어린 시절 이야기도 있는데 그것은 훨씬 더 현대의 이야기다. 할머니 이바^{Iva}에게는 아홉 명의 손주가 있었다. 아나는 할머니댁에서 사촌 뒤시코, 여동생 마야와 식사하던 그날을 또렷이 기억하고 있었다.

"전통적으로 콩소메를 먹고 나면 고기 스튜, 감자, 그리고 텃밭에서 수확한 채소로 만든 샐러드가 나왔어요. 할머니는 디저트 대신 우리에게 천연 요거트 몇 통을 가져다주셨어요. 여동생과 저는 전유 요거트를 있는 그대로 먹는 데 익숙했지만 사촌 뒤시코는 설탕을 좀 넣어달라고 부탁했어요. 달달한 요거트라니 어리둥절했죠. 호기심이 발동한 저는 사촌을 따라해봤어요. 끔찍한 맛이었어요. 처음 한입을 먹은 후 한 번 더 먹을 엄두가 나지 않았는데, 제가 그토록 좋아하던 약간의 자연스러운 단맛과 기분 좋은 신맛의 조합이 사라졌거든요. 할머니는 매우 화를 냈습니다. 우리 가족은 누구도 음식을 버리는 것을 허락하지 않았어요. '요거트를 다 먹을 때까지는 식탁을 떠나지 마!'라고 할머니가 명령하셨죠.

TV에서 만화가 시작되고 그것이 끝날 때까지 저는 요거트를 건드리지도 않았어요. 뉴스가 끝난 후에도 할머니와 저는 서로 마주 보고 앉아 있었지요. 저는 고개를 푹 숙인 채 골이 나 있었고 할머니는 TV를 보며 제게 항복의 기미가 보이는지 이따금씩 훔쳐보고 계셨어요. 그러다 끔찍하게 지루한 영화가 방영됐고 마지막으로 심야 뉴스 시간이 되었어요. 그런데도 저는 여전히 식탁 앞에 앉아 끔찍한 가당 요거트가 가득 담긴 통을 바라보고 있었지요. 결국 가엾은 할머니는 잠이 드셨고, 저는 사건이 종료될 때까지 견뎌낸 셈이 되었어요."

한 음식에 대한 우리의 접근 방식은 우리의 라이프스타일을 보여주는 지표가 된다. "그게 저예요. 융통성이 없는 게 아니라 한결같은 것이죠. 그리고 그것이 제가 매일 저의 요리에 적용하려고 노력하는 가치입니다. 어쨌든 요거트를 가지고 장난치지 마세요!"

5

브라우니

깜빡한 것이 행운을 불러온 순간

카티아 델로구와의 대화

"신의 손이야!" 뉴욕에 있는 이탈리 매장에서 달달한 이탈리아식 디저트들로 매대를 채우느라 바쁘게 움직이는 카티아 델로구^{Katia Delogu}를 볼 때마다 아내가 외치는 감탄사다.

카티아는 북미 지역 이탈리(이 책의 저자 오스카 파리네티의 고급 이탈리아 식품 쇼핑몰 체인-옮긴이)의 파티시에다. 뉴욕에서부터 보스턴, 시카고, 로스앤젤레스, 라스베이거스, 토론토에 이르기까지 미국과 캐나다 전역에 있는 이탈리 매장의 케이크 및 제과 제품의 제조와 판매를 총 감독하고 있다. 빅애플^{Big Apple}로도 불리는 뉴욕 본사에 소속되어 있지만 항상 북미 전 대륙을 누비고 있어 이 모든 것이 시작된, 플랫아이언 빌딩 맞은편에 있는 우리 센터에서는 그녀의 모습을 보기가 점점 더 힘들어지고 있다.

디저트 진열대 쪽 쇼윈도를 지날 때마다 아내 입에서는 매번 "그녀는 신의 손을 가졌어!"라는 외침이 흘러나왔다. 정말로 그 모든 것은 카티아가 그곳에 없을 때조차도 너무나 아름답고, 너무나 형형색색으로 다채로웠으며, 너무나 맛깔스럽게 잘 진열되어 있어 정말로 신의 손길로 빚은 작품처럼 보였다.

한결같은 책임감으로 하루 24시간이 모자랄 만큼 성실히 일하는 카티아는 제과제빵 기술의 진정한 대가다. 지난 2010년 루카 몬테르시노가 고맙게도 우리에게 카티아를 소개해주었다. 미국에서 첫 이탈리 매장을 개장했을 때 우리는 그녀에게 뉴욕으로 와서 도와달라고 부탁했다. 원래 계획은 그녀가 몇 주간만 뉴욕에 머물며 우리 매장의 파티시에들에게 티라미수나 판나코타(차갑게 먹는 이탈리아식 푸딩-옮긴이), 시칠리아식 카놀리, 나폴리식 파스티에라 등을 포함하여 갖가지 이탈리아 디저트들을 가르쳐주는 것이었다. 하지만 카티아는 이탈리아로 돌아가지 않았고 이제는 뉴욕에서 이곳을 총괄하고 있다.

브라우니에 대한 이야기를 하려고 하자마자 카티아가 떠올랐고 하나의 세렌디피티 속에 있는 또 다른 세렌디피티를 맞닥뜨리게 되었다. 사실 이번 장은 레시피에 관한 이야기이기도 하지만, 카티아의 삶에 관한 이야기이자 그녀가 중학교를 다니던 당시에 브라우니를 접하게 된 계기와도 관련된다. 소소한 용돈벌이를 위해 카티아는 한 영국인 가정의 자녀들을 돌보는 아르바이트를 했다. 이 이야기를 할 때 카티아의 눈이 초롱초롱 빛났다. "아이들의 이름은 오르소와 로웬이었어요. 활달하고 사랑스러운 아이들이었죠. 전 걔들을 잊은 적이 한 번도 없어요."

영국인 엄마는 두 아이에게 달달한 간식거리를 만들어주곤 했는데 그중에는 초콜릿과 호두, 코코넛으로 만든 아주 쫀득쫀득하면서도 부드러운 것도 있었다고 했다. "마치 블록 초콜릿을 통째로 먹는 것 같았어요! 분명 특별한 브라우니였죠. 맛은 뭐라 표현할 길이 없지만 아주 맛있었어요. 아이들이 먹을 수 있도록 좀 남겨두려면 저 스스로 절제를 해야 할 정도였지요."

"상상이 가네요! 하지만 그 이야기 속 세렌디피티는 뭔가요?"

"브라우니를 처음 맛보고는 곧바로 내 손으로 직접 만들어보고 싶어졌어요. 브라우니를 먹을 때마다 이 생각은 점점 더 강해졌죠. 이것이 제 인생의 진로를 선택할 때 어느 정도는 영향을 주었다고 생각해요. 이제는 브라우니의 고장에서 달콤한 것들을 만드는 데 시간을 보내고 있으니까요."

카티아는 자신의 일을 사랑하는 사람들에게서 전형적으로 볼 수 있는 일에 대한 열정을 가지고 있다. 그녀는 꾸준한 연구와 자신의 일을 잘해내는 것, 페이스트리와 케이크를 만드는 데 필요한 완벽함과 꼼꼼함을 중요하게 생각한다. 그러나 카티아는 우연하게 창조되는 것들에 특별한 매력을 느낀다. 실수든 우연이든 기대하지 않았던 것들이 실제로 일어날 때마다 그녀는 끊임없이 놀라곤 한다.

"브라우니는 환상적인 실수 덕분에 생긴 결과물이에요. 마치 발명되기만을 기다리며 항상 존재하고 있었던 것처럼 말이죠. 안 그래요?"

페이스트리 분야에서 일하는 사람들이라면 다 알고 있는 전해 내려오는 소문에 따르면, 하루는 어떤 파티시에에게 초콜릿 케이크를 만드는 임무가 주어졌다고 한다. 그런데 살짝 딴 데 정신이 팔린 나머지 반죽에 효모(이스트) 넣는 것을 깜빡하고 말았다.

"무엇보다 그가 여기서 나와 함께 일하지 않아서 다행이에요. 나라면 당장 그를 해고하고 브라우니와는 영영 이별했을 테니까요!" 카티아는 브라우니가 부풀지 못한 유난히 맛있는 케이크 조각들 같다는 사실을 떠올리며 웃음을 터트린다. 식감 면에서 브라우니는 이탈리아의 전통 초콜릿 케이크인 테네리나^{tenerina}와 비슷하며 어찌 보면 부드러운 초콜릿 필링과도 약간 닮았다.

그러나 더 정확한 이야기는 다음과 같다. 브라우니는 1897년경 시카고의 유명 백화점인 시어스^{sears}에서 화려하게 등장했다. 그러나 이 브라우니는 이미 몇 년 전에 시카고에서 좀 더 북쪽에 있는 미시건 호수 근처 파머 하우스 호텔에서 탄생했다. 호텔 주인인 버사 파머$^{Bertha\ Palmer}$는 자신의 파티시에에게 한 입에 먹기 좋고 무엇보다도 손에 묻지 않는 케이크를 주문했다.

이는 1892년, 콜롬버스의 미 대륙 발견 400주년을 기념하는 세계 만국 박람회가 열리기 직전에 일어난 일이다. 파머는 박람회에 초대받은 여성들이 작은 디저트를 먹은 후 손가락을 닦기 위해 화장실로 달려가게 만들고 싶지 않았다. 그 결과, 호두를 넣고 살구 글레이즈를 덧바른 파머 하우스 브라우니가 탄생했다. 130년이 지난 오늘날까지도 이 브라우니는 여전히 이 호텔에서 원래의 레시피대로 만들어져 제공된다.

안타깝게도 이 브라우니를 발명한 파티시에의 이름은 알려지지 않았다. 효모 넣는 것을 깜빡한 것에 대한 강의 소재로만 언급되는 데 그치지 않고 최소한 맛있는 작품을 만든 것에 대한 영광을 일부라도 가져갔기를 바랄 뿐이다.

글로 작성된 최초의 레시피는 『1896년 보스턴 요리학교 요리

기본서¹⁸⁹⁶ Boston Cooking-School Cook Book』에 처음 등장했고, 1907년에는 메인주의 도시 이름을 딴, 훨씬 밀도 높고 초콜릿이 많이 들어가는 뱅고어Bangor 브라우니 같은 새로운 레시피들도 등장하기 시작했다. 바닐라를 넣어 만든 블론디Blondie는 또 하나의 오래된 브라우니 종류다. 그 이후로도 수없이 많은 변형된 형태의 브라우니들이 개발되었다.

브라우니는 휘핑을 한 생크림이나 아이싱 슈가 혹은 다양한 종류의 데코용 스프링클이나 초콜릿 등을 뿌려서 먹지만 미국에서 브라우니를 먹는 가장 인기있는 방법은 우유와 함께 간식으로 먹는 것이다. 이제 미국에서는 어디를 가나 브라우니를 찾아볼 수 있다. 베이커리의 진열대, 작은 가방 속, 슈퍼마켓, 카페 등 브라우니는 어느 곳에나 있다.

"미국의 국민 케이크라 부를 수 있을까요?" 내가 물었다. 카티아는 고개를 끄덕이며 이렇게 말한다. "물론이죠! 미국에서 가장 흔하게 먹는 케이크인 데다 자신이 좋아하는 종류를 언제나 찾을 수 있을 만큼 다양하니까요."

브라우니의 이러한 인기 때문에 조금 걱정이 되기도 한다. "최근 이탈리아에서 그런 브라우니를 많이 봤어요. 이미 오스테리아(술과 음식을 파는 이탈리아의 선술집-옮긴이) 대신에 펍이 생기고 가면 축제 대신에 핼러윈을 즐기고 있죠. 카놀리나 카네스트렐리(버터 비스킷), 크루미리(콘밀 쿠키), 파스티에라(나폴리식 타르트), 보넷(구운 푸딩)이나 티라미수 대신에 브라우니를 먹고 있는 우리를 발견하지 않기를 바라야 하지 않을까요?"

나의 마음을 읽은 듯 카티아는 납득할 만한 합리적인 대답을 내놓았다.

"보세요, 오스카. 전 세계적으로 브라우니가 이토록 성공한 이유는 의심할 여지 없이 브라우니가 쉽게 만들 수 있고 원한다면 갖가지 재료들을 다 추가할 수 있기 때문이라고 생각해요. 미국에서 온 다른 모든 것들처럼 브라우니도 제2차 세계대전 후 몇 년 사이에 이탈리아에 처음으로 등장했죠. 우리 이탈리아에서 브라우니를 점점 더 많이 볼 수 있다는 당신 말이 옳아요. 하지만 이런 현상은 정상이에요. 이걸 세계화라고 부르잖아요. 한편, 여기 미국에서는 전형적인 이탈리아 과자들이 큰 히트를 치고 있어요. 우리도 세계화에 힘을 보탠 거죠."

그녀는 윙크를 하며 이렇게 덧붙였다. "저도 방어적이 아니라 공격적으로 가야 한다고 생각하는 사람 중 하나랍니다. 그리고 우리에게는 무기가 있어요. 그건 확실하죠!" 카티아의 말이 분명 옳을 것이다. 디저트 전쟁에서 우리는 방어보다는 공격하는 법을 생각하는 것이 더 나으리라.

그녀는 노트 한 장을 찢어 레시피를 큰 소리로 읊으며 적었다. "먼저 여기 뉴욕에서 가장 인기 있는 기본적인 브라우니 레시피부터 드릴게요. 그다음에 파머 하우스 호텔의 1892년 원조 레시피도 알려드릴게요."

한 번에 하나씩 그녀를 따라해보려 한다.

뉴욕에서 가장 인기 있는
기본적인 브라우니 레시피

재료	버터 70g
	설탕 250g
	달걀 2개 + 달걀노른자 1개
	엑스트라 버진 올리브유 75m
	코코아 가루 75g
	밀가루 65g
	초콜릿 플레이크 130g
	옥수수 전분 20g
	베이킹 소다 5g
	소금 5g

만드는 법	1. 버터를 녹이고 설탕을 넣은 다음 달걀, 올리브유, 코코아 가루를 넣는다.
	2. 위의 재료에 밀가루, 소금, 베이킹 소다를 넣고 스패튤라를 이용해 섞은 후 마지막으로 초콜릿 플레이크를 넣는다.
	3. 180℃로 예열된 오븐에서 30분간 굽는다.

"어느 레시피를 더 좋아하나요?" 내가 물었다. 카티아는 내게 다 알고 있다는 듯한 미소를 지으며 말했다. "세 번째 레시피를 제일 좋아하지요." 그렇게 그녀는 내게 자신의 가장 성공적인 브라우니 레시피를 마지막으로 주었다.

파머 하우스 호텔의
1892년 원조 레시피

| 재료 | 초콜릿 400g
버터 450g
설탕 340g
밀가루 120g
달걀 8개
다진 호두 120g,
살구잼

| 만드는 법 | 1. 버터와 초콜릿을 함께 녹인다.
2. 설탕과 밀가루를 함께 섞고 위의 초콜릿과 버터 혼합물에 넣어
잘 섞은 후 달걀을 넣는다.
3. 이 혼합물을 베이킹 틀에 넣고 다진 호두를 위에 뿌려
180℃에서 30~40분간 굽는다.
4. 표면에 붓으로 살구잼을 발라 마무리한다

카티아의 표정에서는 자신이 가장 사랑하는 것을 말할 때면 늘 향수에 젖는 모습이 보였는데, 이제 피에몬테산 호두에 대한 자신의 모든 추억이 모습을 드러냈다.

이제 카티아 델로구의 브라우니 레시피를 공개한다.

카티아 델로구의
브라우니 레시피

| 재료 | 버터 200g, 소다 5g

코코아 30g

달걀 4개

초콜릿 플레이크 320g

밀가루 150g

사탕수수당 200g

대충 다진 구운 호두 120g

| 만드는 법 | 1. 달걀을 설탕과 함께 풀고(많이 젓지 말고 설탕이 녹을 정도로만 젓는다)
초콜릿과 녹인 버터를 함께 넣는다.

2. 마른 재료를 넣은 다음 마지막으로 잘게 썬 구운 호두를 넣고 고무
주걱으로 섞는다.

3. 180℃ 오븐에서 30분간 굽는다.

여기에 자신이 원하는 재료는 무엇이든 추가할 수 있다(전문가
가 보증한 것이다). 단, 브라우니를 너무 구워서는 안 된다. 가장자
리 부분만 살짝 건조한 상태가 되고 나머지 부분은 매우 부드러
워야 한다. 누구나 실험을 할 수 있고 그렇게 만든 것은 버리지
않아도 된다. 이렇듯 낭비를 줄일 수 있다는 점이 큰 장점이다. 카
티아 자신도 수천 가지 버전을 시도했고 부엌에서 오랜 시간을
보내는 동안 코코넛과 호두를 넣어보면서 자신을 베이비시터로

고용했던 그 영국 여성의 브라우니를 재현해보려고 시도했다.

결과는? 한 번도 성공하지 못했다. "디저트는 재료만으로 만들어지는 것이 아니에요. 사랑, 감정, 특별한 순간에 대한 추억 등도 그 안에 들어가지요. 그러나 나는 포기하지 않을 거예요, 오스카. 계속해볼 겁니다. 이따금씩 나는 그녀에 대해 생각해요. 내가 지금 우주의 중심인 이 도시에서 이 일을 하고 있는 것이 그 브라우니 때문이라는 점을 생각하면 그녀에게 감사를 표하고 싶답니다."

내가 뭐랬는가? 그리움, 과거, 인생에서 일어나는 모든 일이 음식으로 다시 돌아오는 것처럼 카티아의 경우도 자신에게 딱 맞는 곳에 마침내 이르게 된 이유를 상기시켜주는 맛있는 냄새와 여전히 따끈함이 남아 있는 그 브라우니로 다시 돌아온 것이다.

6
—

감자튀김
소박한 감자에 대한 존중

|

안토니아 클루그만과의 대화

이탈리아에서는 '파타티네 프리테 patatine fritte'라는 용어를 두 가지 다른 의미로 사용한다. 즉 프렌치 프라이를 의미하기도 하고 감자칩chip이나 감자 크리스프crisp를 의미하기도 한다. 이제는 두 가지 버전 모두 어디에서나 쉽게 맛볼 수 있으며 남녀노소 모두에게 사랑을 받고 있다.

나는 감자튀김에 대해 이야기를 나눌 사람으로 안토니아 클루그만Antonia Klugmann을 선택했다. 안토니아는 TV 프로그램인 '마스터셰프'의 심사위원으로 출연하면서 더욱 유명해졌지만, 업계 사람들은 그 이전부터 그녀를 알고 있었고 존경해왔다. 그렇다. 그녀는 이탈리아 최고 셰프들 중 한 사람이다.

1년간의 방송 활동을 마친 안토니아는 슬로베니아 국경 근처 프리울리의 콜리오 지역에 있는 미슐랭 스타 레스토랑 라르지네아 벤코L'Argine a Vencò로 돌아가기로 결심했다.

그녀가 현지 농산물을 요리하는 방식은 놀라운데 이 농산물에는 감자도 포함된다. "그럼 오스카, 땅에서 문제없이 건강하게 자랐다는 가정하에 수천 가지 방법으로 요리할 수 있는 특별한 덩이줄기인 이 식재료로 이야기를 시작해보죠."

오늘날 요리에서 없어서는 안 되는 감자가 항상 이탈리아 요리 전통의 일부였던 것은 아니다. 감자는 비교적 최근에 볼리비아와 페루의 국경에 있는 티티카카 호수 근처에서 정복자들에 의해 발견되었다. 이탈리아에서는 여전히 100종 이상의 야생종이 발견되고 있으며 약 400종의 품종이 재배되고 있다.

안토니아는 계속해서 말을 이어갔다. "감자는 유럽에 도입된 후로도 18세기까지는 널리 사용되지 않았는데 이유가 뭔지 아세요? 처음에 스페인 사람들은 같은 지역에서 온 토마토와 마찬가지로 감자를 생으로 먹으려고 했어요. 당연히 맛이 끔찍했죠. 감자를 익히면 별미로 변한다는 사실을 깨닫는 데는 시간이 좀 걸렸어요. 감자칩이 처음으로 등장한 것은 1700년대 중반 무렵이었어요. 노점상들은 종종 끓는 라드lard(돼지비계를 정제한 기름)를 통에 담아 팔곤 했는데 누군가가 감자 슬라이스를 거기에 넣어 익혀볼 생각을 했어요. 1830년경 이 튀긴 감자칩은 소설과 연극, 몇몇 노래들에서 언급될 정도로 큰 인기를 얻었죠. 그 무렵 감자를 써는 방식이 얇게 저미는 것에서 길쭉하게 써는 것으로 바뀌면서 감자 조각이 서로 달라붙지 않게 하려고 기름을 계속 저을 필요도 없어졌죠."

이처럼 감자튀김은 서로 다른 두 가지가 있다. 얇게 저민 슬라이스(요리사들은 이 부분에 대해서는 별로 경쟁하지 않았다)와 필요에 따라 튀겨내는 짧게 썬 감자 스틱. 두 번째 경우는 세렌디피티라기보다 벨기에와 프랑스 두 나라 간의 경쟁에 관한 문제였다.

안토니아가 지적했듯이, 이 두 나라는 누가 먼저 감자를 썰어서 튀겼는지에 대해 결코 합의를 보지 못했다. "벨기에인들은 이 문제에 대해 꽤 명확하게 적시한 자료로 1781년에 작성된 필사본

이 있다고 주장합니다. 왈론 사람들은 뫼즈강에서 잡은 작은 물고기를 튀겨 먹는 것을 좋아했지만 겨울에는 강이 얼어붙어 그렇게 할 수가 없었습니다. 그래서 대신 생선을 포 뜨는 것과 같은 방법으로 감자를 썰어 튀겨 먹었습니다. 반면, 프랑스인들은 감자튀김의 탄생을 말하려면 감자의 광범위한 보급을 위해 대대적인 캠페인을 벌인 앙투안 오귀스틴 파르망티에의 시대로 거슬러 올라가야 한다고 이야기합니다. 그들의 이야기를 들으면 파리의 다리 아래에서 사람들이 감자를 한 판 크게 튀겨 먹었을 거라는 상상을 하게 됩니다."

이제 감자 크리스프, 즉 빠르고 간편한 소비를 위해 감자를 얇게 저며서 튀기고 포장한 제품에 대해 이야기해보자. 이는 국제적인 제조 성공 사례다. 이러한 크리스프가 미국에서 시작되었다는 것은 확실하다.

조지 크럼George Crum이라는 아프리카계 미국인 요리사가 발명했다는 아주 멋진 세렌디피티 스토리가 있다. 안토니아는 다음과 같이 설명했다. "우리가 지금 19세기 중반 새러토가 스프링스에 있는 문스 레이크 하우스에 있다고 생각해보자고요. 어느 날, 조지는 감자튀김이 너무 두껍고 바삭하지도 않은 데다 맛도 없다고 불평하며 감자튀김 접시를 몇 번이고 주방으로 되돌려보내는 무례한 손님을 목격하고 있었습니다. 화가 난 조지는 감자를 아주 얇게 썰어 튀김기에 던져넣고 소금을 듬뿍 뿌린 다음 (당연히 주저하는) 웨이터에게 불만을 품은 손님에게 갖다주라고 명령했어요.

그런데 한판 싸울 준비를 하던 그의 귀에 칭찬의 소리가 들렸습니다. 그 손님이 새로운 버전의 그 감자칩에 감격했던 것이죠. 그날부터 조지 크럼은 이 방식으로 감자를 계속 요리했고 그의 레스토랑은 이 감자 요리로 유명해졌습니다. 보시다시피 감자칩의 탄생은 이렇듯 순전히 우연이었어요."

1920년, 허먼 레이Herman Lay가 자신의 이름을 붙인 회사를 설립하고 산업적 규모로 감자칩을 생산할 수 있는 기계를 발명하면서 감자칩의 인기는 하늘을 찌를 듯이 치솟았습니다. 그러다 얼마 후 캘리포니아 몬터레이 파크의 로라 스커더Laura Scudder는 시간이 지나도 감자칩의 신선함을 유지하고 무엇보다도 바삭함을 보장할 수 있는 작은 밀봉 봉투로 포장 방법을 교체했습니다. '세상에서 가장 시끄러운 감자칩, 로라 스커더의 감자칩'이 그녀의 슬로건이었죠."

안토니아는 정말로 모든 것을 알고 있었다. 그녀는 어린 시절에 대한 기억 중 이탈리아 감자칩이 특별한 자리를 차지하고 있다고 내게 말했다. "일주일에 세 번은 방과 후에 마리사Marisa 할머니 집에 가서 밥을 먹곤 했는데, 할머니는 항상 재료를 다양하게 섞어서 튀김을 만들어주셨어요. 우리는 할머니를 논나 밈마Nonna Mimma라고 불렀어요. 할머니는 페라라 출신인데 사랑 때문에 트리에스테로 이주했죠. 그곳에서 할머니는 중부 유럽의 전통 요리를 많이 만들었지만 신선한 파스타와 프리토처럼 위대한 고전 요리들도 몇 가지 만들었어요. 때로는 고기를, 때로는 생선을 사용했는데, 감자칩은 항상 있었어요."

이제 알아내야 할 것은 안토니아가 감자를 요리하는 방법이다.

그녀는 자신의 레스토랑 라르지네 아 벤코에서 만든 최고의 프렌치 프라이는 프리울리 베네치아 줄리아를 대표하는 감자에서부터 시작되었다고 말했다. 우디네의 고디아라는 마을은 껍질이 하얀 케네벡^{kennebec} 감자 재배로 유명하다. 그녀와 그녀의 요리사 팀은 감자를 전동 슬라이서에 넣고 아주 얇게 썬 다음 흐르는 찬물에 헹궈 전분을 제거한 후 튀긴다. "튀김은 감자가 익은 정도에 따라 많이 달라진다는 사실을 알아야 합니다. 우리는 햇감자를 사용하는데 묵은 것과는 껍질이 아주 다르죠. 일반적으로 뇨키에는 '묵은' 감자를 사용합니다."

얇은 막대 모양으로 썬 감자를 요리하기 위해, 이들은 퓌레(삶은 채소를 갈거나 체에 내려 걸쭉한 상태로 만든 것)로 만드는 감자 요리 아이디어를 생각하며 또 다른 실험을 시도했다. "이 기법은 보통 상업적으로 감자칩을 만들 때 사용되고, 종종 다른 재료들도 추가되기 때문에 제가 좋아하는 순수한 상태의 감자는 아닙니다. 슬라이스 감자의 전형적인 모양을 만들기 위해 틀을 사용하죠. 예전에 제가 베니스에 있었을 때 오징어에 감자를 곁들인 요리를 만들었는데 이때 감자는 삶아서 으깨고 틀에 넣어 누르고 말린 다음 튀겼어요. 그 결과 겉은 매우 바삭하고 속은 아주 부드럽고 촉촉한 감자칩이 탄생했죠."

맛있을 것 같았다. 한 입 베어먹으면 입안에서 녹을 것 같은 느낌이 들었다. 안토니아는 감자를 진정으로 존중하고 찬양했다. 그 이유는 감자가 수세기 동안 값비싼 식사를 할 수 없는 사람들을 먹여 살린, 가난한 사람들을 위한 음식으로 여겨져왔기 때문이었다.

그녀는 모든 '가난한' 음식에 대해 이와 동일한 존경심을 가지고 있지만 이게 전부는 아니다. 그녀는 또한 멋지고 중요한 음식의 핵심 요소가 될 수 있는 단순한 제품도 존중한다.

훌륭한 셰프들의 위대함은 가장 평범한 재료를 풍미가 폭발하는 요리로 바꿀 수 있는 능력에 있으며, 이것이 그들이 존경받는 이유다. 그 대상이 그저 작은 감자에 불과할지라도 말이다.

7

고추

불건전한 의도를 가진 도발자

세르지오 페시아와의 대화

얼마 전 밀라노에 있는 이탈리에 갔을 때 커다란 매대 하나가 고추로 가득 채워져 있는 것을 보았다. 무려 72종의 다른 품종들이 있었다.

고추들은 대부분 선명한 붉은색이었지만 초록색과 노란색도 몇몇 있었다. 많은 사람이 여러 가지 색의 미니고추들을 흥미롭게 구경하며 고추를 카트에 담았고 사진을 찍는 사람들도 여럿 있었다. 채소에 대한 정보에 정통한 여성 판매원 하나가 각기 다른 품종들의 특징을 설명하며 가장 매운 두 가지 품종은 만지지 말라는 주의를 주었다. 그녀는 이렇게 말했다. "그 고추들은 너무 강력해서 손가락으로 만지기만 해도 손끝이 빨갛게 달아오를 거예요."

순간 궁금해졌다. 과연 고추에는 얼마나 많은 종류가 있을까? 그리고 고추에 얽힌 이야기에는 무엇이 있을까?

세르지오 페시아Sergio Fessia와 고추 이야기를 하기로 했다. 고추로 가득 채워진 매대는 처음부터 이탈리의 농산물 코너를 총괄한 그의 아이디어였다. 우스갯소리로 '보석상'이라고 불리는 세르지오는 품질에 광적으로 집착하는데, 품질은 결코 싼값에 얻을 수 있는 것이 아니다. 각 종류의 채소나 과일마다 그는 이탈리아에서 가장 적합한 재배 지역에서 최고의 생산자를 찾는다. 그는 그 모든 것을 알고 있으며 수년간 연구해왔다. 나는 그가 채소에 관한 한 가장 권위있는 감정가라고 생각하는데 이는 그저 이탈리아 채소에만 국한되지 않는다. 그는 끊임없이 공부하고 배우며 연구한다. 음식에 관한 뭔가를 하려면 세르지오처럼 훌륭한 사람이 더 많이 필요하다.

내가 세르지오에게 가장 먼저 던진 질문은 오로지 고추만 진열하기 위해 왜 그렇게 큰 매대를 만들었느냐는 것이었다.

"지금은 고추가 부자들까지 사로잡았지만 원래는 가난한 사람들의 향신료였기 때문이에요. 아시겠지만, 보통은 그 반대의 경우죠. 부자들의 요리가 시간이 지나면서 '서민'에게 전해지는 것이 일반적입니다. 생각해보면 고추도 상류층 귀족들을 위해 유럽에 전파되었지만 어떤 이유에서인지 그들은 고추를 좋아하지 않았지요! 놀라운 이야기입니다."

이 모든 것은 9,000여 년 전 멕시코와 페루에서 시작되었다. 원주민들은 이미 다양한 용도로 야생 고추를 채집하고 있었고 약 5,000년 전부터는 재배도 시작했다. 아스텍·잉카·마야의 사람들에게 고추는 신성한 식물이었으며 심지어 화폐로도 사용되었을 정도로 중요했다.

세르지오는 고추가 음식에 풍미를 더하기 위해 사용되었을 뿐만 아니라 방부제로도 사용되었다고 말했다. 고추에 최음제 성분이 있다는 것을 알게 되어 약으로 사용하기도 했고 고문용으로도 사용했다고 했다. 엄청난 양의 아주 매운 고추를 삼켜야 했던 불쌍한 영혼들을 상상해보라! 그들은 분명 죽을 것 같은 고통을 느껐을 것이다!

1492년 콜럼버스가 신대륙에 도착했을 때 그는 고추의 힘에 감탄했다. 자연에서 그런 것을 본 적이 없었던 것이다. 원주민들은 고추를 악시^{axi}라고 불렀고, 1493년 1월 콜럼버스가 처음 고추에 대해 열변을 토했을 때 사용한 이름도 바로 이것이었다.

"그럼 고추를 유럽으로 가져간 사람이 콜럼버스였나요?" 내가 물었다.

"그가 스페인으로 돌아왔을 때 배에서 내린 첫 번째 특산품들 중 하나가 고추였어요. 제일 먼저 왕실로 배송되었는데 거창한 설명과 함께 시식도 곁들여졌죠. 이 희귀한 '인디언' 진미에 대한 소문은 빠르게 퍼져나갔고, 처음에는 귀족과 부유층들이 고추를 너무 좋아해서 엄청난 선전과 추측이 난무했습니다. 고추를 채취하기 위한 탐험에 자금이 지원되고 투자도 이루어졌습니다. 모은 재산 모두를 투자한 사람들도 있었죠. 고추는 엄청난 미래 수익에 대한 꿈을 상징하게 되었어요. 15세기 말, 스페인은 고추 열풍에 사로잡혔습니다."

사실상 고추의 신성함은 적절한 조정을 거쳐 마야인들의 숭배 대상에서 스페인 금융가들의 숭배 대상으로 이전되었다. 하지만 이 거품이 꺼지는 데는 그리 오랜 시간이 걸리지 않았다고 세르지오는 설명했다. 일부 사람들은 파산했고 심지어 자살한 사람들도 있었다고 한다. 그리하여 상업계의 스타는 부주의한 투자자들의 금융 무덤이 된 것이다.

그 이유는 간단했다. "그들은 낡은 화분에 씨앗 몇 개를 심으면 고추가 자라고 번성한다는 사실을 이내 발견했습니다. 오스카, 고추는 세상에서 가장 쉽게 복제할 수 있는 식물 중 하나예요. 대량으로 수입하는 것은 무의미했습니다. 나중에는 교회가 이 싸움에 뛰어들었죠. 호세 데 아코스타José de Acosta라는 예수회 수사가 처음으로 고추를 '불건전한 의도를 가진 도발자'라고 불렀고, 다른 저명한 성직자들도 그 뒤를 따랐습니다. 당시 독실한 체하는 것으로 악명 높았던 부유층은 부엌에서 고추를 금지하기도 했습니다."

세르지오가 고추의 이름부터 시작해 고추에 얽힌 나머지 이야기를 들려주었다. "원래 이름인 악시는 인디언 고추Indian pepper로 바뀌었고, 학명은 ('물다'라는 의미의 그리스어인 캅토kapto에서 유래한) 캡시컴capsicum이 되었어요. 이탈리아에서는 20세기에 이르러서야 작은 고추를 뜻하는 페페론치노peperoncino라는 이름을 갖게 되었죠.

18세기와 19세기 동안 페페론치노는 놀라울 정도로 널리 퍼졌습니다. 하지만 프랑스와 이탈리아 요리의 기초 교과서에는 페페론치노가 언급조차 되지 않았어요. 브리야-사바랭Brillat-Savarin의 『미식예찬The Physiology of Taste(1825)』(르네상스, 2004)과 펠레그리노 아르투시Pellegrino Artusi의 『주방의 과학과 미식의 기술Science in the Kitchen and the Art of Eating Well』 모두 고추를 외면했습니다. 그들이 쓴 레시피들에서는 고추의 흔적조차 보이지 않았죠. 고추는 가난한 사람들을 위한 식재료였으니까요. 오늘날에는 참기 힘들 정도로 매운 고추에서부터 아주 순한 고추까지 3,000종에 이르는 고추가 존 재합니다. 이탈리아에서도 몇 가지 훌륭한 품종이 선택되었어요. 특히 남부 사람들이 고추를 좋아하지만 인구의 이동과 마찬가지 로 고추도 북쪽으로 이동했습니다. 여기 밀라노에는 현재 72종의 페페론치노가 있으며 곧 120종으로 늘어날 전망입니다. 이탈리 고객들은 제가 새롭게 마련한 고추 판매대의 열광적인 팬들이지 요."

이렇게 우리는 고추를 갖게 되었다. 오늘날 고추는 모든 대륙 에서 찾을 수 있으며 바다 소금 다음으로 가장 널리 사용되는 조 미료다.

*

고추에 대한 이야기를 모두 마치고 오늘 밤에는 멋진 스파게티 올리오 에 페페론치노 한 접시를 나 자신에게 대접할 생각이다. 먼저 반으로 자른 베살리코산 마늘 세 쪽을 최근 수확한 올리브 에서 짠 타지아스카 엑스트라 버진 올리브유에 살짝 볶는다. 그 런 다음 바티팔리아산의 적당히 매운 생고추를 아주 잘게 깍둑썰 기로 썰어 팬에 넣는다. 그라나뇨의 스파게토니^{spaghettoni}(굵은 스파 게티 면)는 알 덴테가 되기 전에 물을 따라 버리고 약간의 면수와 함께 팬에 넣고 2분 더 익혀 조리를 마무리한다. 그릇에 담은 다음 엑스트라 버진 올리브유를 조금 더 붓고(아주 조금만!) 체르비아산 소금을 조금 더 넣는다.

이렇게 만든 파스타를 고추의 매운맛을 받쳐주기에 적당한 구조감을 가진 세라룽가의 2016년산 어린 바롤로 와인 한 잔과 함께 마실 것이다.

세르지오에게 이 얘기를 했더니 그는 웃으며 이렇게 말했다. "아, 그렇다면 저도 갈게요, 오스카! 마늘도 가져갈게요. 물론 고추도요, 괜찮죠?"

8

팝콘

정신 나간 식용 폭탄

파비오 코스타와의 대화

파비오 코스타^{Fabio Costa}는 미슐랭
별을 단 레스토랑들의 시식 메뉴에 팝콘이 올라온 걸 보고 싶다
고 했다. 서른아홉 살의 파비오는 토리노에 살고 있으며 2014년
에 친구들과 함께 팝콘을 만드는 폴^{Fol}이라는 회사를 설립했다.
피에몬테 방언으로 폴은 미치거나 정신 나갔다는 의미다.

　토리노에 '고급' 팝콘 생산 센터를 설립하고 이탈리아 및 해외
에 팝콘 전문 매장을 열기로 한 결정은 정말 미친 짓처럼 보였을
지도 모른다. 게다가 '폭발한' 옥수수 알갱이의 원산지인 중남미
로 피에몬테 팝콘을 수출한다는 생각은 더 미친 짓처럼 보였을
것이다. 그럼에도 불구하고 네 명의 젊은이들은 이 일을 해냈고
그들에게 회사 이름이 필요한 순간 '폴'은 매우 적합한 듯했다.

　파비오는 이탈리아의 유명한 와인 평론가인 베로넬리가 와인
에 대해 이야기하는 방식으로 팝콘에 대해 이야기한다. 그의 이
야기를 듣다보면 처음에는 조금 이상하지만 다 들은 후에는 그
어떤 제품도 그 뒤에 숨겨진 이야기를 과소평가할 수 없다는 것
을 깨닫게 된다. 가장 흔한 제품이나 가장 저렴하고 간단하게 만
들 수 있는 제품에도 경이로움과 매혹적인 디테일의 세계가 숨어
있다.

　그래서 나는 그에게 이 작은 옥수수 폭탄의 탄생과 관련된 신
비롭거나 우연적이거나 혹은 전설적인 것이 무엇인지, 또는 그

뒤에 어떤 실수나 모험이 있었는지 물어보았다.

"팝콘의 역사가 어떻게 시작되었는지는 그 누구도 정확히 모르지만 수천 년 전 인간과 옥수수의 관계가 어디서 시작되었는지는 알 수 있습니다. 그것은 중앙아메리카, 아마도 멕시코의 유카탄과 수도 사이에 있는 어느 지역이었을 겁니다. 당시의 옥수수는 오늘날 우리가 알고 있는 옥수수와는 완전히 달랐어요. 줄기를 따라 배열된 부드럽고 전분이 많은 알갱이를 품은 오늘날의 옥수수와 유사한 야생 식물은 존재하지 않았습니다. 옥수수의 조상은 열매가 열리는 전통적인 식물에 훨씬 가까운 테오신트^{teosinte}였지만, 멕시코 농부들은 타가 수분$^{cross-pollination}$(한 식물의 꽃가루가 다른 식물의 암술머리로 이동하여 꽃가루받이가 일어나는 현상-옮긴이) 실험을 통해 결국에는 비행선 모양의 옥수수를 만들어냈습니다."

파비오의 설명이 이어졌다.

"멕시코 치첸이트사와 테오티우아칸 사이 어딘가에서 약 1만 년 전에 누군가 실수로 원시 형태의 옥수수 알갱이를 타오르는 잿더미에 떨어뜨린 것이 최초의 우연한 폭발로 이어졌습니다. 일부 구경꾼들이 그 소리에 까무라치게 놀란 표정을 짓고, 심지어는 두려움에 떨었을 장면을 상상해보세요. 스페인 정복자들은 소총을 쏘며 중앙아메리카에 상륙했지만, 현지인들은 이들에 뒤지지 않고 불타는 재나 뜨거운 테라코타 냄비에서 옥수수 폭탄을 터뜨려 그들을 놀라게 했지요. 콜럼버스 자신도 원주민들이 옥수수 알갱이를 터뜨려 모자, 조끼, 목걸이, 화환 등 식용 장식품을 만들고 이를 먹기도 했다고 언급했습니다."

대략 이렇게 시작되었다. 하지만 이 작은 폭발 뒤에는 매우 흥미로운 물리적 반응이 있었고 파비오는 내게 이를 가능한 한 간단하게 설명하려고 노력했다.

이제 우리는 한때 미스터리였던 폭발이 어떻게 일어나는지 정확히 알게 되었다. 다른 곡물과 마찬가지로 옥수수의 각 알갱이에는 주로 전분으로 구성된 일정량의 수분이 들어 있다. 그러나 다른 곡물과 달리 옥수수 알갱이에는 수분이 투과하지 못하는 천연 보호막이 있다. 즉, 옥수수 알갱이가 100℃ 이상의 온도에 도달할 때마다 자연적인 감압실이 만들어져서 알갱이 내부의 수분을 증기로 변환시키기 시작한다.

옥수수 알갱이의 외벽은 불투과성이기 때문에 수분을 방출하는 자연적인 메커니즘이 없다. 옥수수 알갱이 속의 전분이 부풀어 부피가 늘어나면 내부 압력이 증가하고 이것이 알갱이 자체의 구조적 저항을 초과하면 작은 폭발이 발생한다. "물론 그 결과 팝콘이 탄생합니다"라고 말하며 파비오는 설명을 이어갔다. "형태는 옥수수의 종류에 따라 달라지는데, 우리가 잘 알고 있는 옥수수는 일반적으로 그 생김새 때문에 버터플라이라고 불리지만 구체나 버섯 모양과 같은 종류도 있습니다."

파비오는 확실히 옥수수에 대해 빈틈없이 알고 있었다. 그는 내게 스페인이 중앙아메리카를 침략하고 영국과 프랑스가 북미를 침략한 후 옥수수 재배가 미국 전역으로 퍼졌다고 말했다. "처음에는 옥수수 알갱이에 '진주' 같은 거창한 이름을 붙여 동부 해안 지역에서 판매되었어요. 옥수수를 대규모로 사용한 것은 19세기 초 무렵이었고요. 1848년에 '팝콘'이라는 용어가 처음으로 등장했습니다(존 러셀 바틀렛[John Russell Bartlett]의 『미국식 영어 사전』에 수록된 것 포함). 팝콘은 여전히 수동으로 터트렸고 이 형태로 세계 최초의 상업용 스낵이 되었어요. 1896년 이후로 팝콘을 제조하고 유통한 주요 회사는 시카고의 크래커 잭[Cracker Jack]이었습니다."

잘 팔리는 제품에는 언제나 그렇듯 업계가 빠르게 끼어들었다. 찰스 크레터스[Charles Cretors]가 증기를 이용해 옥수수를 터뜨리는 방법을 발명하고 20세기 초 시카고에서 증기를 이용한 팝콘 제조기를 장착한 카트를 출시하면서 시장은 크게 성장했다. 하지만 팝콘을 미국 문화의 상징으로 만든 것은 대공황이었다. 가격이 저렴했기 때문에 특히 영화관에서 많이 팔렸고 이는 당시 농업 경제에 중요한 기여를 했다. 제2차 세계대전 당시 설탕이 부족한 상황에서 대량 소비 스낵으로서의 팝콘의 역할은 더욱 확대되었다.

"지난 세기 말에는 가공에 혁신이 일어납니다." 파비오는 계속해서 설명을 이어갔다. "우선 고온에서 헤어드라이어가 작동하는 방식과 유사하게 공기를 사용하여 폭발을 일으킨 다음 통제된 공정에서 다양한 종류의 당밀 코팅을 추가했습니다. 즉, 기술의 도입으로 팝콘 환경에 급격한 변화가 일어났고 '고급 팝콘'이 등장하게 된 것이죠."

그는 버터나 기름을 뿌려서 먹는 기존의 팝콘과 달리 이러한 고급 팝콘은 차갑게 먹을 수 있고 차갑게 먹어야 한다고 설명한다. 실제로 옥수수는 다양한 단맛 혹은 짠맛의 당밀로 코팅되기 전에 평상시의 온도를 회복해야 한다.

파비오는 요리사가 아니라 워싱턴에서 MBA를 취득한 엔지니어다. 이 점이 질문을 부른다. 그가 어떻게 지금의 자리까지 올 수 있었는지 궁금해지는 대목이다.

"이야기는 2009년 워싱턴에서 시작됩니다. 멕시코 출신 친구 가브리엘이 맛있는 팝콘 가게를 열었던 폴[Paul]이라는 젊은 미국인을 돕기 위해 댈러스로 가자고 저를 설득했습니다. 폴은 좋은 제품을 만들고 있었지만 몇 가지 기술적인 문제를 가지고 있었죠. 우리는 그 원조 가게에서 몇 가지 문제를 바로잡을 수 있었고, 저는 팝콘은 물론이고 폴리페놀(식물이 스스로를 보호하기 위해 만들어내는 방어물질-옮긴이)에 의해 생성되는 놀라운 항산화 특성에 흠뻑 빠졌습니다.

2013년 토리노로 돌아와 저는 친한 친구인 또 다른 파비오와 함께 잠재력을 지닌 혁신적인 아이디어에 대해 이야기를 나누었습니다. 이탈리아의 가장 오래된 공립기술대학인 토리노 폴리테크닉대학교의 다른 두 친구인 알레산드로[Alessandro]와 알베르토[Alberto]도 참여했고, 우리는 함께 기업가로서의 커리어를 시작할 때가 되었고 그렇게 하기로 결정했습니다."

그래서 네 명의 열혈 청년들은 맛은 좋지만 지방과 설탕을 줄이고 인공 방부제를 사용하지 않은 이탈리아 스타일의 고급 팝콘을 출시하기로 결정했다. 2014년에는 자신들의 이니셜을 조합한 A2F2를 설립했다. 얼마 지나지 않아 파비오의 멕시코 친구 가브리엘이 합류했다. 이 프로젝트가 점차 성장하고 그들의 야망이 커지면서 자연스럽게 폴^{Fol}이라는 브랜드를 만들게 되었다.

"이탈리아의 고급 팝콘을 세계로 진출시키겠다는 아이디어를 이야기하고 자금을 찾고 있다고 언급할 때마다 사람들은 미친 사람 보듯 우리를 보았습니다. 하지만 결국 우리는 목표를 달성했어요. 몇 달 간의 출장과 실험 끝에 베나리아에 첫 번째 연구소를 세웠고, 그곳에서 훌륭한 요리사 시모네가 독창적인 레시피를 개발했습니다. 그리고 멕시코시티에도 두 번째 지점을 열었습니다."

파비오는 문제점과 그들의 사명에 대해 분명히 인식하며 이렇게 말했다. "유럽에서는 여전히 팝콘을 영화관에서 먹는 간식이라는 패스트푸드의 개념으로 인식하고 있는데, 폴은 이러한 인식을 바꾸고 팝콘이 단순히 오락의 요소가 아니라 그 자체로 즐길 수 있는 음식이라는 것을 알리고자 합니다."

그들은 팝콘에 대한 새로운 개념을 이해시키려는 전도사로서 이탈리아에 첫 번째 매장을 연 후 전 세계에 매장을 열었다. 이들은 유전자 변형이 되지 않은 유럽산 고품질 버섯형 옥수수를 사용한다. 팝핑^{popping} 단계에서 지방이나 오일을 첨가하지 않고 영양 성분을 유지하기 위해 공기 팝핑을 한 다음 피에몬테와 전 세계에서 공수한 수제 재료들로 만든 당밀로 코팅을 한다.

젊은이들이 무일푼으로 시작하여 비즈니스를 구축하는 것을 보는 것은 멋진 일이다. 어떤 의미에서는 폴도 세렌디피티라 할 수 있다. 직업을 찾고 있던 토리노 폴리테크닉대학교 출신의 한 엔지니어는 두 대륙에서 팝콘을 성공적으로 판매하고 있다. 브라보!

이쯤에서 마지막 질문이 한 가지 떠오른다. 멕시코에서 생산되는 옥수수를 왜 튀르키예 곡물이라는 뜻의 그라노투르코granoturco라고 부를까?

이 질문에 대한 답은 아직 풀리지 않은 것 같다. 대부분의 언어학자들은 16세기에 투르코turco라는 형용사가 식민지나 이국적인 것, 즉 외국에서 온 모든 제품에 적용되었다고 주장한다. 다른 믿을 만한 출처에 따르면 이 단어는 영어 '칠면조의 밀', 즉 칠면조 사료를 잘못 번역한 데서 유래했다고 한다.

긴 대화가 끝나자 파비오는 어깨를 으쓱하며 말했다. "적어도 미스터리 하나는 계속 가지고 있어야 할 것 같네요."

9

칸타브리아해의 안초비

때마침 일어난 난파

|

호세 마리노와의 대화

"안초비(유럽 멸치)는 아주 위험한 어종이라네. 복수를 하기도 하거든. 실제로 안초비를 팔아 부를 축적하려고 한 많은 이들이 파산하여 궁핍해졌고 몇몇은 자살을 하기도 했어. 때때로 어획기가 끝날 무렵 안초비가 많이 잡히면 가격이 폭락하여 어리석게도 비싼 값에 안초비를 샀던 사람들이 손해를 보게 되지. 이렇게 힘든 상황에 처하면 모든 게 가치가 없게 느껴지는 법이라네. 이 작은 은빛 물고기의 복수인 셈이지!"

내가 존경하는 친구 호세 마리노José Marino가 한 말이다. 멋진 사나이 호세는 아추게 알라 베라 카르네acciughe alla vera carne를 내게 처음으로 공급해준 사람이다. 이것은 알을 낳기 전인 안초비를 가리키는 말로 주로 칸타브리아해(스페인 북쪽 해안과 프랑스 남서 해안을 접한 바다-옮긴이)에서 잡힌다. 이 안초비 살에는 딱 적당한 양의 지방이 붙어 있다. 호세는 제노바와 스페인 국경 근처 대서양 연안에 있는 바스크 지역의 비아리츠를 오가며 시간을 보낸다. 나는 호세와 함께 그곳에서 바스크의 여인들이 손으로 안초비를 크기에 따라 선별하여 0~3의 번호를 붙이고 최소 네 가지로 나누는 것을 보았다. 그 작업은 어떤 기계도 대적할 수 없는 효율성과 속도, 정확도로 진행되었다.

"호세, 자네에게 하고 싶은 말은, 이 책『세렌디피티』는 안초비에 대한 모든 것을 다루는 책이 아니라는 거야. 그러니 제발 간략하게 말해주게." 그가 잠시 나를 바라보더니 시간을 거슬러 올라가 당시를 떠올렸고 몇 초 후 우리는 1800년대 후반의 시절로 돌아갔다.

나는 물론 들을 준비가 되었다. 그럼, 그는 말할 준비가 되었을까? 그건 쓸데없는 걱정이다. 그의 입을 닫는 게 어렵지 여는 일은 일도 아니기 때문이다.

"안토니노 할아버지는 우리 할아버지랑 동갑이었지만 항렬로는 할아버지의 삼촌이었지. 안토니노 할아버지가 내게 들려준 이야기에 따르면, 1880년경에 바스크 지역인 에우스칼 에리아 근처의 칸타브리아해에서 어떤 상선이 난파되었는데, 시칠리아의 팔레르모 사람 몇 명이 그 난파된 상선에 타고 있었다고 하더군. 때는 봄이었지. 이들은 그 지역 어부들에게 구조되어 음식을 얻어먹었고 그 후 그곳에 머무는 며칠간 노를 젓는 큰 저인망 어선에서 안초비를 하역하는 것을 보게 됐어. 당시 안초비 수확량은 상당했어. 신선할 때 먹어 없애거나 심지어 저렴한 가격에 인근 시장에 팔 수 있는 것 이상의 양이었지."

이때 난파선 생존자들은 바스크 사람들이 염장 기술을 모르고 있다는 사실을 깨달았다. 시칠리아와 지중해에서는 바다에서 오랜 시간을 보내야 했던 페니키아 시대부터 소금에 절인 생선을 가공해왔다. 그래서 바스크에서 난파된 배에 타고 있던 이탈리아인들은 집으로 돌아가는 대신 그곳에 머물면서 현지인들에게 잡은 생선을 염장하는 법을 가르쳐주었다. 그렇게 몇몇은 가족을 꾸렸고 사업을 시작해 부자가 되기도 했다.

"이게 신화냐고? 모르지. 어쩌면 내가 만들어낸 이야기일 수도 있어." 호세는 낄낄대며 말했다. 그가 내게 들려주고자 하는 또 다른 이야기도 있었다. 진실에 가까운 또 하나의 설화 같은 이야기다. 바스크에서 고래 포획선을 탔던 몇몇 시칠리아 어부들에 대한 이야기였다.

이들은 이탈리아어로 비안케티[bianchetti]라 불리는, 뱅어로 알려진 새끼 안초비와 정어리로 구성된 어마어마한 고기떼를 발견했다. 이 물고기들은 고래에게 별미인 먹이다. 20세기 초반까지 바스크인들은 그린란드에서 테라노바 더 남쪽의 칸타브리아해로 이어지는 항로로 항해하던 대단한 고래 사냥꾼들이었다. 이들은 고래잡이 항해에 시칠리아 선원들이 보유했던 전문 기술을 활용했다. 또한 그 해역에 말로 표현할 수 없을 정도로 놀라운 정어리의 보고가 있다는 소문을 퍼트린 사람들이기도 했다.

그렇다면 실제로는 무슨 일이 있었을까?

호세는 어깨를 으쓱하며 말했다. "나는 첫 번째 버전을 더 좋아하지만 이 이야기의 핵심은 그들이 칸타브리아해에서 저렴한 물고기들이 엄청나게 있다는 사실을 발견했다는 것이고, 안초비는 저렴한 생선들 중에서도 최고로 저렴한 생선 취급을 받았다는 거지. 심지어 정어리나 고등어가 더 맛있는 생선으로 여겨질 정도였어! 그런데 현지 기업들은 고등어와 참치의 경우 이미 보존 저장을 하고 있었지."

그는 지중해와 대서양의 온대 수역에서 어획되는 유럽 안초비 (학명:Engraulis encrasicolus)가 최고의 안초비라 말하며 설명을 이 어갔다. 이러한 유럽 안초비 중에서도 세계 최고로 치는 것이 칸 타브리아해에서 잡히는 안초비인데, 안초비들이 해안으로 들어 와 알을 낳는 3월부터 6월까지인 코스테라costera 기간에만 발견된 다고 한다. 코스테라는 이탈리아어로 '성어기'를 뜻한다.

미 대륙 쪽 대서양이나 태평양, 인도양 등 다른 지역에 서식하 는 안초비는 다른 종, 즉 안초베타(학명:Engraulis ringens)나 멸치 (학명:Engraulis japonicus)와 같은 종에 속한다. 호세는 그러한 안 초비들은 품질과 맛이 끔찍한 수준까지는 아니어도 간신히 참을 만한 정도밖에 되지 않는다고 진심을 담아 말했다.

그의 타임머신이 다시 돌아가며 이야기가 이어졌다.

"시칠리아 제염업자들이 새로운 지역에 제염 시설을 만들려면 자금이 필요했어. 제염 작업장을 차릴 공간을 빌리고 장비를 구 입해야 했으니까. 그래서 자신들의 주요 고객에게 도움을 청했 지. 이곳 이베리아반도 북부에 있는 이탈리아 공동체도 그렇게 시작된 거라네. 주로 시칠리아 출신 사람들로 이루어진 공동체였 는데, 대부분은 시칠리아 중에서도 팔레르모 출신이었어. 포르티 첼로, 산타 플라비아의 산텔리아, 테라시니 등에서 왔지. 나중에 는 제노바의 다르세나에서 온 사람들이 만든 회사나 리보르노나 피에몬테 출신들이 만든 회사들도 있었어. 최초의 이탈리아 기업 은 바스크 지역의 베르메오에 생겼는데 그들은 시칠리아 제염업자들과 함께 제노바 출신들에게도 자금을 지원받았지."

마치 호세는 그 당시의 시칠리아나 제노바 출신의 이탈리아인이거나 바스크 왕조의 일원이었던 것 같았다. 이들은 혈통이 아닌, 경험과 기술, 특정한 지식으로 연대를 이룬 사람들이었다. 이 모든 조상이 공인하는 기술은 다름 아닌 '염장 기술'이다. 이는 생선을 소금에 보존하는 기법으로 호세의 표현에 따르면 "너무나 간단해서 오히려 배우기 어렵다"는 바로 그 기술이다. 배우기 어려운 이유는 세부적인 데서 차이가 나기 때문이다.

안초비를 구입해 가공하는 곳으로 가지고 가서 특수 용기에 넣어 1차 염장을 하는 일은 간단하다. 한 번의 동작으로 머리와 내장을 제거하고 길쭉하게 반으로 가르는 일도 어렵지 않다. 남자들이 배를 타고 바다에 나가 있는 동안 여자들이 층층이 소금을 뿌리며 안초비를 꼼꼼하게 깡통에 담는 과정부터 점차 어려워지기 시작한다. 호세는 안초비를 층층이 쌓을 때 통이 가득 넘치도록 넣어야 한다고 설명했다.

"얼마나 가득?"

"그건 안초비의 크기에 따라 여자 작업자들이 결정해. 쌓은 안초비 맨 위에 무거운 누름돌을 올리는데, 그렇게 몇 달이 지나면 안초비에서 지방이 빠지면서 살만 남게 되지. 그러면 쌓아놓은 안초비와 깡통의 높이가 같아진다네."

"그런 다음에는?"

"그런 다음에는 3일(최대 5일)에 한 번씩 온도가 25℃인 포화 염

수 용액으로 씻지. 하지만 자네가 우리 일을 너무 쉽게 생각할까 봐 이건 설명하지 않을 거야."

대화를 어디로 끌고 갈 것인지 정확히 알고 있다는 듯 호세는 껄껄 웃으며 반복해서 말했다. "차이는 세부적인 것에서 만들어지지. 그건 제염업자의 경험에 달려 있어. 중요한 건 안초비를 구매할 때 가장 좋은 것을 선택하는 방법과 딱 적당한 염수 용액으로 씻는 방법을 아는 거야. 크기를 정확하게 판별하고 생선마다 각기 다른 상태를 고려해서 정확한 염장법을 아는 것도 중요하지. 먼 데서 잡혔다면? 시간을 넉넉히 잡아야 해. 가까운 곳에서 잡혔다면? 몇 시간이면 돼. 배 위에서 냉장 시설에 넣어두었던 안초비인지, 암컷은 알을 가득 품고 있는지, 살이 올라 있는지 아니면 살이 없는지 등등 다양한 상태를 고려할 줄 알아야 한다는 거지. 이건 지식에 관한 문제야. 그것도 경험을 통해 배우는 지식 말이야."

물론 이러한 지식이 제공되는 환경에서 태어나는 사람들도 있다. 아니라면 적어도 매일 연습하며 지식을 쌓아야 한다. 호세는 가문의 명예를 지키고 전승하기 위해 열심히 노력해왔다. 그의 삶이 이를 증명하고 있으므로 여기서는 간단하게 언급하려고 한다. 호세의 외할아버지인 돈 리보리오 오를란도Don Liborio Orlando는 테라시니 출신으로, 열네 살이었던 1895년에 바스크 지역의 헤타리아로 이주해 정착했다.

호세의 할아버지인 돈 산토 마리노Don Santo Marino는 1885년경 헐

혈단신 소년의 몸으로 미국으로 건너간 후 서부로 갔다. 그는 부석 동굴로 유명한 포르티첼로 출신이었기 때문에 '동굴 소년'으로 불렸다. 그의 아들인 빈센조 마리노^{Vincenzo Marino}, 그러니까 호세의 아버지가 태어났을 때 그 가족은 루이빌에 살고 있었다. 하지만 돈 산토 마리노는 미국의 폭력에 질려 결국은 이탈리아로 돌아갔다. 그는 동포들이 안초비 때문에 스페인으로 이민 갔다는 이야기를 들었고 그 분야의 전문성은 전무했지만 가족을 데리고 스페인 북부 산세바스티안 근방의 오리오로 이사했다.

몇 년 후, 호세의 아버지 빈센조(지금은 비센티로 불림)가 카롤리나 오를란도와 결혼했고, 이 결혼으로 안초비 생산에 관련된 모든 시칠리아 가문이 한자리에 모인 셈이 되었다. 어머니 쪽에서는 테라니시 출신의 가문들(오를란도·쿠시마노·토코), 아버지 쪽에서는 포르티첼로 및 산텔리아 출신들(마리노·덴티치·빌란테·지초·타란티노·코라오·스카르디나)이 모였다.

스페인 이주 1세대인 시칠리아인들은 마을 밖으로는 나가본 적조차 없는 사람들이었다. 이들은 살아갈 준비가 완전히 부족한 상태였고 일부는 문맹이었다. 사실 현지 사람들도 문맹이긴 마찬가지였다. 돈을 조금 벌게 되고 목에 힘이 들어가면서 여자와 도박, 사치스러운 생활에 돈을 낭비하는 경우도 있었다. 결국 많은 사람이 망했고 좀 더 책임감 있는 사람들은 고군분투하여 끝내는 성공했다. 호세의 아버지도 이렇게 성공한 사람들에 속했다.

오늘날 이 가족의 안초비는 호세의 할아버지가 선택한 수탉 이미지를 붙인 '비센티 마리노Vicente Marino'라는 브랜드를 여전히 유지하고 있다고 호세는 덧붙였다. 그러나 이 귀중한 안초비도 위기의 순간을 맞은 적이 있다.

20세기 말, 세계가 이 작은 은빛 물고기에 탐욕을 부리면서 칸타브리아해의 안초비는 멸종 직전의 위기에 처하게 되었다. 그러자 5년간의 생물학적 휴식기를 모두가 예외 없이 지켜야 했다. 이후 이 물고기는 다시 큰 숫자로 돌아왔다.

안초비의 바이오매스(일정한 지역 내에 생존하는 생물의 총중량-옮긴이)가 900만 톤으로 줄어든 적도 있었으나 오늘날은 그 10배다. 당시 어획량은 2만 5,000톤으로 제한되었기에 일부 시칠리아 기업들은 알바니아·튀니지·모로코에서 수백만 킬로그램에 달하는 안초비를 구입하여 가공하기도 했다. 스페인 북부 기업들은 훨씬 높은 비용을 감당하면서 칸타브리아 지역에서 어획된 안초비에 대해 PGI(Protected Geographical Indication, 지리적 표시 보호)를 획득하려고 애쓰고 있었다. 끝이 좋으면 다 좋은 것이다. 그렇지 않은가?

그러나 내 친구는 이 말을 확신하지 않는 모습이었다. "자네도 알다시피 선원들의 세대 교체가 큰 문제야. 북부 스페인, 특히 바스크 지역의 경제 여건은 아주 좋아. 게다가 어부들은 돈도 많이 벌고 말이야. 그러나 다른 곳도 그렇겠지만 이제 젊은 사람들은 부모가 하던 일을 하고 싶어하지 않아. 이 말은 이민자를 고용한다는 의미야. 2세대가 등장하면서 우리는 원점으로 돌아가는 거야. 이 멋진 어선들이 폐선 처리되고 나면 다시는 새로운 배로 채워지지 않을 위험이 있어."

*

파도와 서핑족들, 바다 내음으로 가득한 비아리츠는 운 좋은 발견을 주제로 한 우리의 향수 어린 대화의 배경이 되어주었다. 호세의 표정 뒤에는 칸타브리아 안초비를 식탁에 올리기 위해 자신의 평생을 걸고 싸워온 누군가의 경험이 읽혔다. 그는 피곤해 보이지만 언제나 확신에 찬 투사의 눈을 가지고 있다. 여기에는 이유가 있다.

1936년 스페인 내전이 발발했을 당시, 호세의 부모님인 마리노 부부는 스페인 북부 빌바오가 점령된 후 바스크인들이 도망친 라레도에 거주하고 있었다. 파시스트 이탈리아가 프랑코 혁명군들을 지원하기 위해 군대를 보냈을 때 이 부부는 갑작스럽게 자신의 가족도 위험에 처하게 되었음을 알았다.

호세의 부모님과 그의 형들에게는 처형을 면하기 위해 작은 호텔에 마련된 보호소가 제공되었다. 밖에서는 사람들이 "파시스트 이탈리아인들에게 총을 쏘라!"고 외치고 있었다. 그들은 그곳을 떠나 대피하기 위해 항구 인근의 산탄데르로 호송되었다. 그렇게 어선에 실려 바다로 나간 이들은 그 지역의 다른 이탈리아인들 및 독일인들과 함께 유명한 도이칠란트급 장갑함인 '포켓 전함'

으로 인도되었다. 그들은 프랑스 쪽 바스크 해안의 생장드뤼즈에 상륙했고 시칠리아에 있는 가족들에게로 돌아갔다. 하지만 이야기는 여기서 끝나지 않았다.

스페인으로 돌아가기를 원했던 호세의 아버지는 1938년 이탈리아 북부가 프랑코의 군대에게 함락되자마자 스페인으로 떠났다. 그러나 다시 찾은 스페인은 그가 기억하던 장소가 아니었다. 오리오와 라레도에서 생산되던 안초비는 전부 군대에 몰수당해 사라졌다. 그래서 그는 거의 처음부터 다시 시작해야 했다.

그의 아내인 카롤리나, 그러니까 호세의 어머니는 바스크에 있는 자신의 집에서 사형을 선고받은 사람들의 울음과 기도 소리를 들었는데, 이는 전쟁이 끝나고 수년이 지난 뒤까지 이어졌다고 한다. 호세의 머릿속에서 타임머신의 바퀴가 갑자기 멈춘 것처럼 보였다.

"모르겠어, 오스카. 내 어깨를 짓누르는 이런 이야기를 듣고도 어떻게 내가 파시즘을 반대하지 않을 수 있겠어!"

칸타브리아해의 파도가 금빛 모래사장에 철썩거리며 부딪쳤고 낡은 어선 몇 척이 마침내 바다로 돌아가는 사이, 나는 호세와 헤어졌다.

10

모데나산 전통 발사믹 식초

쉿, 방해하지 마세요!

마시모 보투라와의 대화

마시모 보투라^{Massimo Bottura}는 모데나^{Modena}산 전통 발사믹 식초^{balsamic vinegar}에 대해 말할 때면 언제나 감성적이 된다. 세계 최고 셰프들 중 한 사람이 되었지만 그는 여전히 이탈리아 북부의 에밀리아로마냐 지역이 낳은 아들이기 때문이다.

그는 에밀리아로마냐 지역에서 만들어지는 많은 미식 특산품에 깊은 애착을 느낀다. 그중 그가 온 마음을 쏟아붓는 열정의 대상은 수십 년 동안 숙성된 이 강렬한 액상 소스다.

수세기 동안의 노동과 분투, 전통의 흔적이 마시모에게 뚜렷하게 새겨진 듯했다. 그 흔적은 탁월함 뒤에 숨겨진 농부들과 군주들에 대한 이야기라고 할 수도 있다. 발사믹 식초 한 병을 들고 있는 그의 모습은 한 사람의 영웅, 이탈리아 국기를 높이 쳐든 리소르지멘토^{Risorgimento}(이탈리아의 국가통일과 독립운동-옮긴이)의 기병을 닮았다. 그는 때때로 식사를 하는 손님에게 이렇게 말한다.

"제가 손님 접시에 붓고 있는 게 뭔지 아십니까?"

그는 직접 만들어 먹을 만큼 발사믹 식초를 엄청나게 좋아한다. 하루는 그가 나를 모데나 시골 농가에 있는 카사 마리아 루이지아의 다락방 저장고로 데려갔다. 카사 마리아 루이지아는 그가 2019년 문을 연 농가 주택 숙박시설이자 레스토랑이다. 이곳은 그야말로 모데나의 황금이 묻혀 있는 빛나는 신비의 매장지다.

안으로 들어서면 본능적으로 목소리를 낮추게 된다. 천천히, 아주 천천히 놀라운 무언가가 되어가고 있는 분자들의 조용한 놀이를 방해하지 않기 위해서다.

주목할 점은 여기가 지하 저장실이 아닌 다락방이라는 사실이다. 훌륭한 발사믹 식초를 만들기 위해서는 온도가 최고 50℃까지 크게 올라야 하기 때문이다. 발사믹 식초를 만드는 데는 많은 시간이 걸릴 뿐 아니라 점점 줄어드는 용량에 맞춘 다양한 크기의 통들도 필요하다. 익힌 포도가 거쳐가야 할 크기가 각기 다른 통들이 최소 5개는 필요한데, 매년 이 통들을 차례로 거치면서 모데나산 전통 발사믹 식초가 만들어진다. 모데나산, 그리고 레지오 에밀리아산도 정확히 동일한 방법으로 만들어지기에 똑같이 훌륭한 맛이 난다.

발사믹의 원조를 놓고 두 협회가 다투던 시절도 있었다. 그러나 발사믹 식초가 페라라 지역은 물론이고 모데나와 레지오 에밀리아 지역까지 관할하던 에스테Este 가문에서 탄생했다는 사실이 결국 모든 사람에게 알려지면서 다툼은 일단락되었다. 그 뿌리를 찾으려면 15세기, 16세기보다 훨씬 더 이전으로 거슬러 올라가야 하기에 세렌디피티의 첫 사례를 찾으려면 아주 먼 과거로 떠나야 한다.

이 발사믹이 과일을 끓여서 얻은 달콤한 시럽인 사바saba가 자연 발효되어 만들어졌다는 사실은 익히 알려져 있다. 이렇게 과일을 끓이는 방식은 수천 년 전 농민 문화의 일부였다. 하지만 사바와 식초를 섞으면 달콤한 소스는 물론이고 훌륭한 보존제가 된다는 사실을 처음으로 알아차린 사람에 관해서는 구체적으로 알려지지 않았다.

기원전 3000년경 메소포타미아에서 보존과 조미를 위해 식초와 포도가 널리 사용되었다는 증거가 있다. 이러한 관습은 기원전 1000년경 이집트인들의 이동과 함께 지중해로 전파되었다. 로마의 모든 식탁에는 식초로 채워진 작은 병인 아세타블룸 acetabulum이 놓여 있었다.

이 병에 종종 조리된 포도액과 혼합된 특별한 식초가 들어 있었다는 사실을 감안하면, 그러한 관습이 피라미드에서 로마 제국으로 전파되었다는 사실을 당연히 예상할 수 있다. 로마 사람들이 자신들의 음식을 사랑했다는 사실은 잘 알려져 있다. 그러다가 중세에 이르러 농업과 로마 식문화의 많은 관습이 폐기되었고 포도액과 식초는 상당 부분 수도원 공동체 덕분에 완성된 형태가 되었다.

자, 이제 1046년으로 가보자. 이 특별한 에밀리아의 식초는 이미 귀한 대접을 받고 있었음이 틀림없다. 프랑코니아(오늘날 바이에른 북부와 그 인접 지역에 해당하는 독일의 지역-옮긴이)의 앙리 2세 공작이 에밀리아를 지나 피아첸차로 가는 길에 이 식초를 특별히 요구했다는 이야기에서 그 사실을 알 수 있다. 이때 레지오 에밀리아에서 불과 18km 떨어진 카노사에 있는 성에서 만들어진 식초가 이 공작에게 추천되었다. 르네상스 시대에 다양한 맛으로 구성된 코스 요리가 다시 유행하면서 레지오와 모데나의 유명한 새콤달콤한 식초는 자연스럽게 모든 유럽의 궁정에 등장했다.

1597년 공작 체사레 데스테가 에스테 가문의 영지를 상속받았지만, 교황 클레멘스 8세가 그 상속을 인정하지 않는 바람에 교황령(1870년까지 교황이 지배한 중부 이탈리아 지역)에 페라라를 넘겨줘야 했고 이로 인해 에스테 가문은 모데나로 후퇴했다. 이렇게 모데나는 에스테 가문 영지의 수도가 되었다. 체사레 데스테 공작은 페라라의 식초를 모데나로 가져갔고 그때부터 모데나와 레지오의 조리된 포도액을 보완했다.

이러한 전통의 융합이 대략적으로 우리가 오늘날 알고 있는 발사믹으로 이어졌는데, 이 '발사믹'이라는 용어는 18세기 말까지도 공작 궁전 기록에 등장하지 않았다.

그러다가 이 이야기의 마지막 두 사건이 일어났다.

첫 번째 사건은 나폴레옹 보나파르트와 관련이 있다. 1805년 모데나에 도착한 그는 공작의 웅장한 식초 저장고를 철거하고 그곳을 그 지역의 부유한 가문들에 팔기로 결정했다. 목적은 프랑스 군대의 금고를 다시 채우는 것이었지만, 그 탓에 발사믹 문화가 공작 계층을 넘어 더 낮은 사회 계층으로 확산되는 유익한 부작용이 발생했다.

두 번째 사건은 사보이 왕국과 관련이 있다. 피에몬테 출신인 나로서는 이 이야기를 하는 것이 조금 무안하다. 그러나 이것도 세렌디피티의 범주에 속하므로 내게는 이 이야기를 들려주어야 할 의무가 있다.

이탈리아가 통일되었을 무렵, 모데나를 지나던 비토리오 에마누엘레 2세는 좋은 음식과 와인을 즐기고자 이곳에 멈추기로 결정했다. 모데나는 음식으로 유명했고 그 훌륭한 왕은 대식가였다. 발사믹 식초에 대한 끝 모를 칭찬이 이어지자 모데나 사람들은 왕에게 아세타이아[acetaia] 일체를 선물하기로 결정했다. 아세타이아는 귀중한 식초로 가득 채워진 식초통 세트로, 선물 중에는 식초들을 관리하는 자세한 설명서들도 포함되어 있었다.

그러나 피에몬테인들은 토리노 궁정 다락방에 아세타이아를 설치했지만 설명서에 대해서는 까맣게 잊었다. 귀중한 혼합 과정은 진전을 보지 못했고 아세타이아는 사용되지 않은 채로 남아 있었다.

다행히도 사보이 수행단에는 발사믹의 열렬한 팬인 귀족 피오 파브리아니가 있었다. 그는 자신의 친구이자 모데나 시민이며 당시 최고의 발사믹 감정가인 프란체스코 아가조티[Francesco Aggazzotti]에게 편지를 보내 발사믹 식초 제조에 대해 물었고 아가조티는 거기에 답장을 보냈다.

150여 년 전에 작성된 아가조티의 답장은 오늘날 발사믹을 주제로 한 가장 중요한 역사적, 과학적 문서로 인정받고 있으며, 오늘날까지도 참조하는 모데나산 전통 발사믹 식초 생산 사양서의 초석이 되었다. 비록 정신없는 피에몬테 사람들이 일부러 그런 것은 아니지만 대의에 도움 되는 행동을 했다고 생각하면 피에몬테 출신으로서 조금 위안이 되기도 한다.

*

나는 지금 할 말을 잃은 채 카사 마리아 루이지아의 다락방에 있는 식초 보관실에 서 있다. 새로운 밀레니엄 시대의 아가조티라 할 수 있는 보투라와 함께 말이다. 이곳에 있으면 시간과 나무, 걸쭉한 포도즙의 향기 속에서 숨쉬게 되고 식초를 생산하는 데 필요했던 엄청난 인내심을 인정하게 된다.

이 보관실을 만드는 과정과 관련해서도 약간의 세렌디피티가 있다. 이 건물을 복원하는 동안 일부 버려진 통들이 이 다락에서 발견됐다. 통 안에 들어 있던 식초나 통의 모양은 마시모와 그의 팀원들에게 깊은 인상을 주지 못했고 그곳의 분위기와도 맞지 않았다. 그래서 모데나 외곽 지역인 스필람베르토에 있는 전통 발사믹 식초 기업의 도움으로 이 낡은 통들이 새것으로 교체되었다. 전설적인 통 제조자인 렌치Renzi가 새로운 통 세트를 제공하면서 그 장소는 위엄을 되찾았고 경이로움을 드러내게 되었다.

위대한 요리사 마시모는 이야기를 이어갔다. "정원을 손본 것처럼 이곳 역시 애정 어린 손길로 복원하고 싶었어요. 이미 여기에 자리잡고 있었고 우리가 오기 훨씬 전부터 이 집에 영혼을 부여해준 아세타이아를 관리하는 일이 내게는 기쁨이고 영광이랍니다."

마시모에게 동기를 부여하고 그를 그토록 감성적으로 만드는 것은 발사믹에 대한 애정일까, 아니면 발사믹의 범위를 넘어서는 더 큰 애정일까? 혹은 잊힌 전통에 대한 영광과 경의를 복원하려는 열망이 그의 임무 중 하나가 되었기 때문일까?

1층 계단 아래에 서 있으면 식초 향이 우리를 감싸며 위층으로 올라오라고 손짓한다. 식초 저장실은 다락방에 있는 객실들 사이에 숨겨져 있다. 안전하게 보관해야 하는 보석인 셈이다.

발사믹을 만드는 일이 쉽지 않은 것처럼 보물상자에 접근하는 과정도 단순해서는 안 된다. 빛은 통의 측면으로 번지듯 떨어지고 어스레한 분위기는 시간이 멈춘 것 같았다.

"이곳은 침묵의 공간입니다. 신성하게 느껴질 정도지요. 하지만 우리는 손님들이 이곳에 와서 단 몇 방울만이라도 이 식초를 시음해보기를 바랍니다. 우리가 가진 DNA의 본질을 설명해줄 수 있으니까요."

나는 그에게 슬며시 미소를 지었다. "마시모… 당신이 DNA를 언급할 줄 알았어요!" 이제 그는 마지막 본질적인 질문을 피할 수 없다는 사실을 안다는 듯 다시 한번 과거 속으로 풍덩 들어갔다. 벽에 비친 그의 그림자가 말하기 시작했다.

"어렸을 때 저는 통들 사이에서 어른들이 하는 전통적인 동작을 지켜보는 걸 좋아했어요. 어둑어둑한 식초 저장실에서 마법 같은 일이 일어났고 그 향기에 취하기도 했지요. 여기 에밀리아에서 우리의 혈관을 흐르는 건 피가 아니라 발사믹입니다. 우리가 세상에 나올 때부터 마지막 숨을 거둘 때까지 우리의 일부라 할 수 있지요. 심오한 의미에서 발사믹 식초는 이 지역의 정체성을 보여주고 우리 삶의 방식을 상징합니다. 하늘 높이 오르고 꿈을 꾸며 진부함 속에서 절대 길을 잃지 않고 매일같이 삶을 최대한으로 활용하며 살아가는 방식 말입니다.

발사믹 식초는 또 저나 우리 팀이 일에 임하는 접근 방식을 보여주는 완벽한 은유가 되기도 합니다. 페스티나렌테[festina lente], 즉 '천천히 서두르라'는 말은 목표에 도달하기 위해 한 번에 한 걸음씩 천천히 나아가는 방법을 아는 것을 의미합니다. 생각해보세요. 그 느린 과정 안에는 변화를 위한 움직임이 있고 동시에 점진적인 변형은 물론 상호작용하는 연결성도 있어요. 다시 말해 천천히 나아가면서 진화하는 것이죠. 귀중한 최종 결과를 향해서."

그림자는 다시 침묵에 잠겼다. 대망의 눈부신 최종 결과를 맛볼 시간이 왔다.

11

아마로네

망친 와인

마릴리사 알레그리니와의 대화

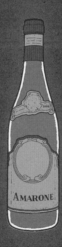

지금 내가 하려는 이야기를 이해

하려면 베로나시 서쪽의 아디제강에 접하고 북쪽으로 레시니

산맥까지 뻗어 있는 구릉지대가 있다는 사실을 아는 것이 중요

하다. 이탈리아 베네토주에 있는 이 좁고 긴 땅은 발폴리첼라

Valpolicella로 불린다.

8개 지방 자치 도시와 240km²에 이르는 언덕, 그리고 초목이

무성한 작은 구릉지를 아우르는 이 지대는 강과 비옥한 계곡에

접해 있다. 로마 시대에 발폴리첼라는 세 가지 토종 포도인 코르

비나Corvina · 론디넬라Rondinella · 코르비노네Corvinone에서 얻은 와인으

로 유명했다. 고대 로마인들이 만들던 두 가지 와인은 아직도 남

아 있다. 하나는 갓 만들어 숙성 전에 마시는 신선한 레드와인인

발폴리첼라이고, 다른 하나는 숙성에 적합한 달콤한 파시토 와인

인 레치오토Recìoto다. 실수로 탄생한 새로운 음료는 반세기가 지난

후에야 등장했다. 오늘날 다른 와인들보다 더 유명해진 이 와인

은 바로 아마로네Amarone다.

*

마릴리사 알레그리니Marilisa Allegrini는 나의 친구다. 그녀는 두 명

의 주요 아마로네 생산자들의 딸이자 손녀로 이제는 훌륭한 아마

로네 와인을 만들고 이를 전 세계에 판매하는 책임을 맡고 있다. 그녀의 전임자들은 모두를 놀라게 하며 전 세계적인 성공을 거둔 '망친 와인'의 원조 생산자다.

"아마로네는 몇몇 다른 와인과 함께 '브랜드로서의 이탈리아'를 상징하는 와인이 되었어요. 오스카, 알다시피 인생은 놀라움으로 가득 차 있고 좋은 게 있는가 하면 때로는 좋지 않은 것도 있죠. 우리가 배운 교훈은 이러한 놀라움을 받아들여서 기회로 바꿀 줄 알아야 한다는 거예요. 우리 앞에 문제나 장애물이 놓여 있다고 해도 말이죠."

마릴리사가 내게 윙크했다. 우리는 역경을 강점으로 바꿀 수 있는 인간 능력에 대해 확고부동한 믿음을 공유했다. 단 세 가지만 있으면 된다. 불완전함을 받아들이고, 이를 관리하는 법을 배우며, 절대 포기하지 않는 것. 우리는 세렌디피티에 대한 믿음으로 하나가 됐다. 그녀에게 일어난 세렌디피피 이야기에 귀를 기울여보자.

"아마로네 이야기는 이 와인의 원형에서 시작합니다. 그 원형은 아마로네와 동일한 기법으로 만들어지기는 했지만 감각적 관점으로 보면 완전히 다른 와인이지요." 여기서 원형은 레치오토 와인을 말하며 베네치아 방언으로 '귀'를 의미하는 레치에recie에서 파생되었다. 사람들은 코르비나 포도 품종으로 만든 레치오토 와인을 로마 시대부터 마셔왔는데, 실제로 이 포도는 귀처럼 생긴 옆 날개 두 개를 가진 모양을 하고 있었다.

레치에는 포도송이가 덩굴에 달려 있을 때 태양에 가장 많이 노출되는 포도이기에 당도가 가장 높다. 발폴리첼라의 소규모 아르티장 와인 생산자들은 이러한 포도송이들을 밖으로 노출시켜 마르도록 두면 맛있는 과즙을 만들 수 있으리라 계산했다. 자연스레 레치오토라는 이름이 이 와인에 붙었다. 이 와인은 로마 황제들의 화려한 식탁을 장식했다.

서기 1500년, 베로나가 이미 물류 및 상업 중심지였을 때 동고트족의 테오도리쿠스 대왕의 행정부에서 근무하던 정치인 카시오도루스^{Cassiodorus}가 원로원에 편지를 보내 레치오토의 생산에 대해 설명했다.

> 이 와인을 만드는 데 사용되는 독특한 방법을 설명하고자 합니다. 이 포도는 집집마다 있는 파고라의 덩굴에서 따서 거꾸로 매달았다가 항아리에 넣어서 평범한 저장고에 보관합니다. 시간이 흐를수록 이 포도는 액체가 되지 않고 오히려 단단해지는데, 그러다가 풍미가 없는 액체가 빠져나오면서 천천히 달콤해집니다. 이 과정은 겨울이 되고 와인이 넘쳐나오는 12월까지 계속되는데, 놀라운 사실은 저장고에 있는 다른 모든 와인이 이미 숙성되었을 때 이 와인만큼은 갓 만든 맛이 난다는 것입니다.

그리고 레치오토를 멋지고 관능적으로 묘사한 부분도 있었다.

이 와인은 맛이 독보적이고 기품있는 색을 가지고 있습니다. 그래서 이 와인은 원래부터 보라색이었거나 보라색 그 자체에서 짜낸 술이라는 생각이 들 정도입니다. 우리는 이 와인이 가진 달콤함과 놀랄 만큼의 부드러움, 뭔지 모를 견고함으로 기운나게 하는 농도를 맛보게 될 것입니다. 이 와인은 입에 닿으면 그 맛이 증폭되면서 속이 꽉 찬 액체, 혹은 마신다기보다는 먹는 음료 같다는 말을 하게 될 겁니다.

나는 레치오토가 아직도 동일한 방식으로 만들어지는지 궁금했다. 마릴리사가 대답했다.

"물론이죠. 지금도 그렇게 만들어집니다. 비록 현대 기술에서 많은 도움을 받지만 방법은 거의 변하지 않았습니다. 우선, 우리는 더 이상 레치에를 선택하는 것이 아니라 그 포도 덩굴에 있는 최고의 포도송이들을 고릅니다. 그런 다음에 이 포도들을 나무 바구니에 넣어 환기가 잘되는 방으로 가지고 가서 겨울 동안 말립니다. 원래 무게의 40%를 잃는 이 기간을 '활성 동면기'라고 불러요. 포도의 수분이 '숨을 내뿜으며' 증발되고 포도를 으깨는 단계가 되면 당도가 매우 높아집니다. 발효되는 동안 효모는 당의 일부만 알코올로 변환시키기 때문에 잔류 당 함량이 매우 높습니다. 이 점이 이 와인의 특징이죠."

그래서 아마로네는 레치오토를 만들기 위해 포도를 익히는 과정에서 생긴 실수의 결과다. 어떤 포도 수확기에는 와인 양조업자들이 과숙 기준을 충분히 충족시키지 못했고, 이로 인해 발효가 중단될 만큼 포도가 충분히 높은 당도에 도달하지 못하면서 강렬한 단맛으로 전환되지 않았다. 대신 모든 당분이 알코올이 되면서 이들이 얻은 것은 달콤하고 부드러운 와인이 아닌 드라이 와인이었다.

이 망친 와인은 더 이상 레치오토가 아니었다. 그들은 이 와인을 고삐 풀린 와인으로 여겨 처음에는 레치오토 스카파^{Recioto scapà}, 즉 도망간 레치오토라고 불렀다. 아마로네라는 이름은 나중에 붙여졌다. 이탈리아어로 아마로^{amaro}는 '달다'는 의미의 반대말로 '쓰다'를 뜻한다.

"사실 이 와인은 전혀 쓴맛이 나지 않아요. 그저 드라이할 뿐입니다." 나의 친구는 이렇게 부연했다. "어쨌든 처음에는 이 와인을 위한 시장이 없었어요. 가족끼리 마시는 와인이었죠. 식사 후에 소화제로 마시는 아마로처럼요. 제 아버지 조반니는 항상 레치오토 대신 아마로네를 얻을 때마다 할아버지 발렌티노에게는 재앙을 의미했다고 제게 말하곤 했어요. '우박과도 같은 재앙이었지!' 아버지가 이렇게 말하면 그것이 농부에게 얼마나 큰 적이 되었는지 충분히 상상할 수 있었어요. 아마로네가 등장할 때면 아버지의 가족은 그 수확기의 모든 소득이 공중으로 사라지는 것을 목격하곤 했어요."

그러다가 유레카의 순간이 찾아왔다.

1950년대 중반이 되면서 몇몇 생산자들이 비즈니스 기회를 감지했다. 아마로네가 자신들의 가족 식탁을 넘어서 매력을 발산할 지도 모른다고 생각한 것이다. 조반니 알레그리니와 발렌티노 알레그리니도 그러한 생산자들 중 일부였고 시간은 그들이 옳다는 것을 증명해주었다. 아마로네는 최근 몇 년 동안 상업적으로 크게 성공했는데, 독특한 느낌의 특징 덕분에 이탈리아 레드 와인들 중에서 눈에 띄었던 것이다.

또한 시간이 흐르며 건조 기법이 진화하고 최적화되면서 두 가지 독특한 와인, 레치오토와 아마로네가 만들어졌다. 명칭 규정도 바뀌었다. 1968년에 정립된 품질 및 원산지에 대한 DOC(원산지통제규정) 보증은 레치오토 클라시코 델라 발폴리첼라Recioto Classico della Valpolicella와 아마로네 델라 발폴리첼라Amarone Classico della Valpolicella가 서로 다른 두 가지 와인이며 둘다 똑같이 유효한 와인이라는 점을 분명히 했다.

오늘날 아마로네는 전 세계적으로 소비되고 있다. 매년 1,400만 병이 생산되는데 이는 잘 알려진 바롤로Barolo(356쪽 참조)와 거의 같은 수준이지만 아마로네의 역사가 훨씬 더 길다.

"이런 일이 일어난 이유는 부분적으로 보면 우리가 전통을 존중하며 발전시키기 위한 연구에 전념했기 때문이죠." 마릴리사는 내게 알레그리니 가족은 혁신가였다고 겸손하게 말했다. 1998년, 생산 공간을 최적화하고 과도한 습기로 인한 위험을 사전에 방지하기 위한 현대적인 건조 센터 '테레 디 푸마네Terre di Fumane 계획' 이 수립되었다. "어떤 빈티지(포도주)의 경우 가을까지 우리를 괴

롭히는 습도 때문에 곰팡이가 생길 수도 있기 때문이었죠."

이는 절대 이상적인 상황이 아니다.

아마로네는 독특한 지형을 표현한 와인이다. 이는 또 수명이 가장 긴 이탈리아 와인 중 하나다. "우리 저장고에서는 엄격한 해석을 제공하는 동시에 즐거움을 선사하는 것이 일반적인, 사실 필수적인 것으로 여겨집니다. 저는 강렬한 아마로네를 사랑해요. 풀바디지만 동시에 아름답게 균형이 잡혀 있고 와인이 추출되는 동안 절대 과도함에 빠지지 않습니다. 높은 알코올 함량은 건조 과정에서 발생하는 자연스러운 결과 중 하나지만, 복합적이면서도 강렬한 구조가…." 마릴리사는 잠시 멈칫했다가 말을 이었다. "우아함을 잃는 것을 의미해서는 안 됩니다."

해피엔딩으로 끝나는 이 이야기는 지난날의 레치오토를 그리워하면서도 잊힌 존재로 생각하게 만들 수도 있다. 그러나 이는 사실이 아니다. 세렌디피티의 모든 사례는 가능성의 범위를 더 확대할 뿐이며 절대 이전에 있던 것을 파괴하지는 않는다.

알레그리니 가문의 레치오토는 그 가족의 왕관 속에 박힌 보석으로 남아 있고 그 왕관은 마릴리사의 아버지인 조반니에게 헌정되었다. 대가족과 함께하는 저녁식사에서 메인 코스와 디저트 사이에 와인의 코르크 마개를 따는 것이 그의 역할이었다. 그리고 그는 언제나 자신이 좋아하는 레치오토가 있기를 빌었다. 아, 우박도 없기를 빌었다!

12

시저 샐러드

거의 아무것도 없던 상태에서 탄생한 화려한 음식

비비아나 바레세와의 대화

오늘날 고고학자들은 영국에서 고대 로마 시대의 유적지를 확인할 때 야생 상추의 흔적을 찾기 위해 들판과 숲을 수색한다. 보통 상추가 있는 곳이라면 자신들이 맞게 가고 있다는 것을 확인하게 된다. 로마 군단은 영국 섬을 정복할 때 야영지인 카스트럼^{castrum}(요새를 의미하는 라틴어-옮긴이)을 설치했다. 그리고 맨 처음 한 일은 상추를 키우기 위한 정원을 만드는 것이었다. 이들은 상추가 소화를 돕는다고 믿었고 상추를 엄청나게 먹어치웠다. 그래서 로마 군인들을 위한 모든 식사에는 몇 장의 푸른 잎이 들어 있었다. 이 때문에 상추는 비록 시베리아에서 유래했지만 이름은 '로메인 레터스^{Romaine lettuce}'가 되었다.

어쨌든 황량한 땅 시베리아에서부터 시작된 상추의 여정은 처음에는 메소포타미아의 수메르로 이어졌고, 그다음에는 이집트와 중동 전역으로 퍼졌으며, 마지막으로 이탈리아에 상륙했다.

로마 사람들은 멀리 동방에서 온 다른 모든 것들처럼 상추도 '튀르키예시^{Turkish}'라고 불렀다. 상추를 유명하게 만든 것은 영원의 도시^{Eternal City}(로마의 별칭-옮긴이)였다. 상추는 이곳에 적응하면서 자연적으로 돌연변이가 생기고 로메인 레터스로 알려지게 되었다.

이제는 풀리아에서부터 피에몬테, 캄파니아, 리구리아에 이르기까지 이탈리아 전역에서 로메인 레터스가 재배되고 있지만 여전히 같은 이름으로 불린다. 나는 리구리아에서 재배된 것을 가장 좋아하는데 이 로메인 레터스는 알벤가 평원에서 유기농으로 재배된다. 이 지역은 티레니아해에서 불어온 순풍이 마리팀 알프스의 산들바람과 만나 채소를 재배하는 데 이상적인 미기후microclimate(주변 지역과는 다른 특정 좁은 지역의 기후—옮긴이)를 형성하는 곳이다. 잎은 길고 곧으며 가운데에는 유액인 락투카리움으로 가득 찬 큰 줄기가 있는데 이 하얀 액은 잎을 뜯을 때 나온다. 이 때문에 상추에 라투가lattuga라는 속명이 붙었다.

내가 처음부터 상추 얘기를 한 이유는 이것이 시저 샐러드의 핵심 재료이기 때문이다. 나는 이 샐러드를 좋아한다. 미국에서 처음 알게 됐는데 미국에서는 안티파스토antipasto, 즉 전채로 먹기도 하고 바쁠 때면 이 샐러드만 먹는다.

바쁘더라도 닭고기나 바삭하게 구운 베이컨을 추가할 정도의 여유는 있을 듯싶지만, 기본적인 시저 샐러드에는 이 두 재료 모두 들어가지 않는다. 간단히 말해 튀긴 빵 조각만 들어간 로메인 레터스(혹은 코스cos로도 불린다) 샐러드다. 여기에 우스터 소스와 약간의 식초, 신선하게 간 후추로 풍부한 맛을 더한 이탈리아식 마요네즈를 묻히고 파르미지아노 레지아노 치즈를 얇게 깎아서 올린다. 시간이 흐르면서 안초비나 구운 판체타(이탈리아식 베이컨) 또는 로스트 치킨의 가슴살 조각, 새우 등을 넣은 변형된 형태도 나오고 있다.

최근 내가 시저 샐러드를 먹은 곳은 캘리포니아의 해변이나 뉴욕이 아니었다. 그곳은 밀라노의 '4월 25일 광장'에 위치한 이탈리 건물의 비바Viva 레스토랑이었다. 미슐랭 별을 받은 셰프인 비비아나 바레세Viviana Varese가 이끄는 비바의 주방은 전 세계의 다양한 영향을 받아들인 글로벌한 분위기와 창의적이고 새로운 발견이 공존하는 곳이다.

혁신적인 음식들로 가득한 이곳의 메뉴에 왜 시저 샐러드가 있는 것일까? 내가 메뉴에서 아베 체사레Ave Cesare를 주문하자 비비아나는 내 옆에 앉아 그 이름에 대해 설명했다. "이건 제가 좋아하는 샐러드예요. 수년간 제 레스토랑에서 이 샐러드를 내놓고 있습니다. 형태를 바꾸고 재료를 추가하기는 하지만 원래에 가까운 맛을 유지하려고 노력하고 있어요."

비비아나가 시저 샐러드의 이야기를 들려주는 동안 나는 대화에 주의를 뺏기지 않고 이 음식의 숭고한 맛에 대해서만 생각하려고 애쓰며 상추 잎에 포크를 찔러 넣었다. 항상 그렇듯 모든 것이 새롭기도 하고 새롭지 않기도 하다. 여기서도 얘기하지만 그 누구도 오리지널 스토리가 무엇인지는 모른다.

많은 사람이 시저 샐러드는 미국에서 개발되었다고 생각하지만 사실 이 샐러드는 1924년 멕시코에 있는 한 이탈리아 요리사가 만든 것이다. 그의 이름은 체사르 카르디니Cesare Cardini다. 머리숱은 거의 없었지만 신뢰를 주는 미소를 가진 키 큰 남자였다. 그는 더 이상 우리와 함께 있지 않다. 그러나 이 음식이 어떻게 만들어졌는지에 대한 이야기와 함께 그의 사진은 그의 오래된 식당에 걸려 있다.

비비아나는 이 이야기가 아주 조금 미화되었을지도 모른다고 인정한다. "비범한 요리사인 멕시코 친구 자히가 그 샐러드를 맛보게 해주려고 저를 그 레스토랑에 데리고 갔어요. 솔직히 말해서 더 맛있게 만들 수도 있겠다 싶었지만, 그날 저녁을 밝혀주었던, 그리고 빈티지보다 청량한 맛이 났던 오래된 훌륭한 가비 디 가비Gavi di Gavi 화이트 와인으로 위안을 삼았죠. 비록 그 레스토랑에 체사레 카르디니의 사진이 여전히 걸려 있고 그가 창작한 요리의 이름 체사레스가 자랑스럽게 계속 유지되고 있지만, 더 이상 체사레 카르디니의 가족이 이곳을 운영하고 있지는 않다는 설명을 덧붙여야겠네요. 이 식당은 미국 샌디에이고와 국경을 이루고 있는 태평양 연안의 멕시코 티후아나에 있어요."

이야기가 점점 재미있어졌다. 멕시코에서 일하던 이탈리아인이 개발한 요리가 결국엔 성조기를 달게 되었다니! 어떻게 이런 일이 일어났을까?

체사레 카르디니는 1896년 이탈리아 마조레호의 피에몬테 호숫가에 위치한 바베노에서 태어나 스무 살 때 미국으로 이민을 갔다. 처음에는 새크라멘토로 갔다가 그다음에는 샌디에이고로 넘어가 그곳에서 레스토랑을 열었다. 그는 훌륭한 요리사였고 장사도 잘되었다. 그러나 1920년대에 시행된 금주법으로 많은 미국인이 샌디에이고를 우회해 거기서 몇 킬로미터 더 멀리 떨어진 멕시코의 티후아나로 갔다. 그곳에서 미국인들은 미국 경찰에게 반항할 필요 없이 원하는 만큼 술을 마실 수 있었다. 술집과 레스토랑이 전에 없이 급증했고 항상 손님들로 가득 찼다. 그래서 체사레는 기회를 잡기 위해 레스토랑을 샌디에이고에서 티후아나로 옮겼다. 옮기자마자 당연히 행운이 따라왔다. 당시에 이탈리아 요리가 한창 유행하고 있었고 그중에서도 체사레의 레스토랑은 가장 인기가 좋았다. 비비아나에 따르면, 심지어 할리우드 유명인들도 한두 잔 즐기러 국경을 넘는 군중과 합류해 카르디니의 레스토랑에 와서 식사를 했다고 한다.

그렇게 우리는 1924년의 어느 날 운명적인 밤에 이르렀다. 하루 종일 손님들의 발길이 이어지면서 평소보다 더 바쁜 하루를 보냈다. 체사레는 남은 재료들을 점검하면서 주방에 있었고 거의 모든 것이 동나 있었다. 한 VIP 일행이 막 들어왔을 때는 고기도 생선도 바닥난 상태였다. 그들은 식사가 끝나면 후한 팁을 남기고 소문까지 내주는 부류였기에 셰프들은 그 손님들을 실망시킬 수 없었다.

그는 늘 남아 있던 재료인 양상추와 몇 가지 다른 재료들이 놓인 트롤리 2개를 밀고 그들의 테이블로 다가갔다. 번듯하게 차려 입은 이탈리아인 셰프가 샐러드만 가지고 다가오는 것을 보고 어리둥절해하는 손님들의 얼굴을 상상해보라! 하지만 체사레는 전문가였고 계획이 있었다. 그는 몇 안 되는 남은 재료로 요리를 발명해서 손님들을 놀라게 해줄 참이었다. 그는 손님들 앞에서 재료들을 조합하며 단계별로 설명했다.

비비아나는 이 이야기를 하면서 순간 열정에 휩싸였다. "사실은 그도 결과가 어떨지 정말로 몰랐을 거예요! 그렇지만 머릿속으로 재료를 조합할 줄 아는 자신의 능력을 믿고 용기를 냈던 거지요. 이는 위대한 셰프들만이 가지고 있는 기술이고 그는 진정으로 그러한 셰프들 중 하나였습니다. 체사레는 식사를 하는 손님들 바로 앞에서 두 개, 아니 세 개의 국적이 합쳐진 진한 마요네즈를 만들어냈어요."

이게 무슨 말인지 설명하자면 이렇다. 체사레는 캘리포니아산 레몬즙(첫 번째 국적)을 크고 투명한 그릇에 부은 다음, 아주 신선한 멕시코산 달걀(두 번째 국적)과 이탈리아산 화이트 와인 식초(세 번째 국적) 약간을 넣었다. 그리고 미국산 우스터 소스를 조금 뿌리고 다진 마늘, 소금, 후추도 넣었다. 그런 다음 이탈리아산 엑스트라 버진 올리브유를 조금씩 부으면서 거품기로 저었는데 이렇게 하는 내내 그는 끊임없이 상대가 기절하기 일보 직전일 때까지 재료들의 원산지와 품질을 찬양했다. 이렇게 그는 너무나도 근사하고 아주 특별한 마요네즈를 만들어냈다.

비비아나는 이야기를 다시 시작했다. "그런 다음 체사레는 그가 주방에서 구운 크루통을 가지고 와서 상추와 섞었고 그 위에 갓 만든 마요네즈를 조금 부었어요. 마지막으로 파르미지아노 레지아노 치즈를 종이처럼 얇게 썰어 샐러드 위에 아낌없이 넉넉히 뿌렸답니다. 이렇게 하는 내내 그는 자신이 어렵사리 대량으로 수입한 귀한 이탈리아 치즈에 대한 칭찬을 노래처럼 읊었죠!

어떤 사람들은 그가 안초비도 조금 올렸다고 하지만 이건 저도 확실히 몰라요. 이름도 없는 이 음식은 대성공이었습니다. 손님들은 샐러드를 먹기 위해 몇 번이고 그의 레스토랑을 다시 찾았고 그것에 대해 이야기했어요. 소문이 마을 곳곳에 퍼졌고 체사레 카르디니는 어쩔 수 없이 이 샐러드를 자신의 메뉴에 올려야 했죠. 시저 샐러드('체사레'의 영어 발음이 '시저'다 - 옮긴이)라는 이름을 정하는 것은 어렵지 않았어요. 그런 다음 사람들은 이탈리아의 피자가 그렇게 된 것처럼 더 복잡한 버전을 만들었지요."

그러나 이야기는 항상 예상치 못한 방향으로 진행되었는데 그 방향은 바로 대세를 따르는 쪽이었다. 금주령이 폐지되었고 티후아나는 점점 매력을 잃었다. 주방 운영뿐만 아니라 비즈니스에서도 운영 능력이 뛰어났던 카르디니 셰프는 매장을 로스앤젤레스로 옮기기로 결정했다. 때는 1935년이었고 수십 개의 변형 버전이 생긴 그의 샐러드는 캘리포니아에 자리잡은 새 레스토랑에서 핵심적인 요리가 되었다. 이는 매우 성공적이어서 몇 년 후 카르디니는 이를 마케팅하기 시작했고 시판 소스를 생산하기도 했다. 그는 공장과 영업 체인점을 세웠고 1948년에는 미국 전역에 시저 샐러드 상표를 등록했다.

비비아나는 "그것 때문에 지금은 모든 사람이 이 샐러드가 미국에서 태어났다고 알고 있는 것이죠"라며 이야기를 끝맺었다.

그러는 동안 나는 그녀가 만든 아베 시저의 마지막 한 입을 끝냈다. 하나 더 주문하고 싶었던 나는 무엇이 시저 샐러드를 그렇게 훌륭하게 만드는지 말해달라고 간청했다. 나는 여전히 내 입술을 핥고 있었고 빈 접시는 군침을 돌게 만들었다. "1분만 말해주세요, 비비아나. 딱 1분만요."

"간단히 말하면, 내 시저 샐러드에는 소스가 두 가지 들어갑니다. 머스터드가 살짝 첨가된 오리지널 소스와 요거트로 만든 소스죠. 그런 다음 마늘을 제외한 알려진 나머지 재료들과 함께 깍둑썰기한 닭고기, 튀긴 갓, 바삭하게 만든 닭껍질, 야생 회향, 마조람(순하고 단맛이 나는 향신료), 그리고 식용 꽃을 넣지요. 지방을 걷어낸 닭 육수와 함께 이 샐러드를 서빙합니다. 나는 단골들에게 샐러드를 먹는 동안 작은 잔에 담긴 닭 육수도 마시라고 권합니다. 원래 시저 샐러드의 맛이 우세하지만 다른 맛들과도 조화롭게 어우러지죠. 적어도 제게는 그래요."

"어울림이 좋은 정도가 아니라 아주 훌륭해요!" 내가 말했다.

비비아나는 당황한 기색을 보이며 미소를 지었다. 그녀는 그런 사람이다. 겸손하고 너그러운 사람. 그리고 매번 나를 놀라게 할 줄 안다. 그녀의 요리는 지나치게 실험적인 것은 아니지만 모든 재료가 존재감을 드러낸다. 분명한 형태로 그리고 진정성이 느껴질 정도로. 마치 그녀가 요리를 실제로 창작하기 전에 매번 머릿속으로 완성된 음식을 떠올려보는 것 같다. 그녀 스스로도 그렇게 말했다. 위대한 셰프들이 가진 재능이다.

13
_____

아이스크림콘

민주적이고 지속 가능한 간식

|

아르날도 미네티와의 대화

우연이나 실수로 만들어진 것들 중 성공한 제품이 너무나도 많은 탓에 나는 이 책에 어떤 세렌디피티 스토리를 담을지 결정하는 데 많은 어려움을 겪었다.

아이스크림콘의 예는 샴페인과 비교하면 사소해 보일 수 있다. 어찌 되었든 콘이라는 건 이보다 더 귀한 아이스크림을 담는 변변치 않은 그릇(홀더)일 뿐이지 않은가? 그러나 이와는 반대로 얇고 바삭한 과자인 웨이퍼 같은 이 그릇은 아이스크림을 민주적 간식으로 만든 주역으로, 일반 서민도 아이스크림을 즐길 수 있도록 해주었다. 이러한 의미에서 아이스크림콘은 사회적 평등의 상징이다.

특히, 현재의 시점에 원뿔 모양의 아이스크림콘이 이토록 중요한 또 다른 이유는 우리가 아이스크림을 테두리부터 뾰족한 끝부분까지 전부 먹기 때문이다. 따라서 아이스크림콘은 쓰레기를 만들지 않는 환경적 지속 가능성의 상징으로도 여겨질 수 있다. 숟가락이나 포크 따위도 필요하지 않고 손만 있으면 된다. 사용 후에 세제로 씻어야 하는 그릇을 대체하기도 한다. 남녀노소 누구나 한 세기가 넘는 세월 동안 손에 들고 먹는 바삭바삭하고 얇은 황갈색의 웨이퍼는 지구를 깨끗하게 유지하는 방법을 보여주는 완벽한 예다!

단순한 것이라고 해서 절대 과소평가해서는 안 된다. 단순함에도 종종 발명가가 개입된다. 아이스크림콘이 어떻게 개발되었는지를 알아보기 위해 나는 1938년부터 이탈리아 북부의 베르가모에서 고품질의 콘을 만들고 있는 한 이탈리아 기업을 찾아갔다.

콘 제조업체 오스티피치오 프레알피노Ostificio Prealpino는 80년이 넘는 기간 동안 규모 면에서는 성장했지만, 여전히 장인 문화에 깊이 뿌리를 둔 회사로 남아 있다. 조부모와 부모를 이어 3대째 일하는 젊은 직원들도 많이 있다. 설립자의 아들인 아르날도 미네티Arnaldo Minetti는 거의 40년간 이 기업을 운영해왔다. 그는 자신이 만드는 것을 좋아한다는 이유로 이를 업으로 삼았다는 면에서 특별한 인물이다. 그와 아이스크림콘에 대한 이야기를 할 수 있을지 묻자마자 나는 적합한 사람을 찾았다는 생각이 들었다.

"그럼 아이스크림 이야기부터 해야겠군요. 왜 아이스크림이 널리 알려져서 명성을 얻고 열성적인 소비자들을 확보하게 되었는지 말이죠. 현재 아이스크림에 대한 인기는 전 세계 어느 곳에서나 마찬가지랍니다."

이 책에서 하나의 패턴이 드러나는 것 같다. 어떤 제품에 대해 이야기하려면 그 제품과 관련된 것의 기원을 캐야 하는 패턴. 사람들을 이해하려고 노력할 때 종종 그러하듯, 이러한 뿌리를 모르고서는 우리의 이해가 불완전하고 왜곡될 수밖에 없다. 아이스크림에 대해 이야기하면 콘이 아이스크림의 전 세계적인 성공에 어떤 기여를 했는지를 설명하는 데 도움이 될 것이다.

"최초의 젤라또는 수세기 전 로마 제국 유력 귀족들의 풍성한 연회를 위해 눈·꿀·과일을 사용하여 만들어졌습니다. 그 후 피렌체 귀족층들은 여기에 우유·버터·달걀을 넣었고, 파리에 있는 르 프로코프 Le Procope 카페에서 마침내 초콜릿과 그라니타(과일·설탕·와인 등의 혼합물을 얼리고 갈아서 만든 이탈리아의 얼음 디저트—옮긴이)가 들어간 아이스크림이 만들어졌지요.

그런데 '일반 대중'도 부자들처럼 젤라또를 먹고 즐기길 원했지만, 더 없이 아름다운 접시와 유리잔, 컵, 고블릿(받침 달린 잔) 등으로 꾸며진 번쩍이는 탁자에 앉아서 제복을 차려입은 직원들에게 서빙을 받을 만한 여유는 없었답니다. 이 시점에서 콘이 등장해 민주화 역할을 하게 됩니다."

"잠깐만요, 미네티. 젤라또의 기원을 로마 연회에서 찾을 수 있다면, 인기 제품이 되기까지 엄청나게 오랜 시간이 걸렸다는 사실을 인정해야 하겠네요."

그 정도 오래 걸린 것은 확실하다. 미네티의 설명처럼 20세기 초반까지는 상황에 실질적인 변화가 없었다. 아이스크림이 엄청 맛있다고 소문이 퍼지면서 아이스크림에 대한 호기심도 커졌다. 일반 대중도 아이스크림을 먹고 싶어했지만 어디서, 어떻게 먹을 수 있는지 몰랐다. 컵에 담아서 내오는 카페 탁자에 앉아서 먹으려면 너무 비쌌다! 유리잔에 담겨 숟가락과 함께 제공되는 레스토랑 정원에서는 어떤가? 너무 멋부리는 것 같았다! 일반 대중은 모든 사람이 아이스크림에 접근할 수 있기를 원했다.

그래서 지역 축제나 박람회에 아이스크림과 그라니타가 모습을 드러내기 시작했지만, 여전히 먹은 후에는 씻어서 가져다주어야 하는 컵이나 유리잔에 담겨 나왔기에 파손이나 이로 인한 비용 부담의 위험을 감수해야 했다. 무화과 잎이나 종이랩을 사용하자는 제안도 있었지만, 대량 소비까지는 요원한 상황이었다고 미네티는 말했다.

그 시점에 우유 가게들은 컵, 그릇 또는 다른 비실용적인 용기에 아이스크림을 담아 집으로 가져갈 수 있도록 제공하느라 바빠졌다. 그러다가 19세기 말에 돌파구가 마련된다.

다소 엉성하기는 했지만 작은 핫플레이트에 구워낸 웨이퍼의 초기 버전이 출현한 것이다. 재료는 우유·설탕·밀가루였고 때로는 향료가 들어가기도 했다. 그 웨이퍼는 동그랗고 평평하거나 이른바 '러시아 담배'라는 뜻의 시갈레트 뤼스라고 불리는 튜브형태였다. 그러다가 천재적인 아이디어가 등장했다! 누군가 원뿔형으로 만들 생각을 한 것이다.

이 열정적인 전문가는 자신의 말을 계속 이어갔다. "아이스크림콘을 진정한 세렌디피티 사례로 만들어준 콘에 대한 흥미로운 이야기가 있어요. 1904년 7월 23일, 미주리주 세인트루이스에서 일명 세인트루이스 세계박람회라고도 불린 루이지애나 구매 박람회Louisiana Purchase Exposition가 개최되었는데 방문객들로 가득 찼지요. 찌는 듯이 무더운 날이었고 당시로는 여전히 신문물이었던 아이스크림 부스는 사람들로 들끓었습니다. 서빙용 접시가 동이 났지만 많은 사람이 여전히 줄을 서서 기다리고 있었지요. 이때

옆 부스에 있던 시리아 출신의 제과류 요리사인 어니스트 함위 Ernest Hamwi가 멋진 아이디어를 생각해냈어요. 그는 시뻘겋게 달궈 진 프레스에 웨이퍼 반죽을 넣어 구운 잘라비아zalabia를 팔았지요. 그는 아이스크림을 잡을 수 있도록 잘라비아를 콘 모양으로 말아 서 절망적이었던 아이스크림 판매자를 도왔습니다. 순식간에 모든 고객을 만족시킬 수 있을 만큼 충분한 수량을 만들었지요."

이는 멋진 세렌디피티 스토리지만 살짝 포장된 전설이 담긴 이 야기다. 뉴욕으로 이주한 이탈리아 보도디카도레 출신의 이민자 인 이탈로 마르키오니Italo Marchioni가 아이스크림콘을 만드는 기술 과 함께 수제 아이스크림 제조업자들을 위한 작은 기계와 상업적 생산자들을 위한 별도의 설비들을 최초로 특허 등록했다는 사실 을 우리는 잘 알고 있다. 이는 세인트루이스에서 시리아 출신 제 과류 요리사의 사건이 있기 전인 1903년 12월 13일의 일이다. 마 르키오니 덕분에 유제품, 아이스크림 가게와 술집들은 물론이고 키오스크와 페달 카트, 심지어 모터바이크나 작은 밴 차량들도 간편하고 빠르게, 그리고 이동 중에 먹을 수 있는 아이스크림을 제공하게 되었다.

아이스크림은 마침내 완벽한 홀더를 찾았다. 격식을 따지지 않 고 모든 사람이 먹을 수 있도록 만들어진 이 홀더는 더구나 먹을 수도 있었다. 이러한 혁신 덕분에 수제 아이스크림의 소비가 급 증했고, 예상대로 아이스크림 산업계가 아이스크림콘이라는 시 류에 편승했다. 제조업체들은 포장지로 감싼 콘을 생산해서 슈퍼마켓, 키오스크, 지역 술집들의 냉동 코너에 배달하기 시작했다. 그리고 수십 년 동안 우리는 상업적으로 생산된 '코르네토 cornetto(작은 뿔이라는 의미의 이탈리아어로 여기서는 콘 아이스크림 브랜드를 지칭-옮긴이)'를 먹고 있다. 그럼에도 불구하고 아르날도 미네티가 소중히 여기는 콘은 오랫동안 지속적으로 개선되어온 반죽과 품질로 만들어진, 수제 아이스크림에 사용되는 전통적인 콘이다. 그 생각은 앞으로도 변함이 없을 것이다.

"모양도 진화했어요. 예를 들어 입구 부분을 둥근 링 모양으로 만들면서 아이스크림 판매자들이 다양한 맛의 아이스크림을 주걱으로 쉽게 넣을 수 있게 됐답니다."

내가 덧붙였다. "또 다른 특징도 주목해야 해요. 아무것도 버릴 게 없고 모든 것을 먹을 수 있으니 낭비가 없고 쓰레기도 나오지 않는다는 점을요."

아르날도는 이렇게 말했다. "콘에 담긴 아이스크림은 어쩌면 지구의 안녕과 가장 잘 조화를 이루는 제품이 아닐까요? 그러나 홀더도 함께 먹도록 모든 사람을 설득하기 위해서는 잘 만들어야 합니다. 수제 콘은 너무 달아서는 안 되고, 인공 향료나 색소를 넣지 않고 천연의 고품질 재료들로 만들어야 하죠. 콘이 아이스크림 그 자체의 맛을 압도해서도 안 되기에 이 모든 조건이 만족되어야 해요. 저는 모든 형태의 콘을 두루 좋아해요. 주로 링 모양으로 된 전통적인 콘을 좋아하지만, 크든 작든 링이 없는 롤업 형태도 좋아해요. 특정 기준에 따라 만들어진 것이라면 말이죠. 처음에 아이스크림콘은 민주주의 투쟁에서 승리했고, 지금은 환경을 존중하는 좋은 예가 될 수 있지요."

나는 그 말에 전적으로 동의했다. 이제부터 유리잔은 말할 것도 없고, 그릇이나 종이컵도 잊어버리자. 걸어가는 중이든 앉아 있든 나는 아이스크림은 콘으로 먹을 것이다! 그리고 콘도 먹을 것이다. 바삭바삭하고 맛있지만 너무 맛있지는 않은 콘을 먹을 것이다. 이는 오랜 추억을 되살려주기도 한다.

"아르날도, 콘의 맛을 보면 무엇이 생각나는지 아세요? 성찬식에 참석했던 기억이 떠올라요. 저는 성찬식에서 먹던 그 웨이퍼(제병)를 언제나 좋아했죠."

14

켈로그 콘플레이크

끝까지 화해하지 않은 집안싸움

정확한 날짜는 1894년 4월 14일, 토요일이었던 것으로 보인다. 미시간주 배틀 크릭에 있는 한 요양소의 의사 겸 관리자였던 42세의 존 켈로그John Kellogg는 34세인 동생 윌Will과 함께 환자들에게 제공할 별맛이 나지 않는 수프를 만들기 위해 평소처럼 옥수수를 익히고 있었다.

그러다 갑자기 수*치료실의 기계가 고장났다며 긴급 호출을 받게 되었다. 한 시간 정도 후에 형제가 주방으로 돌아와보니 조리하던 옥수수가 완전히 딱딱해져 있었다. 쓰레기통에 쏟아버리는 것은 말도 안 되는 일이었기에 이들은 이 옥수수를 롤러에 넣고 눌러 납작하고 얇은 한 장의 시트처럼 만들려 했다. 그러나 그들이 실제로 얻은 것은 부서진 다량의 익힌 옥수수 조각들, 다시 말해 플레이크였다. 형제는 이 플레이크를 불에 구워보기로 했고 플레이크가 식으면 새로운 형태의 아침식사를 개발하기로 결정했다.

그들은 이 옥수수 플레이크를 따뜻한 우유가 담긴 큰 컵에 넣어 모든 환자에게 먹였다. 뜻밖에도 환자들의 반응은 좋았다.

그러나 켈로그 형제들의 이 놀라운 이야기를 더 잘 이해하려면 수십 년 전으로 거슬러 올라가야 한다.

존은 1852년 제7일안식일예수재림교에 속한 미시간의 한 가정에서 태어났다. 기본적으로 이 교파의 사람들은 최후 심판의 날

이 임박했고 예수가 곧 재림할 것이라고 믿었다. 그러나 예수의 재림 날짜는 재림사건이 실현되지 않자 계속해서 다시 예언되었고 그래서 새로운 교파가 지속적으로 생겨났다. 이 교파의 교인들은 채식주의와 희생적인 삶을 지향하고 교육이나 전통 의학을 신뢰하지 않았다. 그리고 자녀들에게 제공하는 유일한 교육은 자신들의 종교적 믿음에 관한 것이었다.

존은 어렸을 때 글을 읽고 쓸 줄 몰랐다. 하지만 열한 살의 나이에 그는 재림교의 종교 서적들을 읽기 시작했고 그때부터는 아무도 그를 막을 수 없었다. 그는 빠른 습득력과 뛰어난 직관력으로 놀라운 학습 능력을 나타냈고, 닥치는 대로 탐독하고 심지어는 글도 잘 썼다. 그는 화이트White 가족이 소유한 배틀 크릭의 한 마을 신문 편집국에서 경력을 쌓았다. 화이트 부부는 재림교의 지도자들이었고 존은 견습생으로 신문사에서 일하기 시작했다. 몇 년 만에 그는 편집장이 되었고 학업을 마치기 위해 대학에 입학했다.

그는 자신이 다니는 교회의 계율과 일치하는 일종의 대체의학을 개발하겠다는 명확한 의도를 가지고 의학을 선택했다. 처음에는 뉴저지와 미시간에서 공부했고 그 후 유럽으로 건너가 뉴트라수티컬nutraceutical(영양을 뜻하는 'nutrition'과 의약품을 뜻하는 'pharmaceutical'의 합성어로, 질병 예방이나 치료 효과가 있는 건강식품이나 그러한 성분을 일컫는 말-옮긴이) 의학과 수치료학 수업을 들으며 전공 과정을 마쳤다.

졸업 후 그가 배틀 크릭으로 돌아오자 화이트 부부는 그를 자신들이 최근에 설립한 진료소에서 일하게 했다. 이 진료소는 주로 재림교를 믿는 다양한 계층의 사람들이 신체적, 정신적으로 아플 때 건강 개선을 위해 짧게 머무를 수 있는 요양원이었다. 존은 곧 관리자가 되었고 이 요양원을 모든 이에게 개방되는 고급 클리닉, 일종의 힐링 스파로 탈바꿈시켰다.

당시의 시대상과 미국의 상황을 고려하면, 어떤 면에서 그는 현대 약초학의 아버지인 메세게Mességué보다 앞선 사람일 수도 있다. 그의 요양원은 헨리 포드나 미국 대통령 글로버 클리블랜드 같은 VIP들을 고객으로 둘 정도로 놀라운 성공을 거두었다.

그럼에도 불구하고 존 켈로그는 엄격한 삶의 원칙에서 단 한 발짝도 물러나지 않았고, 사실 그러한 원칙들을 더 깊게 파고들었다. 그는 고기나 설탕을 먹지 않았고, 차나 커피도 마시지 않았으며, 담배나 술도 입에 대지 않았다. 그리고 성관계도 멀리했다. 자연스럽게 그는 자신의 환자들에게도 같은 규칙을 부과했다. 그는 성관계가 왜 우리에게 해로운지를 자신의 관점에서 설명하는 『성생활에 관한 분명한 사실들Plain Facts about Sexual Life』을 포함하여 많은 책을 썼다. 이 책은 150만 부가 팔렸다. 그러고 나서 1879년에 그는 엘라 이튼Ella Eaton과 결혼했고 첫날밤을 치르지 않는 대신 고아 42명을 입양했다.

그의 동생 윌은 집안 내력으로 보이는 뛰어난 지능을 제외하면 존과는 정반대의 사람이었다. 존보다 여덟 살이나 어린 그는 재림교의 가치에 끌리지 않았다. 완전히 반대였다. 청소년기에 그는 담배를 피우고 스테이크도 먹고 술을 마셨으며, 무엇보다도 여자들에게 관심을 가졌다. 그는 허락이 떨어지자마자 학업을 포기하고 아버지가 운영하는 작은 빗자루 공장에서 일했는데 이곳에서 곧 자신의 비범한 기업가적 자질을 드러냈다. 그러자 그의 형 존이 그를 진료소로 데리고 왔다. 진료소에는 경영 능력을 갖춘 사람이 필요했고, 존도 비용과 이윤, 관리 등의 문제로 걱정하기보다 새로운 조리법, 혁신적인 건강 그리고 성관계 금지 치료법에 집중하는 편을 선호했다.

*

자, 여기서 1894년 4월의 토요일로 다시 돌아가보자.

이렇게 우연히 콘플레이크를 개발한 후, 윌은 이 제품이 클리닉에서 사용되는 것 이상의 엄청난 마케팅 잠재력을 갖췄음을 깨달았다. 그래서 그는 형에게 그 발명품에 특허를 내고 콘플레이크를 대량으로 만들어 미국 전역에 출시하는 계획을 세울 수 있도록 해달라고 간청했다.

하지만 어림도 없는 일이었다. 존은 그 아이디어에 완전히 반대했다. 그에게 콘플레이크는 배틀 크릭 클리닉의 전유물로만 남아 있어야 했다. 그 후 몇 년 동안 아침에 먹는 우유에 구운 콘플레이크를 추가하는 것에 대한 뉴스가 퍼져나갔고 이를 모방하려는 사람들이 늘자 윌은 존을 거듭 설득했다. 그러나 존이 꿈쩍도 하지 않자 윌은 그곳을 떠날 시간이 되었음을 느꼈다.

윌은 콘플레이크를 생산하는 회사를 설립해 켈로그Kellogg's라는 이름을 붙였고, 형과 함께 우연히 개발한 레시피에 설탕이라는 한 가지 강력한 혁신을 추가해 특허 출원을 했다. 물론 윌은 착한 동생이었기에 존에게 회사 지분의 50%를 제안했지만 존은 달콤한 죄악의 추가 재료에 분노하며 이 문제를 법정으로 끌고 갔다. 어떻게 윌이 감히 자신의 허락도 없이 그 콘플레이크에 가족의 성을 사용할 수 있단 말인가?

그렇게 1906년이 되었다. 그 이후로 형제는 다시는 만나지 못했다. 남은 평생 동안 단 한 마디도, 단 한 번의 인사도 나누지 않았다. 이렇게 둘 다 정확히 91세까지 살았다니 놀라운 일이다.

최종 판결이 윌의 손을 들어줄 때까지 이들은 법정에서 여러 해를 보냈다. 이 판결로 켈로그의 콘플레이크는 이 이름을 달고, 윌의 레시피를 사용하여 만들고 판매할 수 있게 됐다.

윌은 오늘날 우리가 알고 있는 전 세계적인 성공을 거두었다. 그는 이내 백만장자가 되어 술과 담배를 계속했고, 세 번 이상 결혼하여 여덟 명의 아이들을 낳았다. 연인들도 다수 있었다.

형 켈로그는 심각한 경영 실패로 파산하여 문을 닫을 때까지 클리닉에서 계속 일했다. 이에 좌절하지 않고 존은 또 다른 클리닉을 열었고, 몇 권의 책을 더 쓰면서 기대 수명 연장을 위한 영양과 성생활 억제를 주제로 한 연구를 계속했다.

켈로그 형제와 그들의 콘플레이크에 대한 이상하고도 우연한 이야기는 여기서 끝이 난다. 이제 다른 모든 주제에 대해 그랬던 것처럼 전문가 친구를 만나 질문을 할 차례다.

그러나 이번 한 번만은 이 전설적인 형제들에게 그 기회를 넘겨주고 1906년 이후로 그들이 최소 한 번은 만나는 모습을 상상해보려 한다.

인간이 하는 모든 활동 중 내가 참여하고 가장 선호하는 활동은 평화를 위해 중재하거나, 더 나아가 화해에 기여하는 일이다. 나는 이것이 요즘 시대의 유행을 따르는 것과는 아주 거리가 멀다는 점을 알지만 상관없다. 나를 믿어도 좋다. 그것에 반박하려는 속셈이 아니다. 나는 평화를 위한 중재가 전쟁보다 훨씬 힘들다 해도 언제나 확실히 더 나은 결과를 만든다는 확고한 믿음을 가지고 있다.

존 "어쩌면 네가 설탕만 넣지 않았어도 나도 너와 사업하는 것을 생각해봤을 거야."

월 "존경하는 형님, 저를 믿으세요. 설탕은 우리 콘플레이크를 대량 생산하는 데 결정적인 재료였어요! 사실 형님은 이 시장을 좋아한 적이 한 번도 없었죠. 형님에게 시장이란 형님이 사랑하는 요양원이 전부였죠. 어쩌면 오로지 저만의 잘못일 수도 있어요. 그 사실을 더 빨리 깨닫고 적어도 5년은 먼저 저의 길을 갔어야 했어요. 하지만 형님을 설득하기 위해 저는 모든 노력을 기울였어요. 무얼 잃었는지 아시겠어요?"

존 "나는 중요한 것은 잃지 않았어. 돈과 명성을 잃은 거지. 내가 중요하게 생각하는 가치는 그것과는 아주 많이 달라."

윌 "하지만 형님은 항상 형의 책에서 인세를 받아 챙겼잖아요. 그 돈은 경멸하지 않았죠. 저는 비즈니스를 하면서도 중요한 가치들을 유지하려고 노력했어요. 사업을 하면서 많은 고용을 창출했고, 대공황의 시기였던 1929년에는 모든 사람에게 충분한 일거리가 돌아가도록 6시간 교대 근무제를 고안하기도 했어요."

존 "맞아, 나도 그건 인정해. 그리고 항상 레시피가 내 것이라는 걸 인정해준 점도 고맙게 생각하고 있어. 하지만 설탕을 넣은 건 유감이야. 그건 내 레시피와는 아무 상관이 없잖아!"

윌 "존경하는 형님, 저는 늘 형님 생각을 했어요. 제가 형님과 이야기를 하기 위해 얼마나 많이 찾아오려고 했는지 아시잖아요."

존 "나도 네가 보고 싶었어. 이 오랜 세월 동안 서로를 피한 건 잘못이야."

윌 "형님, 후회는 하지 마세요. 저는 한 번도 형님의 희생 어린 삶을 이해하지 못했고 정반대로 사는 데 열중했지요. 그래요. 형님보다 제가 훨씬 더 많은 돈을 벌었지만 결국 보시다시피 역사가 기억하는 사람은 형님이에요."

존 "오, 그러지 마. 네 덕분에 우리 가족의 이름이 세계적으로 유명해졌고 계속 기억될 거야."

월 "그렇지만 형님이 그렇게 고집스럽지 않았다면 켈로그의 브랜드는 결코 세상의 빛을 보지 못했을 거예요. 형님, 감사합니다. 우리 서로 안아요. 결코 늦지 않았어요."

미안하지만 내가 이런 사람이다. 이 두 형제가 미래에 다시 만날 것이라 상상해보고 싶었다. 그래서 이 둘이 화해했으면 했다. 적어도 이 책에서는 100년이 지난 후에 일어난 일이 됐지만, 감상에 젖어 이 두 형제들을 직접 안아보고 싶다는 생각을 해본다.

15

나폴리식 커틀릿

태워버린 빵가루를 은폐하라

에도아르도 베나토와의 대화

누군가 이탈리아의 튀긴 고기 요

리 코톨레타^cotoletta 이야기를 꺼낼 때면 나는 곧바로 밀라노 스타

일의 커틀릿을 떠올린다. 이 커틀릿은 밀라노뿐만 아니라 전 세

계적으로 유명하다. 제대로 만들면 꽤 훌륭한 음식이 된다. 커틀

릿의 기원에 대한 세렌디피티라 할 것은 딱히 없다. 다양한 주장

에도 불구하고 밀라노에서 태어났다는 데 의심의 여지가 없기 때

문이다.

　오스트리아 사람들은 커틀릿이 자신의 나라에서 유명한 비너

슈니첼^Wiener schnitzel(송아지 고기를 얇게 저며서 빵가루를 입혀 튀겨낸 오

스트리아 전통 커틀릿 요리—옮긴이)을 베낀 것이라 계속 주장한다. 비

너 슈니첼도 맛있지만 커틀릿과는 근본적인 차이가 있다. 전통적

인 코톨레타 레시피에는 뼈가 붙어 있는 두툼한 고기 조각이 사

용되지만 비너 슈니첼은 얇고 부드러운 저민 살코기가 사용된다.

　그러나 이는 단지 사용하는 부위의 문제가 아니라 역사적인 사

실에 관한 문제다. 19세기 중반 오스트리아의 장군이었던 라데츠

키 폰 라데츠는 한 편지에서 밀라노에 체류하는 동안 처음으로

빵가루를 묻힌 커틀릿을 맛보았다고 언급한 바 있다. 이 편지로

도 충분하지 않다면, 12세기 요리책에도 이 음식이 묘사되어 있

다. 그러므로 빵가루를 입힌 커틀릿의 기원이 밀라노라는 점에

대해서는 의심의 여지가 없으며, 이 커틀릿을 만드는 과정에서

우연한 실수가 있었다는 이야기나 파네토네 또는 리조토처럼 밀라노 지방의 전설도 없다.

대신 밀라노식과 유사한 커틀릿이 있는데, 이 커틀릿은 그냥 '더 풍성한' 커틀릿이라고 부르자. 그 음식의 기원에는 특별히 우발적인 사연이 있다. 첫째, 그 음식에는 그것이 태어나지 않은 도시의 이름이 붙었다. 둘째, 이 음식은 정말 실수로 탄생한 듯하다. 바로 코톨레타 나폴레타나^{cotoletta napoletana}라는 음식인데, 이 음식은 마땅히 누려야 할 명성을 여태 얻지 못하고 있다.

나폴리를 방문하는 행운이 찾아온다면 비록 그 음식을 찾는 게 쉽지 않겠지만 한번 먹어보길 바란다. 피자와 파스타처럼 본고장에서 특별한 맛을 느낄 수 있는 환상적이고 맛있는 강력한 경쟁 음식들이 있지만 말이다. 게다가 나폴리에서는 생선으로 만든 특선 요리들도 거부하기 힘들다. 그렇다 해도 나중에 이탈리아 나폴리만 연안에 있는 베수비오산의 그늘 아래 있게 된다면 다음의 순서를 따르라고 정중히 권한다. 앙트레로 피자(원조 마르게리타를 추천한다)를 4분의 1 크기로 주문한 다음, 파스타 알라 제노베제를 절반만 주문한 후 코톨레타 나폴레타나를 만들어달라고 해서 레드 와인 타우라시 한 잔과 함께 즐기는 것이다. 분명 내게 감사하게 될 것이다.

이 커틀릿은 아르헨티나에서 왔다는 점에서 특별하다. 부에노스아이레스에 있는 호르헤 라 그로타^{Jorge La Grotta}라는 레스토랑에서 만들어져 엘 나폴리타누^{El Napolitanu}라는 이름이 붙었는데, 초창기 이 레스토랑의 소유주와 요리사가 모두 나폴리 출신이었다. 이들의 후원자들은 주로 아르헨티나에 성공적으로 정착한 이탈리아 이민자들이었지만, 라틴 아메리카에서 이탈리아식 도시에 사는 현지인들도 이들의 음식을 사랑했다.

때는 1940년대 말 무렵이었다. 페론이 선거에서 승리했고 아내인 에비타는 아름다움과 권력이라는 두 위대한 신화의 화신으로 전설이 되어가고 있었다.

어느 날 저녁, 호르헤 라 그로타의 요리사는 중요한 손님이 주문한 커틀릿을 준비하고 있었다. 그러나 딴 데 정신이 팔려 그만 고기에 묻힌 빵가루를 태우고 말았다. 그들이 가진 마지막 고기였기에 이 사고는 재앙이었다. 손님이 불평을 할 것이 분명했다. 어쩌면 좋을까? 상상력이 풍부했던 요리사는 탄 부분을 긁어내고 나머지 부분에 토마토 소스를 살짝 얹은 후 익힌 슬라이스 햄과 모차렐라 치즈를 그 위에 올렸다. 말하자면 그는 베이스가 빵이 아니라 커틀릿인 햄 피자를 만든 셈이었다. 그는 모차렐라 치즈가 녹을 때까지 이 커틀릿을 오븐에 넣었다가 생 오레가노를 살짝 뿌리고 웨이터를 불렀다. "이걸 저 손님께 드리고 그분만을 위한 특별한 요리를 만들었다고 말해주세요. 나폴리식 밀라노 커틀릿이라고 부르면 돼요."

그 손님은 여러 가지 색깔의 이상한 커틀릿을 의심스러운 눈길로 바라봤지만, 결국 조심스럽게 한 입 베어물었다. 그리고 이내 놀라운 음식을 발견했다고 확신하게 되었다. 그는 요리사에게 칭찬을 아끼지 않으며 두둑한 팁을 남겼다. 그날 그 '나폴리식 밀라노 커틀릿'은 곧바로 호르헤 라 그로타의 메뉴에 올라갔다. 순식간에 이 음식은 그의 특선 요리가 되었다. 소문이 퍼졌고 많은 레스토랑들이 이 음식을 도입했다.

그다음에는 무슨 일이 일어났을까? 그중 어떤 사람이 나폴리로 다시 돌아왔고 기적이 일어났다. 떠난 적도 없던 맛있는 그 지역의 특선 요리, 즉 나폴리 최고의 전통에서 태어난 발명품이 아르헨티나에서 고향 나폴리로 돌아온 것이었다.

지금은 이 커틀릿을 나폴리 특징이 살짝 가미된 밀라노식 코톨레타라고 묘사하는 사람들이 있다. 하지만 이는 정확하지 않다. 둘 간의 차이점은 현저하고 결정적이다.

먼저 고기부터 살펴보자. 뼈가 들어 있는 송아지 고기로 만드는 진짜 밀라노식 커틀릿과 달리 나폴리식은 뼈가 없는 소고기를 사용하는 부에노스아이레스 또는 오스트리아 빈의 영향을 받았다. 두 번째, 밀라노에서는 정제 버터를 사용하지만 나폴리에서는 엑스트라 버진 올리브 오일을 사용한다. 세 번째, 밀라노식은 팬에서 시작해서 팬에서 끝나는 반면, 나폴리식은 팬에서 시작해서 오븐에서 끝난다. 이는 재료들을 고기와 합치고 모차렐라 치즈를 녹이기 위한 필수적인 마무리다. 이 세 가지 세부적인 차이점 때문에 두 개의 커틀릿은 완전히 다른 음식이 되었다. 나폴리 버전의 경우 오븐에서 마무리할 때 과하게 익는 것을 방지하기 위해 팬을 강불에 올린 뒤 2분 이상 튀기지 않는 것이 좋다.

*

어느 날, 에도아르도 베나토^{Edoardo Bennato}가 환상적인 나폴리식 커틀릿을 먹을 수 있는 곳으로 나를 데리고 갔다. "나폴리에서 최고지." 그가 말했다. 그를 믿지 않을 이유가 없었다. 정말로 맛있었다. 나는 베나토와 함께 시간 보내는 것을 좋아한다. 그 멋진 커틀릿을 먹으면서 우리가 무슨 논의를 했는지 나는 완벽하게 기억한다.

그는 '위도 갈등'이라는 말을 언급했는데 이는 사람들이 극지방과 비교해 자신이 지리적으로 어느 위치에 있느냐에 따라 삶, 일, 사회와 맺는 관계에 차이가 있음을 의미한다. 다시 말해, 특정 국가의 우세한 기후와 지형학적 특징이 사람들의 행동과 습관에 얼마나 많은 영향을 미치는지에 대한 이야기다. 그는 세상을 '성인' 인간과 '아동' 인간으로 나누며 잔혹한 폭력이 점점 심해지고 있다고 확신했다. 즉, 위도 변수에 따른 부자와 가난한 사람들 간의 전 세계적인 불균형으로 초래된 파괴적이고 치명적인 폭력이 점차 확대되고 있다는 얘기다. 그에 따르면 새로운 세계의 균형을 향한 첫 단계는 이러한 변수를 인식하는 것이다.

그는 시를 분석하는 데 능숙한 이탈리아 남부의 위대한 예술가이자 열정적으로 해결책을 찾는 북부의 사업가다. 커틀릿을 먹는 동안 대부분의 이야기는 에도아르도가 주도했다. 그가 물었다. "자네, 나같은 곡예사에게 해결책을 구하는 거야?" 그는 오랫동안 이 방대한 주제를 숙고해왔고, 그것에 대한 불후의 명곡도 작곡하고 아름다운 그림을 그리기도 한 사람이었다. 훌륭한 음식에 정신을 뺏겼지만 나도 말을 보태기는 했다. 그러나 내가 한 이야기보다는 들은 이야기가 더 많았다는 사실은 인정해야 할 것 같다.

나는 그날, 특히 코톨레타를 추억하기 위해 그를 찾았다. 이제 나는 그가 내게 말해준 것을 한 마디 한 마디 그대로 보고하기만 하면 된다. 그의 논리 전개는 환상적이었다.

"내 삶의 기쁨은 내 딸, 가이아야. 열다섯 살인데 학교에서도 아주 잘 지내고 운동선수이기도 해. 세 살 때부터 미국 학교를 다녔기 때문에 사실상 영어가 모국어인 셈이야. 잉글랜드와 아일랜드를 좋아하고 북유럽에 살긴 하지만 나폴리와 자신의 나폴리 뿌리를 사랑하는 아이라네. 아이는 자발적으로 세계 시민으로서의 역할을 하며 살고 있고 지구 온난화나 환경 보호와 같은 문제들을 최우선으로 생각하지. 나폴리 음식을 좋아하지만 세계의 맛에 개방적이고 소렌토에서부터 더블린, 로마냐, 로마, 밀라노, 나폴리에 이르기까지 피자집과 레스토랑들에 대해 본인이 매긴 순위를 꾸준히 업데이트하고 있다네. 코톨레타는 버전을 막론하고 모두 딸 아이가 가장 좋아하는 음식들 중 하나지. 딸아이는 이 커틀릿 순위도 부지런히 작성하고 있어. 철저한 조사 끝에 1등은 나폴리에서 만들어지는 코톨레타가 차지했지. 과연 최고라니까."

16

크레프 수제트와 타르트 타탱

예기치 못한 두 가지 디저트에 대한 이야기

지노 파브리와의 대화

2015년 6월 어느 월요일, 22개국에서 온 세계 최고의 파티시에들이 리옹에서 열린 식품 서비스 산업Horeca(호텔·레스토랑·케이터링) 국제무역박람회에 모였다. 그들은 10시간 동안 주어진 수의 디저트를 만들며 월드 페이스트리 컵을 놓고 경쟁을 치렀다.

그 결과 볼로냐의 거장 지노 파브리Gino Fabbri가 이끄는 이탈리아 팀이 18년 동안 우승을 차지한 무적의 프랑스팀을 이겼다.

그래서 매우 중요한 프랑스 디저트 두 가지를 이야기하기 위해 나는 이 월드 챔피언 페이스트리 요리사를 다루려고 한다. 그는 철저하게 이탈리아 사람이었지만 이 챔피언 타이틀은 프랑스 땅에서 획득했다.

*

지노 파브리는 볼로냐에 있는 자신의 매장에서 줄곧 일해온 환상적인 파티시에지만, 파티시에가 되고자 하는 젊은이들을 가르치는 일도 한다.

우리는 어느 날 그의 고향에 있는 피코에서 만났다. 거기서 나는 그가 티라미수 대결을 벌이고 있는 학생 두 그룹을 지도하고 있는 모습을 봤다. 그는 좋은 사보이아르도savoiardo, 즉 레이디 핑거 스폰지를 만드는 방법, 달걀이 신선한지를 구분하는 방법, 훌륭한 마스카포네 크림을 만드는 방법 등을 설명하고 있었다. 나는 그를 마치 신처럼 바라보는 학생들의 표정을 읽었다. 그의 성격, 유쾌한 본성, 그리고 겸손함은 내게 깊은 인상을 주었다.

수업이 끝날 무렵 그가 손뼉을 치며 학생들에게 정리를 지시하자 나는 말을 걸기 위해 그에게 다가갔다. 그의 제스처는 셰프들이 '오늘은 여기까지'라고 말하는 것처럼 보였다.

"저와 크레프 수제트Crêpe Suzette와 타르트 타탱Tarte Tatin에 대한 이야기를 나누는 데 동의해주셔서 감사합니다. 지구상의 모든 디저트를 알고 계실 테니, 분명 프랑스 페이스트리에서 이 두 가지 기념비적인 디저트에 대해서도 모든 걸 알고 계실 거라 봅니다." 내가 말하자 그는 이렇게 대답했다.

"오스카, 나는 프랑스를 넘어 전 세계의 기념비적인 디저트들이라고 말할 겁니다. 잘 만들기만 하면 너무나 훌륭해서 지구 어느 곳에 있든 우리를 만족시키지 못하는 일이 없죠. 파리에 있는 당신의 매장 이탈리아에서는 프랑스 사람들이 티라미수와 판나코타로 배를 채우고 있다고 들었습니다. 많은 다른 공예 기술에도 적용된다고 생각합니다만, 페이스트리 만들기의 장점은 이것이 한 인구 집단과 다른 인구 집단 사이에 작은 문화적 교류를 구축한다는 점입니다."

하얀 콧수염을 정성스럽게 다듬은 지노는 내게 걱정할 필요가 없다고 말했다. 그는 실제로 두 디저트를 잘 알고 있고 직접 만들며, 종종 다른 사람들에게 만드는 법을 가르치기도 한다.

그리고 그는 이 디저트들이 프랑스에서 만들어졌든 다른 곳에서 만들어졌든 관계없이 모두 훌륭하다고 말했다. 그는 알프스산맥 너머에 있는 동료들에게 그저 존경을 보낼 뿐이고, 그들 중 다수는 실제 그의 좋은 친구들이다. "프랑스의 파티시에는 훌륭할수록 잘난 체하지 않는다는 사실을 꼭 말씀드리고 싶어요. 하지만 이건 이탈리아를 포함해 전 세계적으로 마찬가지일 거예요." 나도 거기에 동의했다.

그레프 수제트와 타르트 타탱 두 세렌디피티 사례 뒤에 숨겨진 이야기를 알고 싶었던 나는 "크레프 수제트부터 시작할까요?"라고 제안했다. 동시에 나는 작은 부탁 한 가지를 기억해냈다. "그리고 저는 당신의 레시피를 갖고 싶어요."

그가 웃으며 기꺼이 레시피를 주겠다고 했다. 그러고는 이 음식이 어떻게 생겨났는지에서부터 이야기를 시작했다. 우리는 19세기 말, 정확하게는 1895년, 몬테카를로에 있는 카페 드 파리Café de Paris로 거슬러 올라갔다.

어느 날 밤, 그 카페의 주방은 몹시 소란스러웠다. 유명한 손님, 빅토리아 여왕 이후로 프랑스가 맞이하는 최고로 유명한 영국 손님 접대 준비에 한창이었기 때문이었다. 그 손님은 빅토리아 여왕의 아들이자 몇 년 후에 에드워드 7세가 될 영국 황태자였다.

디저트 팀에서 일하는 앙리 샤르팡티에Henri Charpentier라는 한 젊은 견습생은 유명한 셰프 오귀스트 에스코피에Auguste Escoffier가 세운 요리학교 출신이라는 이유로 높이 평가받고 있었다. 모든 코스에서 칭찬이 쏟아졌지만 그는 디저트를 만들다 큰 사고를 치고 말았다. 크레프를 조리하다가 실수로 리큐어를 팬에 부어버린 것이다. 그러자 불이 붙었고 플람베flambé(조리 중인 음식에 술을 부어 불을 붙이는 조리 방법–옮긴이) 효과가 발생했다.

주방의 스태프들은 이 의도치 않은 방식으로 만든 크레프를 내놓아야 할지 말아야 할지 확신이 없었다. 하지만 결국 모험을 감행하기로 했다. 뜻밖에도 이 디저트는 대성공이었다. 황태자는 한 접시를 더 요청했고 그와 함께한 모든 이들도 그를 따랐다.

요리사들에게 이 특별한 크레프의 이름을 물었을 때 이들은 당황하면서 대답을 하지 못했다. 누군가가 '프린세스'를 제안했지만 여자를 사랑하는 것으로 유명했던 황태자가 더 좋은 아이디어를 생각해냈다. 수제트Suzette! 자신의 테이블에 있던 가장 아름다운 여인의 이름을 기념하기 위한 것이었다. "이 이야기는 100년 넘게 입에서 입으로 전해지는 과정에서 거품이 조금 끼었을 수 있어요. 하지만 아시다시피 우리 파티시에들은 '거품 내는 일'이 전문이지요. 안 그래요?"

여기 그 레시피가 있다. 이 거장이 직접 구술한 레시피다.

지노 파브리의 크레프 수제트 레시피

| **재료** | **크레프**: 우유 25ml, 밀가루 100g, 녹인 버터 50g

기름 7ml, 달걀 2개, 설탕 10g, 소금 한 꼬집

강판에 간 오렌지와 레몬 껍질

오렌지 버터: 각설탕 17개, 오렌지즙 40ml

그랑 마니에르(오렌지향 리큐르) 5ml, 버터 120g

오렌지 2개, 레몬즙 10ml, 얇게 썬 오렌지 껍질, 장식용

| 크레프 만드는 법 |

1. 밀가루를 설탕과 함께 체에 친다.
2. 달걀과 소금을 섞어 밀가루, 설탕 혼합물에 붓고 우유를 넣은 다음 녹인 버터를 넣고 섞는다.
3. 기름을 넣고 마지막으로 오렌지와 레몬 껍질을 넣고 섞는다.
4. 2시간 동안 반죽을 휴지시킨다.
5. 코팅 프라이팬을 예열하고 버터로 뜨거운 표면을 닦은 후 크레프 반죽을 부어 익힌다.

| 오렌지 버터 만드는 법 |

1. 각설탕을 색이 잘 밸 때까지 오렌지에 문질러 껍질에 있는 에센셜 오일이 충분히 스며들도록 한 다음 이 설탕을 오렌지즙과 레몬즙 합친 것에 넣고 끓인다.
2. 여기에 거품기로 저으며 버터를 넣고 그랑 마니에르도 넣는다.

| 먹는 법 |

각각의 크레프가 익으면 네 겹으로 접고 오렌지 껍질로 장식한다. 먹기 전에 오렌지 버터를 발라 글레이즈 효과를 낸다.

또 하나의 맛있는 디저트에 대한 이야기가 있는데, 이는 집에서도 만들어볼 만한 타르트 타탱이다.

이 훌륭한 고전 디저트도 우리가 다시 한번 감사해야 할 실수로 탄생했다. 더 구체적으로 말하면, 스테파니Stéphanie와 카롤린Caroline이라는 이름의 타탱Tatin 자매들에 대한 이야기다. 그 자매들은 중부 프랑스의 루아르 계곡에 있는 한 작은 마을인 라모트-뵈브롱의 역 맞은편 식당에서 일하고 있었다.

지노도 그곳에 가본 적이 있다고 했다. 그에 따르면 그 실수가 일어난 때는 타탱 자매가 유명한 사과 타르트를 만들던 20세기 초 어느 일요일이었다. 그곳의 단골손님이었던 지역 사냥꾼들은 사과 타르트에 흠뻑 빠져 있었다고 한다. 사실 주말에 사과 타르트 주문의 수요를 맞추느라 미칠 지경이었던 건 타탱 자매들이었다.

잘 모를 수도 있겠지만, 전문적인 상업용 주방에서는 재료 하나를 빠트리거나 과정 하나를 건너뛰는 일이 꽤 흔하게 발생했다. 때때로 한 번에 여러 가지 작업을 수행하다가 안타깝게도 실수가 일어날 수 있었다.

이날도 사실 두 자매들 중 하나가 타르트에 까는 쇼트크러스트shortcrust 베이스를 빠트렸다. 그 결과 사과는 설탕과 버터에 직접 닿아 캐러멜화가 되었다. 그러나 그녀는 맛을 알고 선견지명이 있는 여성이었다. 실수한 타르트를 버릴 마음을 먹지 못하고 쇼트크러스트 베이스를 사과 위에 얹고 매력적인 서빙 접시에 뒤집어 담았다. 손님들은 열광적인 반응을 보였고 이렇게 세계에서 가장 훌륭한 디저트들 중 하나가 탄생했다.

"오늘날에도 여전히 이 디저트는 같은 장소에서 만들어지고 있어요. 그리고 레스토랑 앞에 '이곳에서 유명한 타르트 타탱이 탄생했습니다'라고 씌어진 커다란 표지판이 걸려 있지요." 지노 가 계속 말을 이어갔다.

"타르트 타탱을 만드는 수많은 변형법들이 있는데 사용되는 사과도 구체적으로 명시되어야 합니다. 이제 레네트^{rennet} 품종을 사용하는 제 레시피를 드릴 거예요. 레네트는 타탱 자매가 사용 했던 품종일 거라 여겨지는데 이 사과는 프랑스에서 유래되어 전 지역에서 재배되기 때문이죠. 나는 이 사과를 발디논의 트렌티노 에서 구했어요. 캄파니아 지역에서 나오는 환상적인 사과인 아누 르카^{annurca} 품종을 사용해도 됩니다. 다른 품종을 좋아한다면 그 걸 사용해도 괜찮아요. 이탈리아에 사는 우리에게 유일한 문제는 선택지가 너무 많다는 사실뿐이죠."

나는 디저트를 그렇게 많이 좋아하는 사람은 아니지만, 식탐을 부리는 두 가지가 있다면 그것은 타르트 타탱과 크레프 수제트 다. 프랑스에게, 그리고 지노에게도 감사를 보낸다.

레네트 사과를 사용한 타르트 타탱 레시피

|재료| 달걀노른자 2개, 설탕 200g, 바닐라빈 2개, 버터 250g, 소금 5g
밀가루 500g, 베이킹소다 20g, 세립당(고운 설탕) 100g, 사과 900g

|만드는 법| 1. 쇼트크러스트 페이스트리를 만든다.

2. (가급적이면 구리 재질의) 소스팬에 설탕을 넣고 캐러멜화가 될 때까지 가열하되 타거나 덩어리지지 않도록 한다. (설탕을 적은 양으로 조금씩 넣어 설탕이 녹으면 조금 더 추가하는 방식을 반복한다. 튀어오르는 설탕이 타는 것을 방지하기 위해 페이스트리 브러시에 물을 묻혀서 소스팬 가장자리를 살짝 적셔주는 것도 좋은 아이디어다.)

3. 좋은 캐러멜을 만들려면 물을 충분히 넣어 원하는 색감의 캐러멜 시럽이 나올 때까지 주의를 기울여야 한다. 취향에 따라 짙거나 옅은 캐러멜시럽을 만들 수 있다.

4. 사과는 껍질을 벗겨 씨를 제거하고 웨지 모양으로 (너무 두껍지 않게) 잘라 베이킹 틀의 바닥에 고르게 깐다.

5. 사과 위에 캐러멜시럽을 붓고 호일을 한 장 덮어서 160~180℃에서 약 30분간 또는 사과가 캐러멜화가 될 때까지 굽는다.

6. 구운 사과를 베이킹 시트나 매트 위에 올려 1.5cm 두께로 납작하게 누르고 냉동실에 넣어둔다.

7. 페이스트리 반죽을 2mm 두께로 밀고 원하는 크기로 자른다(너무 크게 만들지 않는다).

8. 황금색이 될 때까지 160℃에서 굽는다.

9. 얼린 사과를 냉동실에서 꺼내고 페이스트리 베이스와 같은 크기와 모양으로 잘라 그 위에 올린다. 매력적인 윤기를 내기 위해 먹기 전에 붓으로 사과에 잼을 바른다.

17

파리나타

단순하기란 쉽지 않은 법

엘리오 보타로와의 대화

제노바의 오래된 항구 선착장에
막 내렸던 그날, 날씨는 화창했고 적당히 부는 바람은 신선하고
가벼웠다. 엘리오 보타로Elio Bottaro를 만나기로 되어 있던 나는 우
리가 처음 만났던 때를 회상하며 그를 기다렸다.

　엘리오는 바레나 밸리 친구Friends of the Varenne Valley라는 클럽에 소
속되어 있었다. 그 클럽은 제노바의 펠리라는 한 마을에서 시작
해 마리팀 알프스 방향으로 올라가는 계곡에 걸쳐서 생산되는 제
품들을 홍보하는 활동을 했다. 그는 이 클럽의 창립 회원으로 특
히 파리나타farinata를 담당하고 있었는데, 이 소박하고 아주 맛있
는 납작한 빵에 대한 찬사라면 지칠 줄을 몰랐다.

　이 빵은 제노바와 관련된 주요 식품들 중 하나로 수백 년 전에
제노바에서 탄생했다. 그러다 이탈리아를 정복했고 많은 제노바
출신 이민자들이 옛날 레시피를 재현하는 데 성공하면서 세계까
지 정복했다.

　2013년, 내 친구이자 당시 제노바 시장이었던 클라우디오 부
를란도Claudio Burlando가 그 클럽의 본부를 방문할 때 나와 동행했고
그 자리에서 엘리오와 클럽의 다른 회원들을 만나게 됐다. 그곳
에 들어갔을 때 처음 눈에 들어온 것은 파리나타 팬을 예열하던
사랑스러운 골동품 오븐이었다.

　나는 조금 걱정이 됐다. 분명 파리나타를 좋아하지도 않았고

이상하게도 그날은 좋은 랑게 와인도 차에 없었다. 이상하다고 말하는 이유는, 보통은 스페어타이어처럼 차 트렁크에 랑게 와인이 반드시 실려 있었기 때문이다. 호의에 보답할 수 없다는 점도 걱정이었지만, 실은 뭐랄까, 리구리아의 가벼운 와인들은 맛이 그다지 훌륭하지 않다는 것도 걱정이었다. 그러나 식탁에 앉으면서 나는 단순한 가정식 요리를 재평가하게 되었고 걱정은 순식간에 묻혀버렸다. 전문가의 손을 통해 오븐에서 나온 파리나타는 탁월했고 신선한 베르멘티노Vermentino 와인 역시 훌륭했다.

그러나 나를 가장 행복하게 만든 것은 너무나도 친절하고 너무나도 쾌활한 작은 파리나타 '사제' 공동체를 발견했다는 사실이었다. 자신의 뿌리에 대한 그들의 자부심에는 깊은 애정이 느껴질 정도였다. 엘리오는 그들 중 하나였고 쉴 새 없이 이야기하느라 숨 쉴 겨를도 없었다. 무엇에 대해 이야기했을까? 물론 파리나타였다.

그 유쾌한 저녁식사 자리에서부터 진지한 우정이 생겨났다. 2015년 나는 그들을 밀라노 엑스포에 초대했고 이들은 놀라울 정도로 성공적으로 파리나타 판매 부스를 운영했다. 엘리오는 이 점에 대해 나에게 끊임없이 감사를 표했다.

여기 그가 나타났다. 나는 부두를 거닐고 있는 군중 사이에서 그가 다가오고 있는 것을 보았다. 우리는 서로를 포옹하고 벤치에 앉았다. 매우 중요한 문제를 합의하기 위해 만난 사업가들처럼 보였을 것이다. 30분 정도 서로를 칭찬하고 나서야 문제의 핵심, 즉 파리나타의 기원에 대한 이야기로 들어갔다. (그럴 시간도 됐다!) 엘리오는 이것을 이야기해줄 수 있는 적임자였다.

"언제 처음 등장했는지 정확한 날짜도 말해줄 수 있어요. 그날은 피사의 수호성인인 산 시스토 축일이었기 때문이죠. 1284년 8월 6일, 리보르노 근처의 세케 델라 멜로리아에 있던 피사의 배들이 오베르토 도리아 선장이 이끄는 제노바 함대와 정면으로 부딪쳤답니다. 이 충돌은 베네데토 자카리아의 지휘 아래 몬테네로곶 뒤에 숨겨져 있던 갤리선 30대 덕분에 해결되었어요. 제노바는 쉽게 승리했고 피사의 함대는 절반 이상이 파괴되었습니다. 학살과 다름없었어요. 5,000명 넘게 목숨을 잃었고 1만 명가량의 포로가 쇠사슬에 묶였죠."

그는 이야기를 이어갔다.

"돌아오는 항해에서 갤리선 중 하나가 포로들을 실은 무게에 짓눌려 뒤처지면서 결국은 폭풍에 휩쓸렸어요. 화물칸이 이리저리 흔들리는 바람에 토기 항아리들은 산산조각이 났고 자루들은 찢어져서 열렸답니다. 항아리에 들어 있던 기름은 자루에서 새어 나온 병아리콩과 섞였고 바닷물도 '드레싱'처럼 섞였지요. 날씨가 다시 좋아지면서 선원들이 이 곤죽을 확인했는데 버릴 수는 없어 노를 젓던 포로들에게 식사로 제공하기로 결정했습니다. 일부는 이 노란 퓌레를 먹는 것을 거부했지만 대부분은 너무나 배가 고파서 제노바 사람들의 호기심 어린 시선을 받으며 그것을 모조리 먹어치웠지요."

그날 밤, 그 제노바 사람들 중 하나가 이 죽을 데워서 저녁으로 제공할 수 있겠다고 생각했다. 그러나 그때 새로운 문제가 생겼다. 그 죽을 어디에 담아 익힐 것인가 하는 문제였다.

"그러다 불현듯 좋은 생각이 떠오르게 됩니다. 예전에 치렀던 사라센 함선과의 전투에서 구리로 만든 원형 방패 몇 개를 인양했는데 이걸 불 위에 올리면 된다는 걸 깨달은 거죠. 이렇게 최초의 파리나타가 탄생하게 됩니다. 전적으로 우연하게 말이죠. 제노바 사람들의 저녁은 훌륭했고 무거운 구리 방패는 현재 테스토 testo로 알려진 주물 베이킹 그릇의 원형이 되었습니다."

테스토는 오븐에 넣기 전에 반죽을 넣는 용기 이름이다. 파리나타는 738년 전 그날 이후로 꽤 먼 길을 왔다. 다음 세기에 파리나타는 지중해 전역으로 산불처럼 퍼졌고 나중에는 리구리아 사람들의 대규모 이민 덕분에 남미에도 퍼졌다. 엘리오는 내게 몬테비데오에서는 정통 파이나의 날El día del auténtico fainá을 100년 넘게 기념해오고 있다고 말해주었다('파이나'는 파리나타의 리구리아 방언-옮긴이). "우리 동포들이 자신들의 가치와 전통에 얼마나 애착을 느끼는지 보여주는 훌륭한 예죠."

엘리오는 계속 말을 이어갔다. "그러니까 전 세계적으로 페스토(올리브 오일에 마늘, 바질, 치즈, 잣을 넣어 만든 제노바식 소스-옮긴이)와 포카치아(밀가루 반죽에 올리브 오일, 소금, 허브 등을 넣고 구운 이탈리아 빵-옮긴이)만이 리구리아를 대표하는 유일한 음식들은 아니라는 것을 알 수 있을 겁니다. '아무 장식이 없는' 파리나타도 중요한 위치를 차지하고 있어요. 만들기가 정말 쉽기 때문이죠."

"그러니까 어떻게 만드는지 말해줘요." 나는 도전장을 던지듯 말했다.

"(병아리콩)가루와 물은 1:3의 비율로 섞고 엑스트라 버진 올리브유와 소금만 들어갑니다. 이 네 가지 단순한 요소들을 합쳐 올리브나무를 땔감으로 쓰는 오븐에서 구우면 진정 탁월한 음식이 탄생합니다."

어떤 면에서 파리나타는 내가 항상 사용하는 문구인 '단순한 것이 어렵다'를 실제로 구현한 예라 할 수 있다.

엘리오는 파리나타를 최대한 맛있게 즐기는 비법을 알려주었다. "우선, 아주 뜨거울 때 먹어야 해요. 열이 성공을 위한 하나의 요소이기 때문이죠." 시간이 지남에 따라 포카치아처럼 양파, 아티초크, 파프리카, 로즈마리, 스트라치노 치즈, 고르곤졸라 치즈, 소시지, 버섯 등 많은 재료가 추가됐지요.

내 친구 리구리아의 거장은 자신의 코를 살짝 찡그렸다. 오늘날에는 모든 것이 빠르게 변하고 사람들은 항상 무언가를 추가하려고 애쓰지만, 100년 전쯤만 해도 일상생활의 많은 측면과 마찬가지로 특산품들은 단순하고 변하지 않는 채로 유지되었다. 특히 시골 지역에서는 더욱 그랬다. 그는 지난 50년 동안 세계화가 때로는 터무니없는 손길을 더하면서 전통에 변화를 주었다고 믿는다. 그는 '맨몸의' 파리나타를 좋아한다. 넉넉한 크기로 잘라 화이트 와인 한 잔과 함께 즐기는 파리나타를.

그가 윙크를 했다. "요즘은 이 옵션을 따르는 사람들이 많지 않지만 나를 믿어봐요. 천국으로 데려다줄 거예요. 오스카, 걱정하지 말아요. 우린 포기 안 해요. 우리 계곡에 있는 거의 모든 레스토랑의 주인들이 나무 땔감을 쓰는 오븐을 가지고 있고 공들여서 만드는 법을 알고 있답니다. 우리의 '노란 황금'은 펠리에서부터 산 카를로 디 세세로 흐르는 바레나 강물처럼 흐르고 있어요. 엑스포에서 거둔 수입으로 우리는 수년간 간직했던 우리의 꿈을 실현시킬 수 있었습니다. 계곡에 새로운 모임 센터를 지었지요."

현재 이 클럽은 약 30석의 자리와 훌륭한 장작불 오븐을 갖춘 주방이 있는 레스토랑을 운영하고 있다. 그 오븐은 오로지 오븐 제작에만 평생을 바친 82세의 한 소중한 클럽 회원이 만들었는데, 그는 오븐 제작 대가는 거부했다.

이 식당은 금요일과 토요일 밤에만 문을 연다. 엘리오는 지금까지의 결과에 매우 만족한다고 말하며 이렇게 덧붙였다. "우리가 수년 동안 관리하던 오래된 교회의 화장실을 다시 만들어줄 수도 있었어요! 오스카, 다시 방문해주셔야 해요. 그걸 와서 봐야 한다니까요!"

세상에는 여전히 사랑스러운 사람들이 더러 있다. 관심 없는 눈으로 보면 대수롭지 않게 보이는 것들을 위대한 무언가로 바꿀 줄 아는 사람들이다.

그렇게 우리는 벤치에서 일어섰다. 해가 방향을 바꾸며 저무는 동안 우리의 만남도 저물고 있었다. 물론, 현실이 된 엘리오의 꿈을 보러 꼭 다시 가리라. 그는 미소를 지으며 나와 다시 악수를 나누고 떠났다. 그리고 나서 나는 10m 정도 떨어진 곳에서 그가 이렇게 외치는 소리를 들었다. "나 벨라 파페아 데 파이나 보쟈 인 틸 로엑신na bella papeâ de fainâ boggîa e in te l'oexin!"

무슨 말인지 궁금한가? '가장자리가 바삭하게 구워져 더 맛있는, 따끈한 파리나타 한 봉지'라는 뜻이다.

인생에서 단순한 것이 얼마나 좋은가?

18

피노키오나 살라미

회향과 속임수

|

세르지오 팔라스키와의 대화

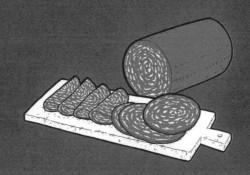

"8월과 9월 사이, 야생 회향은 토스카나 시골 외곽을 둘러싸고 길을 따라 자란다. 첫비가 내린 후에는 그 향이 확연해지고 아니스^anise(씨앗이 향미료로 쓰이는 미나릿과 식물-옮긴이) 씨의 향과 섞이기도 한다. 수확 후에는 타작을 해서 건조를 위해 걸어두는데 이때 아주 우아한 발삼 같은 향이 뿜어져나온다."

토스카나 사람들은 이런 사람들이다. 이들은 시적인 방식으로 음식을 즐기는 법을 안다. 19세기 토스카나의 유명한 요리책 작가인 펠레그리노 아르투시가 쓴 구절이라는 생각이 들 수도 있겠지만 그렇지 않다. 이것은 정육점 주인인 현대 토스카나 사람의 입에서 나온 말이다.

그의 이름은 세르지오 팔라스키^Sergio Falaschi. 그는 아름다운 마을 산 미니아토의 정육점 주인으로 묘사되기를 원한다. 산 미니아토는 피렌체와 피사의 정확히 중간, 즉 전략적 입지에 자리잡은 마을이다.

사실 세르지오는 단순한 정육점 주인 그 이상이다. 나는 그를 '육류 식도락가'라고 부르곤 한다. 그의 할아버지 귀도^Guido는 1918년에 아르헨티나로 이민을 떠나 정부가 운영하는 부에노스아이레스의 도살장에서 일했다. 다행히 몇 년 후에는 이탈리아로 돌아가기로 결심했고 1925년 산 미니아토에서 가게를 열었다.

거의 한 세기가 지난 지금 이 정육점은 여전히 마을의 중심부에 자리를 지키며 적당히 현대화되었다. 세르지오는 생고기와 절인 고기를 판매하는 전통적인 공간 외에도 레스토랑 겸 수업을 진행하는 공간인 레트로-보테가에 대한 아이디어를 생각해냈다. 그는 현재 슬로푸드 프레시디움(멸종 위기에 처한 고품질 생산을 유지하고, 독특한 지역과 생태계를 보호하며, 전통적인 가공 방법을 복원하고, 토종 품종과 지역 식물 품종을 보호하기 위한 상임위원회-옮긴이)에서 피사의 블랙 푸딩인 말레가토 피사노^{mallegato pisano}를 담당하고 있다. 그는 또한 시에나의 돼지 품종인 친타 세네제^{cinta senese} 보호를 위한 컨소시엄의 회원이자 산 미니아토 공공 도살장의 설립자인 동시에 토스카나 요리와 고기 부위를 가르치는 강사다. 무엇보다도 그는 반야생 회색 돼지로 군침이 도는 회향 살라미를 만든다.

내가 그에게 이 책에 대한 이야기를 꺼내자 그의 즉각적인 대답은 이랬다. "아, 그러니까 가장 유명한 이야기는 피노키오나^{finocchiona}를 사용해서 그들이 돈을 벌었다는 사실이죠. 또 뭘 알고 싶은가요?"

"잠깐만요, 세르지오. 미안하지만 순서대로 얘기해줘요. 회향 살라미에는 두 가지 우연한 사건들이 있었다고 말할 수 있는데, 첫째는 탄생에 관한 이야기고 둘째는 사용에 관한 이야기지요. 그러니까 당시에 어떻게 사용되었냐는 말입니다. 더 이상은 누군가를 속이는 데 사용하지 않기를 바랍니다만!" 세르지오는 웃으며 지금은 그렇게 하지 않는다고 나를 안심시켰다.

장난을 치거나 속이는 것을 의미하는 단어인 '인피노키아레 infinocchiare'는 살라미의 탄생과는 사실 아무 관련이 없다. 그것은 피노키오나가 이미 잘 알려지고도 한참 후에 등장한 단어다.

세르지오는 살라미에 대한 이야기를 들려주었다.

살라미의 기원에 대해서는 토스카나주 피렌체 외곽의 캄피비센치오와 키안티에 있는 그레베 사이에서 논쟁이 있다. 모두가 알고 있듯, 심지어 세르지오도 인정하듯 토스카나 사람들은 논쟁에, 특히 이웃한 마을들과의 논쟁에 능하다.

중세 후기에 후추는 가격이 심하게 올라 진귀한 상품이 되었고 더 이상 절임 고기의 양념으로 사용할 수 없게 되었다. 일부 도살업자들(이동해서 다니는 도살업자들)은 양이 풍부하고 매우 저렴한 야생 회향의 씨를 사용해보려고 시도했다. 덕분에 맛과 향이 풍부해졌고 언제나 가장 신선한 상태는 아니었던 고기의 보존을 개선할 수 있었다. 그 결과 키안티 계곡의 주민들은 아니스 씨의 향에 곧 익숙해졌다.

그러던 중 살라미가 피렌체에 전파됐고 여기서부터 토스카나 전역은 물론이고 그 너머의 지역까지 쉽게 확산되었다. 세르지오에 따르면 마키아벨리가 살라미를 좋아했다고 한다. 이제는 도처에 있는 사람들이 회향의 이름을 따서 피노키오나라는 이름을 붙인 이 살라미를 사랑한다.

오랫동안 후추는 회향에 밀려 외면당했다. 절임 고기에서 후추를 사용하는 지식과 문화는 18세기가 되어서야 다시 나타났다. 오늘날에도 마키아욜라 마렘마나^{Macchiaiola Maremmana} 품종의 돼지에 대한 가이드라인을 보면 절임 고기 생산 설명서에 후추가 포함되지 않는다.

'일 팔라스키^{Il Falaschi}' 가문은 이 이야기를 아주 잘 알고 있는 듯했다. 이 이야기는 기원을 이해하는 데 도움을 주는 모든 오랜 전설들처럼 옛날부터 정육 기술의 대가들에 의해 전해 내려오는 것으로, 하나의 단어에 대한 이야기다.

"오스카, 아시겠지만 와인이 괜찮은지를 확인하려면 직접 맛을 봐야 한다는 당연한 주장 때문에 각 가정에서는 와인을 살 때 농장으로 직접 가는 것이 관례였죠. 결함이 있는 와인이 꽤 있었는데, 특히 여름이 끝날 무렵에는 음흉한 농장주들이 와인과 함께 먹으라고 피노키오나를 안주로 내오곤 했습니다. 그것도 야생 회향 씨가 잔뜩 들어 있는 향이 강한 피노키오나를 말이죠. 그 강력한 향이 코와 입, 혀에 가득 넘쳐흐르면 와인의 결함을 알아차리기가 불가능해집니다. 피노키오나를 네다섯 조각 먹고 나면 모든 와인이 다 훌륭하게 느껴진답니다! 이런 가짜 친절은 속임수를 덮기 위한 것이었고 이것이 오늘날 토스카나 지역 밖으로도 널리 사용되고 있는 '인피노키아레'라는 단어의 기원입니다."

단순한 속임수지만 적어도 기분 좋은 여운을 남긴다.

오늘날의 이야기가 나온 김에 말하자면, 팔라스키 정육점은 현재 4대째 운영되고 있다. 세르지오의 자녀인 안나와 안드레아, 그리고 그의 아내 리나가 항상 근무 중이다. 피노키오나에 대한 이들의 해석은 진지하고 엄격하여, 마침내 이 훌륭한 살라미는 품질을 관리하는 구체적인 가이드라인을 가진 제품 보호 컨소시엄 IGP(=PGI, 지리적 표시 보호)로부터 공식적으로 인정받았다.

세르지오의 설명에 따르면, 피노키오나에도 두 가지 종류가 있다. 조밀하고 지방이 적은 클래식한 피노키오나와 지방이 살짝 더 많고 자르면 종종 부서지는 탓에 인증을 받지는 못한 스브리치올로나sbriciolona다. 클래식 피노키오나의 경우 향은 더 절제되어 있지만 맛은 전형적이다. 두 번째 버전은 육질이 덜 숙성되고 지방은 더 많아 맛의 깊이가 덜한데, 이로 인해 더 신선하고 더 풍부한 회향 꽃 향기를 더 강하게 느낄 수 있다.

"생산자로서 저의 일은 할아버지 귀도와 아버지 바스코, 삼촌 브루노가 남긴 유산, 그리고 역사적인 우리 마을의 중심부인 정육점에 여전히 남아 있는 그들의 경험과 밀접한 관련이 있습니다. 아시겠지만 당시에는 업계 대가들이 말을 많이 하지 않았어요. 그들이 일하는 모습을 보면서 배워야 했지요. 그들의 가르침이 없었다면 저는 제가 도입한 새로운 생산기술들을 개발할 수 없었을 거예요. 하지만 이렇게 하는 동안에도 전통은 절대 잊지 않았습니다. 우리는 포도밭과 올리브나무들로 가득한 시골에 현대적인 실험실을 지었습니다. 그리고 방부제를 사용하지 않아도 되는 콜드 체인cold chain(생산에서 운송 단계까지 신선도를 위해 저온을 유지하는 유통 방식-옮긴이)을 사용할 수 있게 되었습니다.

부분적으로는 슬로푸드 운동에 대한 지식 덕분에 훌륭한 제품을 얻기 위한 첫 번째 법칙이 동물 복지에 대한 투자라는 것을 알게 되었습니다. 우리는 동물들에게 천연 사료를 제공하고 적절한 쉼터를 갖춘 개방된 공간에서 살 수 있도록 해주는 지역의 다양한 소규모 사육업자들과 협업합니다. 생산과 숙성 기간 동안 엄격하게 온도를 제어하기 때문에 질산염을 첨가할 필요도 없습니다."

이어 세르지오는 이렇게 말하며 이야기를 마무리했다.

"클래식 피노키오나는 돼지의 '귀한' 부위로 만들어집니다. 고기를 굵게 갈아서 소금, 후추, 야생 회향, 마늘, 항산화제인 와인을 넣고 치댑니다. 그런 다음 더 제대로 숙성시키기 위해 천연 케이싱(소시지 원료를 채워넣는 데 쓰는 얇은 막-옮긴이)에 이걸 채워넣지요. 이것이 전통적인 방식입니다. 저는 1968년에 정육 일을 시작했는데 아버지와 삼촌이 숙련된 솜씨로 일하던 모습을 생생하게 기억하고 있습니다. 제 아이들도 같은 경험을 하기를 바라고 있죠. 어쩌면 손주들도요. 하지만 그건 모르는 일이죠."

*

언제나처럼 엄청난 식욕이 몰려왔다.

그는 껄껄 웃었다. "스브리치올로나 두 조각과 어린 키안티 와인 한 잔으로 시작할까 하는데 어떤가요? 그런 다음에 진짜 피노키오나로 넘어가는 거죠. 아마도 짧게 숙성된 걸로요. 거기에 좋은 브루넬로 와인과 소금이 들어가지 않은 토스카나 빵 몇 조각을 곁들이면 더 좋겠군요. 괜찮을까요?"

세르지오가 근사한 시식 보드를 구성하고 내 잔을 채우기 위해 자리를 뜨려 했을 때 나는 뭔가를 떠올렸다. "세르지오, 잠깐만!"

"무슨 일인가요?"

나는 미소를 지으며 말했다. "잊은 말이 있는데… 살라미를 먹기 전에 와인부터 가져다주세요, 알았죠? 무슨 말인지 알잖아요. 인피노키아레의 대상이 되고 싶지는 않다고요!"

19

키안티의 검은 수탉

수탉이 키안티 와인병에 등장하게 된 사연

마르코 팔란티와의 대화

키안티 클라시코^{Chianti Classico} 와인의
모든 병에는 예외 없이 검은 수탉 마크가 붙어 있다. 그 검은 수탉
은 '꼬끼오' 하는 울음소리로 세상을 놀라게 할 준비가 되어 있다.

내가 매우 존경하는 마르코 팔란티^{Marco Pallanti}를 만난 것은 이 검
은 수탉 덕분이다. 그와 그의 아내 로렌자는 세상에서 가장 아름
다운 장소들 중 한 곳에서 키안티 클라시코를 만든다. 그것이 만
들어지는 장소는 이 와인이 왜 그토록 훌륭한지에 대한 이유가
될 수도 있다

키안티의 가이올레에 있는 카스텔로 디 아마는 아름답게 복원
된 작은 마을로, 팔란티 부부는 자신들은 물론이고 그곳을 찾는
사람들에게 즐거움을 주기 위해 마을의 안뜰, 정원, 집, 그리고 심
지어 저장실에도 예술품을 설치했다. 이로써 이 마을을 더욱 사
랑스럽게 만드는 데 힘을 보탰다.

마르코는 뛰어난 와인메이커다. 그는 프랑스에서 일했으며
2012년까지 두 임기 동안 키안티 컨소시엄의 회장직을 맡았다.
다시 말해 그는 검은 수탉의 마니아다.

내가 세렌티피티의 기운을 느끼고 왜 이 닭이 키안티 클라시
코의 병에 모습을 드러냈는지 알고 싶다고 하자, 마르코는 대화
를 하기 위해 나를 피렌체 시내로 데리고 가려고 했다. 그러나 나
는 이곳 성으로 다시 돌아와 그의 키안티를 맛볼 수 있다는 확신

이 들기 전까지 차에 탈 생각이 없었다. 이곳에서의 술자리를 놓칠 수 없었던 것이다. 그는 내게 돌아올 것을 약속했고 그제야 우리는 시내로 향했다.

피렌체의 베키오 궁전은 정말 멋진 곳이다. 견고한 고딕 양식의 건축물이 시뇨리아 광장에 있는 난공불락의 요새처럼 두드러진다. 실내는 더 숨이 멎을 듯하다. 마르코와 나는 500인의 방으로 향했는데 이때부터 마르코가 피렌체 사람답게 그곳을 더욱 잘 설명해주었다.

"이 500인의 방은 페라라 출신의 수도사였던 사보나롤라^{Savnarola}의 지휘 아래 1495년 단 7개월 만에 지어졌습니다. 피렌체의 실질적인 군주였던 그는 가능한 한 많은 시민이 모여 함께 정치적 사안을 결정하는 대의회를 설립하고자 했지요. 약 500명을 수용할 수 있도록 만들어진 이 거대한 홀은 피렌체 공화국의 의사 결정권을 널리 공유하기 위한 것이었습니다. 오늘날 우리는 이를 민주주의라 부르지요. 오늘날 사보나롤라가 생존했다면 어떤 정치 운동에 참여했을지도 분명합니다. 이 방을 온라인 플랫폼으로 대체해보면 어떤 아이디어들은 어떻게 그토록 멀리서 왔는지를 짐작할 수 있지요."

이것이 500인의 방이 만들어진 목적이었지만 천장이 훨씬 낮았던 그 당시에는 느낌이 달랐을 것이다.

"그 후 메디치 가문이 돌아오면서 이 방은 손님들을 맞이하는 공작의 접견실이 되었어요. 코시모 1세는 자신이 신뢰하던 건축가인 조르지오 바사리^{Giorgio Vasari}에게 이 작업을 맡겼는데 그가 바로 그 수탉을 영원하게 만든 사람입니다. 천장을 7m 더 높이고, 길이 54m, 폭 23m, 높이 18m에 달하는 이 인상적인 공간을 이탈리아에서 가장 강한 권력을 운용하기 위한 홀로 만드는 데는 17년이 걸렸습니다. 천장을 보세요! 대단하지 않나요?"

정말 그랬다. 둥근 아치형 천장 격자의 테두리에는 금빛 조각이 둘러 있었다. 마르코는 내게 자신의 전지전능한 권력을 미친 듯이 휘둘렀던 코시모 1세가 바사리에게 42개에 달하는 사각틀 정중앙에 자신을 그려넣으라고 요청했다는 이야기를 들려주었다. "자, 오스카. 이제는 코시모를 중심으로 이 공간을 한번 보세요. 보이나요? 강력한 메디치 가문에 대한 다양한 우화들이 그려져 있는데, 예를 들면 영토 정복에 대한 장면, 피사와 시에나의 전쟁 장면, 그리고 다양한 초상화들도 그려져 있어요."

인상적이었다. 나의 안내자는 특별히 한 초상화를 가리켰다. 격자 천장의 네모들 중 하나가 키안티의 우화를 보여주고 있었다. 바쿠스 신 옆으로 노란 바탕에 검은 수탉이 그려진 커다란 방패를 들고 있는 무장한 젊은이가 보였다. 이것이 고대 키안티 연맹의 상징이다. 배경에는 메디치 대공국의 지배력을 보여주는 피렌체 요새인 카스텔리나, 라다, 브롤리오의 윤곽이 보인다. 바사리 시대에 키안티 연맹은 이미 군사 및 입법 영역에서 활동하고 있었고 몬타페르티 전투에서 대패한 후 1260년 이후로 더욱 강화되었다. 시에나에게 참패를 당한 이 전투를 피렌체는 끝내 받

170

아들이지 못했던 것이다.

그러므로 한 가지는 확실하다. 14세기에도 수탉이 이미 키안티의 엠블럼(문장)이었다는 것. 그리고 15세기에도, 16세기에도 그랬다. 사실 이 이야기를 위해 우리는 1208년으로 거슬러 올라가야 한다. 수년간의 분쟁 끝에 시에나와 피렌체의 국경은 수탉이 울자 각자의 도시로 떠난 두 기사들, 즉 시에나의 기사와 피렌체 기사들의 대결로 결정되었다. 이 두 도시는 가장 용감한 기사와 최고의 말, 심지어 대결에 활기를 더할 수탉까지 뽑았다. 이 모든 것은 각 도시의 공증인들에 의해 인증을 받았다.

시에나 사람들은 대회 전날 밤까지 세심한 관심을 기울여 잘 먹이고 정성껏 돌본 잘생긴 하얀 수탉을 선택했다. 그러나 교활한 피렌체 사람들은 잘 눈에 띄지 않는 검은 수탉을 선택했고 그날 밤 일찍부터 어둠 속에 닭을 가두고 먹이도 주지 않았다. 검은 수탉은 날이 밝기 훨씬 전부터 울기 시작했다.

시에나의 공증인들은 피렌체 기사가 실제로 수탉이 울 때 출발했고 안타깝게도 자신들의 게으른 닭보다 훨씬 먼저 울었다는 사실을 부인할 수 없었다. 그래서 기사들은 시에나에서 몇 킬로미터 떨어진 폰테루톨리에서 만났고 이렇게 키안티는 피렌체의 지배 아래 들어가게 되었다.

이 이야기는 어디까지가 사실일까? 마르코도 확실하게 말해주지는 못했지만 그는 언제나 이 이야기를 들려주는 것을 좋아한다. 그 수탉이 이 영토의 엠블럼이라는 사실에 자랑스러움을 느끼기 때문이다.

갈로 네로 키안티[Gallo Nero Chianti](Gallo Nero는 이탈리아어로 '검은 수탉'을 의미함-옮긴이)의 생산 지역은 훨씬 후인 1716년 코시모 3세 데 메디치가 경계선을 선언했을 때 정의되었다. 이는 세계 최초로 계획된 와인 생산 지역이 되었다.

키안티 와인의 보호를 위한 최초의 컨소시엄은 1924년에 설립되었고 키안티 클라시코의 컨소시엄은 1932년에 만들어졌다. 수세기 전부터 피렌체의 패권을 지켜오던 검은 수탉은 나중에 바사리가 채택하여 독특한 엠블럼이 되었다. 마르코는 이렇게 설명했다. "이 컨소시엄은 권위 있는 단체입니다. 600개 이상의 협력업체를 둔 이탈리아 최대 규모의 단체로 약 7,200ha(헥타르)에 달하는 포도밭을 소유하고 있지요. 저는 2006년부터 2012년까지 회장직을 맡았는데 당시 훌륭하고 역동적인 위원회 덕분에 키안티 클라시코라는 새로운 카테고리를 만드는 데 성공했습니다. 키안티 클라시코 와인은 원조 포도원과 밀접하게 연결되어 있기 때문에 최고 등급인 그랑 셀레지오네[Gran Selezione]라고 불리며, 포도원 구역은 생산자의 설명에 따라 정해집니다."

마르코는 확실히 자신의 땅을 사랑한다. 그는 자신들이 멋진 곳에서 태어난 것을 큰 행운으로 받아들이는 사람이다. 그래서 그러한 노골적인 행운에 보답해야 한다는 듯이 열심히 일한다.

"학교를 졸업했을 때 저는 훗날 와인의 세계에 몸담게 될 거라는 사실을 분명하게 깨달았습니다. 저는 항상 와인을 마시는 걸 좋아했지만 무엇보다도 와인이 지닌 가치, 역사, 전통을 사랑합니다. 저에게 와인은 문명의 일부입니다. 와인이 주는 여흥, 좋은 와인을 공유하는 성스러움 등을 사랑합니다. 훌륭한 와인을 혼자 마신다는 건 제게는 좀 슬픈 일입니다. 혼자 영화관에 가는 것 같은 느낌인데 이건 제가 못하는 일이거든요. 피렌체는 제 고향이고 키안티는 저의 꿈을 이루기 위해 갈 수 있는 유일한 장소지요. 작은 마을 카스텔로 디 아마는 저에게 꿈을 이룰 수 있는 기회를 제공했습니다.

1980년대 초반, 세계에서 키안티의 이미지는 완전히 파괴되어 있었습니다. 마치 플라스틱 뚜껑이 달린 끔찍한 플라스크에 든 와인처럼 쇠퇴하고 산미가 강하며 때로는 결함까지 있는 와인이라는 평가를 수십 년간 받았기 때문이죠. 이러한 이미지 하락의 또 다른 이유는 사람들이 키안티와 키안티 클라시코를 혼동하기 때문인데 역사적으로 그리고 지리적으로 키안티는 단 한 곳뿐이기에 그렇습니다. 안타깝게도 여전히 그런 인식이 있습니다. 하지만 주의해야 해요. 모든 키안티가 똑같지 않습니다. 다시 말하지만 클라시코의 독점적인 엠블럼인 이 검은 수탉이 그 차이를 만듭니다."

아르노강이 가로지르는 이 땅에서 온갖 일들이 일어난 가운데 요즘 마르코는 키안티 클라시코가 세계 최고의 와인 중 하나로 등극할 수 있다는 가능성과 함께 자신이 꿈을 실현하고 있다고 느끼고 있다. 이는 처음에 풍경과 가옥의 아름다움에 매료되었다가 나중에는 이 와인까지도 사랑하게 된 몇몇 외지인을 포함한 훌륭한 기업가의 헌신이 있었기에 가능한 일이었다.

그럴 만도 하다. 토스카나는 언제나 예술과 풍경으로 사람들을 모으는 관광 명소였다. 피렌체와 시에나 시내에도 무수한 걸작품이 있지만 시골 지역도 강력한 매력을 가지고 있다는 데는 의심의 여지가 없다. 포도밭과 올리브나무, 사이프러스나무들 사이를 운전하며 성으로 돌아오는 길에 마르코는 토스카나 풍경에서 최고의 조화로움은 르네상스에 뿌리를 두고 있으며, 이 지역에서 사용되어온 농업 기술만으로는 설명할 수 없다고 말했다.

그는 자신의 요점을 설명하기 위해 문학의 힘을 빌렸다. 에밀리오 세레니Emilio Sereni는 이탈리아의 농업 배경을 다룬 자신의 역사서에서 이를 '아름다운 농업 환경'에 대한 농부의 기호와 '아름다운 시적 풍경'에 대한 보카치오의 기호가 특별한 의도로 결합된 것으로 설명하고자 했다. 이는 토스카나에서 공유된 미학이 어떻게 처음으로 등장했는지를 보여준다.

이제 키안티 클라시코는 훨씬 대단한 와인이 되었다. 산지오베제sangiovese 포도가 주를 이루고 숙성될수록 좋은 와인, 그러면서도 세계 최고의 와인에 걸맞은 우아함을 가지고 있다.

마르코는 확신했다. "키안티 클라시코는 전 세계 소비자들에게 조금씩 인정을 받고 있지만, 지금은 복제품이 잇따라 대거 등장하기 시작한 탓에 이 이름을 보호해야 합니다. 그렇다면 와인의 혈통을 보호하기 위해 우리가 신임하기로 결정한 존재는 무엇일까요? 그것은 바로 키안티 리그의 역사적 상징인 축복받은 검은 수탉입니다. 이중 우연, 즉 세렌디피티가 겹쳤다고 생각하지 않나요?"

우리는 이 검은 수탉을 품은 키안티 클라시코의 버티컬 테이스팅^{vertical tasting}(같은 생산자의 와인을 여러 빈티지의 것으로 시음하는 것-옮긴이)을 위해 카스텔로 디 아마로 다시 돌아갔다. 환상적이었다. 할 말을 잃었다.

20

초콜릿 가나슈

"멍청아! 이게 무슨 짓이야?"

|

조반니 바티스타 만텔리와의 대화

"존경하는 GB, 초콜릿 가나슈가 실수로 만들어졌다는 게 사실인가요?" "맞아요, 오스카. 부주의 때문에 탄생한 가장 맛있는 실수들 중 하나지요. 하지만 최근에도 제게 같은 일이 일어났습니다. 할아버지의 연구실에서 일을 돕다가 뜻하지 않게 한두 가지 레시피를 개발했습니다."

　GB로 알려진 조반니 바티스타 만텔리Giovanni Battista Mantelli는 내가 만난 최고의 초콜릿 전문가다. 그의 핏속에는 아마 초콜릿이 조금 섞여 있을지도 모른다. 쿠바Cuba(초콜릿 제조업체)를 설립한 그의 할아버지 피에트로Pietro는 초콜릿 장인이었으며 1878년 토리노의 비아 델리 아르티스티에 설립된 역사적인 초콜릿 제조업체인 벤키Venchi에 초콜릿을 공급하기도 했다.

　하지만 한 세기의 영광을 누렸던 벤키는 1980년대에 파산했고 피에트로가 지불받은 것은 그 당시에 못쓰게 된 상표였다. 선견지명이었든 아니면 단지 그것이 자신이 받을 수 있는 최선이라 판단했든, 피에트로는 그 지불 조건을 받아들였고 2000년에 그와 몇몇 다른 투자자들이 이 브랜드를 다시 출시했다. 현재 벤키는 전 세계적으로 판매되며 고공행진 중인 브랜드다.

　GB는 어린 시절부터 할아버지 피에트로와 가까웠고 할아버지가 초콜릿으로 새로운 레시피를 개발하는 장면을 감탄하며 지켜보곤 했다. 그 과정에서 그는 초콜릿을 향한 조건 없는 사랑을 키워갔다. 벤키를 다시 일으켜세운 GB는 코코아를 사용해 맛있는 특산품을 개발하거나 재창조하는 쇼콜라티에의 역할을 재발견했다. 피렌체 사투리로 치쿨라테^{ciculaté}라고 하는 초콜라타이오 ^{cioccolataio}가 아니라 쇼콜라티에^{chocolatier}라는 점에 주의해야 한다. 둘은 조금 다른 개념이다.

그는 원료와 이 원료를 변형하는 기술에 대해 알아야 하는 모든 것을 알고 있는 사람이다. "쇼콜라티에 전통이 낳은 가장 훌륭한 명물 중 하나의 이름이 프랑스어로 '멍청이'라는 의미를 지니고 있다는 사실은 터무니없어 보이죠."

19세기 중반 무렵의 어느 날, 파리의 한 유명한 초콜릿 실험실에서 모욕적인 한 단어가 적막을 깨뜨렸다. "가나슈^{Ganache}!" 어느 유명한 제과 장인이 초콜릿 조각이 담긴 그릇에 무심결에 끓는 우유를 쏟아부은 한 순진한 견습생을 향해 내지른 소리였다.

그 결과로 생긴 국물 같은 엉망진창의 초콜릿은 보통은 버려져야 했지만 경제위기의 시절에는 어떤 것도 낭비할 수 없었다. 결국 제과 장인은 이 혼합물을 빠르게 저어서 상황을 수습하려고 노력했다. 그러자 놀랍게도 속을 채우는 필링으로 사용할 수 있는 고급스러운 초콜릿 크림이 탄생했다. 이름만 붙이면 됐는데 부주의한 견습생을 겨냥해 내뱉은 '가나슈(멍청이)'보다 더 나은 게 없었다.

조반니에 따르면, 오늘날 가나슈 필링으로 속을 채운 초콜릿은 유럽에서 만들어지는 가장 흔한 종류 중 하나다. 이는 유럽 북부에서는 우유를 많이 구할 수 있는 데다, 추운 날씨 탓에 모든 사람이 진한 무언가를 먹고 싶어하기 때문이었다. 19세기 파리에서 이 운명적인 사건이 있었던 날로부터 여러 가지 다른 유형의 가나슈들이 나오며 가나슈는 꾸준하게 발전했다. 크림과 설탕 시럽으로 만든 가나슈, 버터와 크림으로 만든 북유럽의 가나슈가 있는가 하면 캐러멜화한 설탕과 다른 유지류를 사용해 영국 스타일의 퍼지(말랑말랑한 캔디의 일종-옮긴이)로 만든 것도 있다.

조반니는 다음과 같이 설명했다. "전통적인 레시피에 따르면 진짜 가나슈는 양질의 초콜릿을 따뜻하게 끓인 우유에 담가두었다가 밸런스를 맞추기 위해 전화당 시럽과 섞어 만듭니다. 초콜릿이 천천히 녹도록 두었다가 고무주걱을 사용해 표면에서 바닥까지 원을 그리며 혼합물이 매끄럽고 탄력이 생길 때까지 섞어줍니다. 온도는 우리 입술(온도계의 보조 수단)보다 항상 뜨거워야 합니다. 35℃에서 40℃ 사이가 되어야 하지요.

직접 만들고 싶다면 초콜릿 자체의 지방과 크림이 가진 지방이 균형을 유지하도록 하는 것을 가장 염두에 두어야 합니다. 참고로 초콜릿과 생크림의 정확한 비율은 1:2, 그러니까 초콜릿 500g에 생크림 1L를 사용하면 됩니다. 버터를 사용한 북유럽식으로 만들려면 크림 믹스부터 만들고 난 후에 버터를 넣어야 한다는 점을 꼭 기억해야 합니다. 이 방법으로 만들면 필링이 걸쭉해져서 네모나게 잘 잘리고 녹인 초콜릿으로 코팅할 수 있는 상태가 되지요."

"가나슈를 피에몬테식으로도 해석하셨군요. 맞나요?"

"여기 피에몬테에서는 좋은 우유가 부족할 일이 없어요. 웅장한 산의 목초지에서 온 우유와 크림, 버터를 사용해 몇 가지 레시피를 개발했습니다. 예를 들어, 이러한 최고급 재료들로 초콜릿무스를 채운 초콜릿 볼을 만들었어요. 그러다가 화이트초콜릿 가나슈에 진 옥시탄^{Gin Occitan}(피에몬테 계곡에서 자라는 쥬니퍼 베리로 만든 진-옮긴이) 몇 방울을 넣어보기도 했습니다. 그 결과 진의 향이나는 환상적인 초콜릿 프랄린^{praline}이 탄생했습니다."

그러나 우유가 이토록 풍부하지만 조반니는 매우 '지중해스러운' 새로운 초콜릿 크림을 내놓기도 했는데 엑스트라 버진 올리브유를 사용해 색다른 버전을 시도한 것이었다.

일부 레시피에서는 크림을 지중해식 식단의 철학과 완벽하게 조화를 이루는 다른 재료들로 대체하면서 가나슈를 재해석하기도 했다. 즉 올리브유 외에도 견과류, 특히 피에몬테 PGI(지리적 표시 보호) 헤이즐넛이나 시칠리아산 피스타치오, 아몬드 등을 사용한 것이다. 그는 이러한 재료들이 초콜릿에 새길 수 있는 최고의 이탈리아 도장이라고 믿는다.

그가 덧붙이며 말했다. "하지만 조심해야 해요. 코코아를 고를때 세심한 주의를 기울이지 않는다면 모든 것이 무의미해집니다. 그리고 피에몬테산 헤이즐넛 크림을 감싸는 것은 언제나 엑스트라 버진 올리브유였습니다."

이 모든 것에는 철학이 있는데, 조반니는 이를 죄책감 없이 단

맛을 즐기고자 하는 사람들을 위한 특별한 제품을 만드는 것이라고 설명했다. 죄책감을 느끼지 않으려면 몇 가지 측면을 고려해야 한다. 최고의 재료를 고르고, 농부들과 공급자들을 제대로 대우하며, 설탕과 같은 건강하지 못한 재료들을 더 적게 사용하는 레시피를 만드는 것이다.

조반니가 다시 일하러 돌아가기 전에 나는 그에게 내 호기심을 충족시켜달라고 부탁했다. "이탈리아에서는 흔히 어리석거나 비열한 사람에게 '쇼콜라티에처럼 보인다'라는 말을 하는데, 피에몬테 출신이자 완벽한 쇼콜라티에로서 그 이유가 뭐라고 생각하시나요?"

이 표현은 이탈리아에서 토리노가 초콜릿의 수도가 되었던 1900년 중반부터 사용되기 시작했다. 이탈리아 전역은 물론 유럽의 여러 수도에서도 주문이 쇄도하던 때였다. 수제 초콜릿 실험실들이 급속하게 확장되었고 단 몇 년 만에 토리노의 몇몇 쇼콜라티에들은 큰 부자가 되었다. 일부는 거만해져서 옛날 귀족들이 타던 것과 같은 4륜 마차를 타고 돌아다니기도 했다. 그러나 그들의 행동은 졸부의 전형적인 모습인 다소 천박한 스타일을 드러냈고 토리노의 웃음거리가 됐다.

그래서 이 신흥 부자들이 자신의 요란한 마차에서 내리면 사람들은 수군거리거나 심지어는 "텐시운 쿠 파사 운 치콜라테^{Tensiun cu pasa un ciculate}", 즉 "조심해, 쇼콜라티에가 지나가고 있어"라고 소리를 지르는 사람들도 있었다.

오래지 않아 이 표현이 잘난 척하며 얼치기 같은 행동을 하는 사람들을 지칭하는 말로 쓰이게 되었다.

그러나 조반니는 나를 안심시켰다. "걱정 말아요, 오스카. 요즘에 우리는 그렇게 빨리 부자가 되지는 않아요."

21

막대 아이스크림…그리고 펭귄

이동하면서 먹는 자유

알베르토 만지안티니와의 대화

알베르토 만지안티니[Alberto Mangiantini] 는 페피노 젤라티[Pepino Gelati]의 경영자 겸 파트너로, 이 기업은 약 150년 동안 토리노에서 운영되고 있다. 페피노는 바닐라 아이스크림에 다크 초콜릿을 얇게 코팅하고 나무 막대기에 꽂은 핑구이노[Pinguino](펭귄을 뜻하는 이탈리아어-옮긴이)를 개발한 곳이다. 핑구이노를 개발한 사람이 누구든 간에 분명 막대 아이스크림에서 영감을 받았으리라는 생각에 알베르토를 찾아가보기로 했다.

알베르토는 매우 추운 날씨로 유명한 캘리포니아 오클랜드에 살던 열한 살짜리 소년 프랭크 에퍼슨[Frank Epperson]에 대한 이야기를 들려주었다. 때는 1905년 겨울이었다. 프랭크는 컵에 든 물과 소다를 작은 막대로 젓고 있었다. 그러다 딴 데 정신이 팔려 창틀에 음료를 놓아두었는데 음료는 영하의 날씨에 순식간에 얼어버렸다. 다음날 소년은 뜨거운 물을 사용해가며 갖은 애를 쓴 끝에 컵에서 그 얼음덩어리를 뽑아낼 수 있었다. 그렇게 그는 역사상 최초의 막대 아이스크림을 들고 본능적으로 이를 핥았다

"하지만 그저 우연이라고만 할 수는 없었어요." 알베르토는 말을 이어갔다. "분명한 것은 만약 프랭크가 호기심과 영민함이 덜했다면 컵을 안으로 가지고 와서 싱크대에 넣었을 것이기 때문이죠. 혹은 봄이 될 때까지 컵은 창틀에 있었을 것이고 그때쯤이면 내용물은 먹을 수 없는 상태가 되어 막대 아이스크림의 역사는

다른 곳에서 다른 시간에 시작되었겠죠."

이는 우연이었지만 관심과 호기심 때문이기도 했다. 그가 여기서 강조한 것은, 직관과 전환은 얼린 혼합물이 아닌 막대기에 반영되었다는 점이다. 이는 먹는 습관을 급진적으로 바꾼 간단한 방법이었다. 으깬 얼음에 다양한 종류의 시럽을 넣는 관습은 이미 존재했지만, 이것을 먹을 때는 그릇과 도구가 필요했다.

"이 막대기가 우리에게 이동하면서 먹을 수 있는 자유를 주었죠. 한 손만 필요하니까요. 막대 아이스크림의 유행이 절대 끝나지 않는다는 사실이 확인시켜주듯 이는 진정한 혁명이었죠."

나는 "아마도 막대 아이스크림은 사람들의 어린 시절 추억을 일깨워주는 달콤한 간식들 중 하나일 겁니다"라고 말하며 계속해서 의견을 냈다. "예를 들어 전 10대 초반에 막대 아이스크림을 많이 먹었어요. 제 고향인 알바에서는 '스틱'이라는 영어를 사용했지요."

알베르토는 고개를 끄덕였다. "토리노에서도 그렇게 부릅니다. '스틱'이라는 단어는 스테코stecco(막대를 뜻하는 이탈리아어-옮긴이)에서 유래했는데, 선량한 모든 피에몬테 사람들과 마찬가지로 우리도 인프라를 매우 중요하게 생각하죠. 그 작은 스틱이 없었다면 막대 아이스크림은 존재할 수 없었을 겁니다."

다시 오클랜드 소년의 이야기로 돌아가보자. 그 막대 아이스크림은 1923년에 특허를 받았는데 그 주체가 누군지 짐작이 가는가? 1905년에 우연히 이 아이스크림을 개발한 소년이었다. 그사이 어린 프랭크는 기업가가 되었고 18년이라는 시간 동안 비밀을 유지하는 어려운 임무를 해낸 것이 분명했다. 준비가 되었을 때 그는 자신의 발명품을 시장에 내놓았고 이를 팝시클Popsicle이라고 불렀다. 나머지는 모두가 아는 역사가 되었다. 팝시클은 츄잉껌, 통조림 고기와 함께 미군을 따라 전쟁 후에 이탈리아에 들어왔다.

이제 다크 초콜릿을 얇게 한 겹 바른 최초의 막대 젤라토 아이스크림인 핑구이노 이야기를 해보자. 여기서 우리가 이야기하고 있는 대상은 1938년 토리노에서 탄생한 훨씬 더 기발한 아이디어로, 특허 번호 '58033'으로 보호되고 있다.

이것은 정말 혁명적인 제품이었다. 핑구이노 이전의 젤라토는 콘이나 작은 통에 넣어서 먹었다. 그러나 여기서 강조해야 할 중요한 차이가 있다. 막대 아이스크림과 대조적으로 이 환상적인 젤라토의 탄생은 결코 우연이 아니었다.

알베르토가 내게 들려준 바에 따르면, 제과업자인 주세페 펠레티Giuseppe Feletti와 그의 사위인 주세페 카바니노Giuseppe Cavagnino가 1916년 6월 17일에 페피노Pepino 젤라테리아를 1만 리라(2002년까지 이탈리아에서 통용되던 화폐단위-옮긴이)에 인수했지만 수년간의 연구와 끝없는 실험 끝에 핑구이노만 상업적으로 현실화시키는 데 그쳤다고 했다.

"부드럽고 차가운 아이스크림에 뜨거운 초콜릿을 입혀서 합치는 것은 쉬운 일이 아니었습니다. 오클랜드의 추운 겨울 밤이 아니었다면 핑구이노는 존재하지 않았을 거예요. 혹은 적어도 막대 아이스크림 형태를 띠지는 못했을 겁니다. 이들은 아주 정확한 목표, 즉 들고 다니기 쉽고 사람들의 옷을 더럽히지 않도록 형태를 유지하면서도 콘이나 통에 담아서 먹는 아이스크림과 같은 맛을 내야 한다는 목표를 가지고 있었기 때문에 막대와 관련하여 풀어야 할 많은 문제를 안고 있었습니다. 이탈리아에서는 아이스크림을 먹는다는 것은 구시가지나 공원에서 휴식을 취하거나 가족들과 함께 산책을 하는 것과 관련이 있지요."

많은 테스트를 거친 후, 새로운 아이스크림은 영화 티켓과 같은 가격인 1리라에 출시되었고 바닐라·잔두야^{gianduia}(헤이즐넛과 초콜릿이 섞인 맛-옮긴이)·헤이즐넛·민트·바이올렛 맛을 선택할 수 있었다. 팝콘은 아직 영화관에 등장하지 않았지만 단 2리라만 있으면 영화와 달콤한 핑구이노를 즐길 수 있었다. 토리노 사람들과 곧이어 모든 이탈리아 사람들이 이것에 열광했고 핑구이노는 도시의 역사에서 한 자리를 차지했다.

핑구이노의 성공은 놀랍고도 일관적이었다. 레시피는 여전히 동일하고 재료의 선택과 관리, 손질 방법도 예전과 같다. 알베르토 만지안티니와 그의 모든 동료들에게 자부심의 원천이 된 핑구이노는 굉장한 스토리를 가지고 있을 뿐만 아니라 최고의 이탈리아 전통을 대표하는 독창성과 품질 추구의 홍보대사로서 전 세계를 누벼온 것으로 평가되고 있다.

나는 그의 의견에 동의했다. 그리고 나 역시도 피에몬테 출신으로서 핑구이노를 자랑스럽게 여긴다.

22

헤이즐넛 초콜릿 잔두이오토

삶의 향기를 더하다

|

귀도 고비노와의 대화

피에몬테의 독특한 헤이즐넛 초콜릿인 잔두이오토gianduiotto(헤이즐럿과 다크초콜릿으로 만든 잔두야를 삼각기둥 모양으로 가공한 초콜릿의 상품명-옮긴이)의 이야기를 들려줄 사람으로는 귀도 고비노Guido Gobino를 선택했다. 1905년 귀도는 잔두이오토를 좀 더 우아하게 만들고 쉽게 다룰 수 있도록 크기를 줄이는 아이디어를 생각해냈고 이는 훌륭한 결과로 이어졌다. 그 이후 27년 동안 잔두이오토를 완성하고자 하는 그의 노력은 한 번도 흔들리지 않았고 이제는 잔두이오토를 전 세계에 수출하고 있다.

나는 귀도에게 토리노 초콜릿 제조 산업의 아이콘인 잔두이오토에 대해 말해달라고 부탁했다. 사실 이것은 1806년 나폴레옹의 칙령 중 하나를 우회적으로 피하기 위해 만들어졌다.

여기에서부터 우리의 이야기가 시작되었다. 나폴레옹은 중앙 아메리카에서 향신료와 제품들을 싣고 오는 주요 수송선인 영국 선박에 대해 대륙 전역에 경제교류를 금지하는 금수embargo 조치를 선언한 참이었다. 따라서 초콜릿과 사탕수수로 만든 설탕의 수입도 자동으로 금지되었다. 이 일이 있기 전인 1747년에 안드레아스 마르그라프Andreas Marggraf라는 한 독일 화학자가 사탕무 결정과 사탕수수 결정의 유사성을 발견했지만, 사탕무의 조직적이고 광범위한 재배는 나폴레옹의 제재 후에 시작되었다는 사실을 귀도는 상기시켰다.

"이 금수 조치 때문에 토리노의 초콜릿 제조업체들과 같은 최종 사용자들은 상당한 비용을 추가로 지불해야 했습니다. 그래서 대체할 수 있는 기본 재료를 물색하게 되었지요." 귀도 고비노는 계속해서 설명을 이어갔다. "다행히도 피에몬테는 우수한 작물들을 생산할 수 있는 토양을 가지고 있었는데, 특히 이곳에서 재배되는 톤다 젠틸레 트리오바타^{Tonda Gentile Trilobata} 헤이즐넛의 경우 그 잠재력을 즉각적으로 인정받게 되었습니다. 곧 이 헤이즐넛이 초콜릿 공장에서 사용되기 시작했고 잔두야 초콜릿도 이 시기 동안에 탄생한 것 같습니다. 그러다가 1865년에 토리노 출신의 미켈레 프로셰^{Michele Prochet}라는 마스터 쇼콜라티에의 천재성 덕분에 잔두이오토가 탄생했습니다. 그리고 어느 날 그의 견습생 중 하나가 사람들이 한 입에 먹을 수 있게 이를 더 작게 만들자는 제안을 한 듯 보입니다."

귀도는 한숨을 쉬었다. "그건 좋은 아이디어였죠! 젠장, 나보다 먼저 그 생각을 해내다니요!" 그러더니 그는 또 이렇게 말했다. "그런데, 제가 그걸 더 작게 만들어냈다고도 말할 수 있지요. 그렇지 않나요?"

헤이즐넛을 떠올려보면, 그리고 그 직감이 누텔라의 탄생을 향한 예비적인 단계였다는 사실을 다시 생각해보면 이는 진정한 혁명처럼 보였다.

그러나 이탈리아 전역에 유통할 수 있을 만큼 충분한 양의 잔두이오토를 생산하는 것은 그리 쉽지 않았다. 잔두이오토는 유별나다 싶을 정도로 지방 함량이 높았는데, 피에몬테 헤이즐넛과 코코아 버터의 에센셜 오일의 지방은 제법 빠르게 변질되고 산화되는 특성이 있었다. 이 때문에 잔두이오토는 가능한 한 빠르게 공기와의 접촉을 차단해야 하고, 독특한 포장지를 사용해야 했다. 보통 금박으로 된 얇은 호일을 사용했는데 이것이 다른 모든 초콜릿들 사이에서 잔두이오토를 돋보이게 해주기도 했다. 이는 사실 세계 최초의 포장 초콜릿이었다.

"이게 어떻게 만들어졌고 왜 이런 독특한 모양을 가지게 되었나요?" 내가 귀도에게 물었다.

"아시겠지만, 잔두야 초콜릿은 템퍼링tempering(초콜릿의 온도를 조정하여 안정화 상태로 만드는 작업 - 옮긴이)을 하고 코텔라coltella라는 특수한 큰 칼로 자르는데 이 일에 아주 탁월한 재능을 가진 여성들이 있었죠. 우리 회사 같은 몇몇 기업들에는 여전히 그런 여성들이 일하고 있답니다. 이 여성들은 자신들의 독특한 기술과 손재주로 잔두야 페이스트가 적정한 온도에 도달하도록 한 다음 칼로 이 초콜릿을 전형적인 삼각형 모양으로 만들어서 금박 호일로 감쌌습니다."

오늘날에도 이 방식은 그 당시와 거의 같다.

귀도는 잔두야 페이스트에 요구되는 기본 사항으로 낮은 온도와 지방의 결정화 사이에서 완벽한 열역학적 균형을 이루는 것이라고 설명했다. 여기서 지방은 코코아 버터와 헤이즐넛 오일이다. 외부 온도와 습도도 절대적으로 중요하다.

코코아와 헤이즐넛, 설탕의 혼합은 더할 나위 없이 좋지만, 극도로 온도에 민감하다는 사실은 인정해야 한다! 쇼콜라티에의 지식과 기술은 바로 여기에 필요하다.

"다른 초콜릿에 사용되는 고전적인 초콜릿 몰드 없이 잔두야 초콜릿을 특별한 모양으로 만드는 것은 오직 끈기 있게 습득한 장인 기술로만 가능합니다. 현재 전형적인 잔두이오토는 피에몬테 헤이즐넛의 비율을 높여서 만드는데 압출 성형기라 불리는 특별한 기계를 사용합니다. 이 기계를 사용하면 전통적인 제조법의 모양이나 품질을 바꾸지 않고도 초콜릿을 더 많이 생산할 수 있습니다. 19세기 초콜릿 제조업자들이 잔두이오토를 손으로 잘라 대량 생산하던 것을 상상해보세요. 규모가 더 큰 작업실에서는 각각의 초콜릿을 손으로 포장하는 여성들인 안루푸아르^{anlupoire}를 두고 있었습니다. 오늘날에는 더 많은 양을 생산하기 위해 이러한 작업을 훨씬 더 빠른 속도로 복제할 수 있는 기계에 의존해야만 합니다. 이러한 기계들은 제작이 매우 어렵습니다. 그리고 수제 제작의 흔적인 불완전함을 사라지게 만들죠. 진짜 잔두이오토에는 사탕수수나 사탕무 설탕, 피에몬테산 PGI 헤이즐넛, 코코아, 코코아 버터만 들어갑니다."

오늘날 이 작은 초콜릿은 전 세계적으로 큰 인기를 끌고 있다. 최근 우리 체인점인 이탈리의 뉴욕 매장에서는 한 매대 전체를 잔두이오토에 할애했다. 그곳 직원들은 이 초콜릿이 유행하고 있다고 말했다. 이제 안목 있는 많은 미국인들은 저녁식사에 초대받으면 브라우니가 아닌 잔두이오토를 선물로 가지고 간다.

귀도는 놀랍지 않은 듯 말했다. "맛있기 때문이죠. 정말로 맛있잖아요! 그리고 좋은 것은 국경을 초월하지요."

잔두이오토가 20세기 초에 인기를 끌면서 대기업들도 시장에 뛰어들어 수제 초콜릿 제조업자들에 합류했다. 문제는 여기서 시작되었다. 금속 몰드, 그리고 나중에는 폴리카보네이트 몰드를 사용하면서 고전적인 불규칙한 모양도 변형되었다. 이 몰드들은 생산의 효율성은 높이고 비용은 낮추었지만 확실히 수제의 느낌은 떨어졌다. 전 세계로 유통이 확대되면서 이제는 전 세계에서 만날 수 있는 원조 제품과 더불어 형편없는 제품들도 많이 눈에 뜬다. 이것은 어느 정도 귀도가 치러야 할 싸움이다.

"훌륭한 식품 뒤에는 항상 훌륭한 원재료가 있고, 훌륭한 원재료 뒤에는 훌륭한 사람들의 지식과 직업 윤리가 있습니다. 경제성을 뛰어넘어, 최고 재료를 공급할 수 있는 미래를 보장하기 위해서는 재배자들에게 공정하고 수익성이 있는 가격을 지불하는 것이 절대적으로 필요합니다."

이러한 이유로 귀도는 15년 전 이탈리아 랑게 지역의 7개 농업 회사와 협력하여 생산에 필요한 견과류 공급을 보장하는 시스템을 구축했다. 랑게라는 뿌리, 여름방학 동안 헤이즐넛을 모으며 할아버지와 함께 보낸 시간들, 건초 다락을 가득 채운 말린 헤이즐넛 자루에서 나던 달콤한 냄새, 이러한 기억들이 그가 계속 이 길을 걷도록 만들었다.

그의 뿌리와 오늘날 그의 위치에 대해 이야기를 하다가 나는 세계 최고의 헤이즐넛 생산지인 코르테밀리아^{Cortemilia}에서 귀도가 랑게 톤다 젠틸레 헤이즐넛의 홍보대사로 임명되었다는 사실을 알게 됐다.

그러면 미래는 어떻게 될까?

"미래는 아마도 제 아들인 피에트로의 손에 달려 있을 겁니다." 귀도는 말을 이어갔다. "아들은 이번에 식품공학 공부를 마치는데, 쇼콜라티에게 필요한 상상력과 열정은 물론이고 욕심과 능력도 가지고 있는 것으로 보입니다."

잔두이오토의 대가로서 귀도는 자신은 항상 똑같을 것이라고 믿는다. 즉, 품질에 광적으로 집착하는 고집스러운 쇼콜라티에 장인으로 남겠다는 얘기다. 그는 이 직업에 감사할 수밖에 없다. 이는 그의 아버지 베페, 할아버지 피에트로가 그러했던 것처럼, 거칠지만 일에 헌신하고 희생하며 그 땅과 전통을 사랑하는 랑게 언덕에 사는 사람들, 즉 랑게티^{Langhetti}를 이해하고 감사하게 되었다는 의미다.

뭐니뭐니 해도 그는 낭만주의자(초콜릿을 만드는 남자라면 낭만주의자가 못 되기도 힘들겠지만)다. 게다가 코코아와 헤이즐넛의 맛과 향을 위해 사는 사람이다. 그는 진정 행복한 남자로 보였다.

23

고르곤졸라

윈스턴 처칠이 사랑한 치즈

|

레나토 인베르니치와의 대화

나는 전 세계를 돌아다니며 양질의 이탈리아 음식을 파는 직업을 가진 사람으로서 '고르곤졸라'라는 이름이 전 세계적으로 놀라운 힘을 가지고 있다고 자신있게 말할 수 있다. 사람들은 고르곤졸라라는 단어와 그 맛, 그리고 다른 음식과 어울리는 방식을 좋아한다.

이 치즈가 어느 마을의 이름을 딴 것이라는 사실을 아는 사람들은 많지 않다. 차라리 모르는 것이 더 나을 수도 있다. 오늘날 고르곤졸라에 가면 치즈 만드는 사람을 단 한 명도 찾을 수 없기 때문이다.

사람들이 고르곤졸라를 좋아하는 이유는 잘만 만들면 정말로 맛있기 때문이다. 심지어 현재 시장을 지배하고 있는 달콤하고 크림 같은 가장 현대적인 버전도 아주 맛있다. 사실 오늘날 고르곤졸라는 과거와는 다른 방식으로 만들어진다. 오늘날에는 우유를 저온 살균하고, 푸른 줄무늬를 만드는 곰팡이인 페니실륨 로크포르티Penicillium roqueforti를 주입한 후 바늘로 치즈를 찔러 산소가 침투해 오염을 일으키도록 한다. 하지만 치즈 제조업자들이 치즈에 푸른 줄무늬가 생기는 것을 원치 않았던 시기도 있었다.

세계에서 가장 유명한 치즈들 중 하나인 고르곤졸라 치즈가 만들어진 것도 세렌디피티 스토리다. 더 상세한 내용을 파악하기 위해 나는 레나토 인베르니치Renato Invernizzi를 만나러 갔다. 그는 여전히 장인 정신으로 운영되는 기업을 이끌고 있을 뿐만 아니라, 수년간 고르곤졸라 컨소시엄의 회장직을 맡고 있기도 하다. 레나토는 어느 누구보다도 이 치즈를 대표하는 사람이다.

내가 그에게 전화를 하자 그는 흔쾌히 나를 초대했는데, 그가 나를 초대한 곳은 피에몬테의 노바라시 트레카테 마을에 있는 자신의 치즈 공장이 아니었다. 그는 거기서 멀리 떨어진, 오래전 고르곤졸라가 탄생한 발사시나에서 만날 수 있는지 물었다.

발사시나는 몬테그리냐 동쪽, 레코주의 알프스 고원에 위치한 곳이다. 이탈리아 문학의 거장 알레산드로 만초니의 대표작 『약혼자The Betrothed』에서 자주 인용된 구절에 따르면 '코모 호수의 지류'를 낀 계곡이다. 이 계곡은 발라비오에서 시작해서 벨라노에서 끝난다. 알프스산맥의 비탈을 흐르는 아다강과 티치노강을 따라 포 계곡에서 방목되던 갈색 알파인 소들이 11세기에 이곳에서 처음 사육되었다는 설도 있지만, 신뢰할 만한 기록은 15세기부터 시작되었다는 것만 존재한다.

이 소떼는 기후적인 이유로 더 많은 먹을거리가 있는 계곡에서 겨울을 보내야 했지만, 여름에는 목동 혹은 베르가미노bergamino라 불리는 사람들이 이끄는 길고 힘든 길을 따라 발사시나의 목초지에서 보냈다. 소들이 추운 계절에 머무는 강가 목초지에는 물이 지속적으로 범람하는 롬바르디아의 공통적인 특징 덕분에 아주 추울 때에도 풀이 자랐다. 그러나 여름에는 풀은 향긋하고 공기는 시원한 알프스 고원 목초지에서 방목되었다.

레나토에 따르면 우유를 얻기 위해 항상 소가 출산한 직후에 바로 젖을 짰다. 그 당시 수컷 송아지들은 태어나자마자 희생되었다. 그리고 그 위장에 있는 레닛(새끼소의 제4위에서 분비되는 단백질 응고 효소-옮긴이)은 우유를 응고시키는 데 사용했다.

"그러면 여름에는 산에서 치즈를 만들었나요?" 내가 물었다.

"물론이죠. 소의 젖은 짜자마자 응고시키기 위해 레닛과 함께 칼데라라는 통에 부었습니다. 이 작업은 아침과 저녁 하루에 두 번 이루어졌고 저녁에 짠 우유로 만든 치즈는 목동들의 쉼터인 오두막에 새벽까지 보관되었어요. 그런 다음 아침에 응고시키는 통에 담겼습니다. 이렇게 이중으로 반죽이 되면서 구멍과 균열이 생기는 고르지 못한 고르곤졸라를 얻게 되는 것이죠."

칼데라는 화산의 함몰부에서 이름을 따온 것으로, 원래 분화구 옆에 생긴 깔때기 모양의 구멍을 일컫는다. 치즈의 경우에 칼데라는 우유를 부어 불 위에 매달아놓는 철이나 구리로 만든 가마솥이다. 칼데라는 대략 40℃의 온도에 도달해야 하는 폰티나 DOP(Protected Designation of Origin, 원산지 보호 표시)와 같은 페이스트 치즈를 만드는 데 꼭 필요한 도구였다.

그의 회사 SI 인베르니치는 현대식 대형 기계에 의존하기보다 칼데라 사용을 고수해왔기 때문에 스스로를 장인 정신을 유지하는 고르곤졸라 회사라 여길 만하다. 요즘에는 이런 '양동이'나 가마솥들이 더 커졌고 스테인리스 스틸로 만들어진다. 그리고 익히지 않은 페이스트가 30℃ 정도에서 응고되기 때문에 더 이상 불

위에 올리지도 않는다.

이제 발사시나 이야기로 다시 돌아가자. 베르가미노(오늘날은 카자로^{casaro}, 즉 치즈메이커라 부른다)에게는 치즈를 햇빛과 파리로부터 보호하며 보관해둘 곳이 없었다. 그래서 카제레^{casere}로 알려진 자연 동굴 중 하나로 치즈를 가져갔다. 그곳은 오두막보다 시원해서 치즈를 보호하기가 더 쉬웠는데, 한 가지 특징은 그곳의 '하늘'이 '페니실리움 로크포르티'라 불리는 푸른곰팡이로 자연스럽게 덮여 있었다는 점이다. 그래서 이 곰팡이 포자가 떨어지면 치즈를 오염시키고 분명히 치즈를 망칠 것처럼 보였다.

의도는 치즈를 보존하는 것이었지만 카자로들이 결과를 확인하러 동굴에 들어가면 오염된 치즈만 확인할 뿐이었다. 다행히도 당시 사람들은 어떤 것도 버리지 않았고 먹을 수 있는 모든 것을 거의 다 먹었다. 그 후 얼마 지나지 않아 치즈메이커들은 곰팡이 핀 치즈가 다른 치즈들에 비해 더 맛이 뛰어나고 보존력도 더 좋다는 사실을 깨닫게 되었다.

레나토는 치즈메이커들이 대략 5월부터 9월까지 치즈를 만들며 고산 지대의 목초지에 머물곤 했다고 말했다. 그러다 당나귀와 소에 치즈를 싣고 계곡으로 돌아오면 목동이자 치즈메이커인 그들은 헛간에 집을 짓고 자신의 제품을 팔며 생계를 유지했다.

"그 치즈를 뭐라고 불렀는지 아시나요?" 그가 물었다.

그 치즈는 스트라치노^{stracchino}로 불렸다. 롬바르디아 방언에서 스트라치^{stracchi}는 '피곤하다'는 의미인데, 수십 킬로미터를 걸어야 했던 지친 소에게서 만들어진 치즈였기에 이러한 이름이 붙었다. 롬바르디아에는 두 가지 스트라치노 치즈가 있다. 하나는 밀라노 스트라치노로 크레센차crescenza라고 불렸고 현재도 그렇게 불리는 치즈고, 다른 하나는 오늘날의 고르곤졸라와 유사한 고르곤졸라 스트라치노라는 치즈다.

그러다가 시간이 흐르면서 스트라치노라는 단어는 점차 사라지고 고르곤졸라만 남았다. 지금 고르곤졸라 지역에는 치즈메이커들이 없지만 20세기 초반까지는 많았다. 이동식 방목을 하는 이 지역에서 가장 중요한 두 가문은 갈바니스Galbanis와 인베르니치로, 오늘날까지도 주요 치즈 생산자들이다. 말하자면 곰팡이로 가득 찬 그 작은 동굴들 덕분에 고르곤졸라가 존재하게 된 것이다.

"하지만 카자로들과 현지 구매자들에서부터 전 세계가 이 치즈를 알게 되기까지 무슨 일이 있었나요?" 내가 물었다.

레나토는 두 차례의 세계대전 사이에 이탈리아와 영국 간에 무역이 번성했던 시기가 있었는데 그때 일어났던 일이라고 말했다. 그 당시에는 콜드 체인이 없었기에 고르곤졸라를 보존하기 위해 발사시나 채석장에서 추출한 광물인 바라이트baryte를 뿌렸다. 하얀 진흙같은 광물의 반죽은 치즈를 먼지로부터 보호하고 치즈가 건조되는 것을 막아주는 역할을 했다. 이러한 치즈들은 짚으로 짠 바구니에 담겼고 노바라에서 출발하는 많은 화물차들에 실려 런던으로 향했다.

윈스턴 처칠은 고르곤졸라의 엄청난 숭배자였다. 연합군 비행기들이 밀라노를 폭격할 계획을 세울 때, 그는 지도에 고르곤졸라 마을 주변으로 원을 그리고 자신이 사랑하는 치즈를 보호하기 위해 그 지역은 남겨둘 것을 요청했다고 한다.

1945년 전쟁이 끝난 후 식품 가공 산업이 등장했다. 이동식 방목은 점차 사라졌고 동물들은 평원과 마구간에서 정착된 삶을 시작했다. 국가 보건 시스템이 결핵과 기타 전염병들을 퇴치하려고 애쓰면서 식량 안보에 중점을 두었다.

아마도 이때부터 모든 것이 바뀐 것으로 보이는데, 원래 고르곤졸라 피칸테Gorgonzola Piccante는 살균하지 않은 우유로 만들어졌기 때문이다. 결과적으로 1950년경 병원체가 없는 안전한 치즈를 보장하기 위해 살균 기술이 도입되었고, 우유에 자연적으로 존재하는 박테리아 미생물은 복제되어 나중에 첨가되었는데, 이때 각 치즈에 맞게 선별되고 표준화된 유산균도 추가되었다.

오늘날에는 '생우유'라고 표시된 치즈도 완전히 안전하다. 그런데 가장 성공한 고르곤졸라 치즈는 달콤하고 크림 같은 타입이라는 사실에 궁금증이 생겼다. 일부 미식가들은 이러한 타입의 치즈를 싫어하지만 나는 이런 치즈를 사랑한다고 고백해야겠다. 이 치즈는 이번에는 우연에 따른 것이 아닌 시장의 수요에 대한 응답으로 탄생했다.

"좀 더 부드러우면서 강하지 않은 맛을 가진 고르곤졸라를 찾는 소비자들의 취향을 만족시켜야 했습니다. 그래서 그들은 오리지널 고르곤졸라보다 더 순한 맛이 나고 색은 더 옅으며, 크림처럼 더 부드러운 치즈를 개발하고 판매했지요. 오늘날 크림처럼 부드러운 고르곤졸라 치즈는 전체 생산량의 90%를 차지합니다. 소에서 얻은 신선한 전유를 사용한다는 점은 같지만, 레시피, 재료, 숙성법이 다릅니다. 1970년대에는 수백 개의 치즈 공장들이 자발적인 컨소시엄에 합류했고, 1996년 유럽공동체는 공식적으로 고르곤졸라에 대해 원산지 보호 표시인 DOP를 승인했습니다. 그렇게 해서 고르곤졸라 치즈 보호를 위한 컨소시엄이 탄생했습니다."

레나토 인베르니치는 2008년에 이 컨소시엄의 회장으로 선출되어 현재 네 번째 임기를 수행하고 있다는 사실을 매우 영광스럽게 생각했다. 확실히 쉬운 일은 아니지만 생산자들은 위대한 미래를 공유하는 데 초점을 맞추고 굳게 단결하고 있다. 오늘날 고르곤졸라는 스틸턴·로크포르·베르가더·대니시 블루·니바·케소 아줄과 같은 유럽 및 미국의 블루 치즈와 대조적으로 순하고 부드러운 맛을 가진 세계에서 유일한 푸른 반점 치즈다. 하지만 이름과 기술이라는 면에서 전 세계에서 가장 많이 모방되고 있는 것도 이탈리아의 고르곤졸라다.

레나토는 이 사실을 한탄했다. 나는 2,000여 년 전에 그리스 비극 작가 아이스킬로스Aeschylus가 쓴 글을 상기시키며 그에게 위로를 건넸다. '아무도 부러워하지 않고 모방하지 않는 사람은 행복하지 않다. 모방하는 것보다 모방되는 것이 낫다.'

24

태운 밀가루

빈곤한 역사에 얽힌 가치의 재발견

페페 줄로와의 대화

오늘날 그라노 아르소grano arso(태운 밀가루)는 곡물을 볶는 특정한 절차에 따라 태우지 않으려고 주의를 기울이며 만들어지지만 초기에는 상황이 아주 달랐다.

그라노 아르소에 대한 이야기는 이탈리아 통일 이후 풀리아의 역사, 특히 카피타나타라고 불리는 포자주 어느 지역의 아주 빈곤한 역사에 얽힌 이야기다.

이 지역 사람들은 추수가 끝나면 밭으로 들어가 불에 탄 밀 알갱이들을 주워 이를 갈아 빵을 만들곤 했다. 밀이 자라고 있던 밭에 불을 놓아 땅을 깨끗이 정리하는 것은 부유한 지주들의 풍습이었다.

그라노 아르소는 불에 탄 밭에서 수확한 이삭에서 나온 밀을 말한다. 이 곡물을 당시 맷돌에 갈거나 절구에 빻아 가루를 낸 후 흰밀가루에 추가했다. 이 방법으로 농부들은 요리에 필요한 적당량의 밀가루를 얻을 수 있었다. 흰밀가루만 쓸 여유가 없었던 가난한 사람들의 식재료였던 것이다.

그들 중에는 태운 밀가루의 수확과 사용에 매우 능숙했던 포자 시민들이 몇몇 있었는데, 이들은 도시와 시골 사람들이 거주하는 중간 쯤에 살며 테라차니terrazzani라 불렸다. 그들은 야생초를 수집하고 낚시를 하며 불에 탄 밭에서 얻은 밀을 포함해 모든 종류의 밀을 모으며 사는 삶에 적응한 사람들이었다.

이 이야기를 들려준 사람은 포자주 오르사라 디 풀리아 출신의 훌륭한 요리사 페페 줄로Peppe Zullo였다. 남부 다우니아산맥에 있는 공동체인 이곳은 좋은 농산물을 생산하기에 완벽한 지형을 갖춘 매혹적인 곳이다. 페페는 자신이 직접 가꾼 2ha에 달하는 거대한 정원을 가지고 있었다.

그는 자신을 '농부 요리사'라고 부른다. 그가 조성한 거대한 정원 부지 한가운데에 레스토랑이 있기 때문이었다. 그는 이곳에서 직접 온갖 종류의 것들을 재배하고 돌본다. 또 다른 3ha의 땅은 포도밭을 비롯해 버섯과 야생 과일, 견과류 등은 물론이고 의료용 치료제를 위한 약초를 채집하기 좋은 멋진 숲으로 이용되고 있다.

이 지역에서 자생하는 동물들을 사육하고 치즈와 가공육을 만들 수 있는 또 다른 공간도 있다. 모든 것이 엄격하게 유기농으로 관리된다. 어떤 면에서 페페는 내가 피코FICO(Fabbrica Italiana Contadina, 이탈리아 농민생산센터) 이탈리 월드(농식품 및 요리법 분야 전용 테마파크)를 설립하기 훨씬 이전에 농산물 테마파크를 개발한 사람이라 할 수 있다.

그러나 이 모든 것에 눈을 돌리기 전 페페는 미국의 많은 지역을 포함해 전 세계를 여행했다. 그러다가 1978년 여행을 그만두고 보스턴에 식당을 열어 꽤 성공했다. 그러나 1980년대 후반, 고국의 부름에 따라 이탈리아로 돌아왔는데, 그 시골 식당의 고객들에게는 행운인 셈이었다.

어느 날 나는, 그가 풀리아를 대표해 밀라노 엑스포에 참석하던 중 무엇을 주문해야 할지 마음을 정하지 못한 어느 여성에게 그라노 아르소의 이야기를 들려주는 것을 듣게 되었다.

그러니 누가 그보다 이 이야기를 더 잘 설명할 수 있겠는가?

"페페, 그라노 아르소는 요즘에는 별미로 여겨지고 미식가들과 부유한 사람들이 아주 좋아하는 식재료지요. 하지만 이것은 원래 가난한 자들의 필요에 의해 우연히 탄생한 것입니다. 이게 어떻게 가능했을까요?" 내가 묻자, 그가 대답했다.

"대지주의 시대가 끝나고 세계대전 기간 동안 우리는 굶주림을 견뎌내야 했죠. 이후 기아의 종말을 의미하는 경제 호황이 시작되자 가난한 사람들의 식재료로 여겨졌던 그라노 아르소도 풀리아의 식탁에서 사라졌습니다. 그러다 아주 최근에 다시 돌아왔는데 현지 레스토랑 운영자들과 생산자들 덕분이었죠. 이들은 태운 밀을 요리에 사용하는 가치를 다시금 깨달았습니다. 포자주의 다우니아는 그라노 아르소의 가치를 재발견하고 현대적인 맥락으로 재해석한 최초의 지역이었습니다."

우리가 감사해야 할 사람들은 레스토랑 운영자들만이 아니다. 페페는 제2차 세계대전 이후 태운 밀에 대한 이야기가 포자주 현지 싱어송 라이터인 마테오 살바토레[Matteo Salvatore]에 의해 다시 유행하게 되었다고 말했다. 작곡가 겸 가수인 마테오 살바토레는 〈파스타 네라[Pasta Nera]〉, 즉 검은 파스타라는 곡을 썼는데, 그 곡에서 배고픔을 이기지 못해 태운 밀을 먹어야만 했던 가난한 사람들의 고통에 대해 노래했다. 살바토레 이후의 다른 예술가들도 이 질문을 파고들었다. 여기에는 〈파스타 네라〉라는 다큐멘터리를 만든 알레산드로 피바 Allesandro Piva 감독도 포함된다.

오늘날에는 태운 씨앗이 독성을 가지고 있기 때문에 요리에 사용하는 것이 법으로 금지되어 있다고 페페는 설명했다.

"그래서 제분기에 갈기 전에 밀을 안전한 방법으로 볶습니다. 요즘에는 태운 밀가루 파스타를 만드는 회사들이 많이 있어서 이탈리아나 해외에서도 찾을 수 있어요. 많은 사람이 이렇게 볶는 방식을 좋아합니다. 볶으면 밀가루에, 결과적으로는 파스타에 매력적인 호박색을 더하고 아몬드, 헤이즐넛, 볶은 커피 향이 나게 만듭니다. 이제 사람들은 흰밀가루보다 이 밀가루에 더 비싼 가격을 지불하죠!"

그는 이 제품을 마치 자신의 자식인 양 자랑스러워했다.

페페는 25년 넘게 그라노 아르소를 연구해왔다. 처음에는 가볍게 볶은 밀가루를 좋아하는 사람들을 찾는 것이 쉽지 않았다. 실제로 그가 자신의 메뉴에 야생 아스파라거스와 같은 풀리아의 다른 특산품과 함께 태운 밀가루로 만든 오레키에테 orecchiette('작은 귀'라는 뜻을 가진 파스타의 일종-옮긴이)를 제공했을 때 사람들은 그를 이상하게 여겼다. 하지만 그는 절대 포기하지 않았다.

그는 이 밀이 콩류, 푸른잎채소 및 기타 채소들, 신선한 허브들과 완벽하게 어우러지는, 풍미가 뛰어난 파스타를 만들어준다고 말했다. 현재 그는 다양한 생 파스타 외에도 타랄리 taralli(프레첼 같은 스낵)를 비롯해 다양한 종류의 디저트를 만든다. 주로 태운 밀가루는 흰밀가루와 혼합해서 사용되지만 종종 단독으로도 사용된다. 전체 밀가루 양 중 태운 밀가루를 10~15%만 넣어도 집에서 만드는 포카치아나 빵, 파스타 등에 개성을 부여할 수 있다.

그라노 아르소의 이야기는 페페 줄로나 현지 생산자들, 제분소 관리자들의 노력으로 마땅히 누려야 할 위엄을 다시 찾은 특산품에 대한 이야기다.

마지막으로 풀리아 출신인 내 친구는 자랑스럽게 내게 말했다. "저는 항상 이 제품을 통해 우리가 스토리텔링에서 '스토리두잉 storydoing'으로 나아갔다고 말합니다. 다시 말해, 이 제품을 걸작으로 만든 것은 실제 있었던 가슴 아픈 이야기를 긍정적인 미식의 재발견으로 바꾸었기 때문에 가능했지요."

25

그리시니

토리노의 작은 막대기 빵

—

마리오 폰고·조반니 폰고와의 대화

사람들은 수천 년 동안 **빵**을 만들어왔지만, 빵이 발명된 정확한 연대를 알기는 어렵다. 농업이 등장하기 전, 우리의 선조들은 야생 밀의 씨앗을 갈아 물과 섞고 불 위에 올려 익히곤 했다. 당연히 기후나 온도 등 여러 가지 요인에 따라 반죽이 자연적으로 부푸는 방식이 항상 다르기 때문에 아주 이상한 모양이 나오는 경우도 있었다.

　그리시니^{grissini}의 경우는 정확히 1679년, 토리노 중에서도 더 구체적으로는 베나리아 궁에서 탄생했다. 개발자의 이름도 정확히 알려져 있는데, 그는 베나리아 궁의 제과·제빵사인 안토니오 브루네로^{Antonio Brunero}였다.

　오늘날 우리가 누리는 의약품이 없던 4,000년 전 사람들은 영양에 많이 의존했다. 이는 현대에서 영양의학이라고 부르는 것과 비슷한 개념으로, 피해야 할 음식과 찾아 먹어야 할 음식을 처방하여 치료하는 식이다. 환자가 중요한 인물일 경우 최고의 의사들이 소환되었고, 이들은 다양한 음식이 인간 건강에 미치는 영향에 대해 잘 알고 있었다. 피에몬테에서는 거대한 베나리아 성에 살면서 거의 왕의 역할을 수행하던 사보이 공작보다 더 중요한 사람은 없었다.

　1679년에 사보이 공작의 자리는 비어 있었다. 카를로 에마누엘레 2세는 4년 전에 사망했고 그의 아들 비토리오 아메데오 2세는 고작 열세 살이었다. 소년의 어머니이자 프랑스 사보이-네무르 가문 출신의 똑똑한 여성 마리아 지오반나 바티스타가 아들이 왕위를 계승할 나이가 될 때까지 섭정을 했다. 그러나 한 가지 큰 어려움이 있었다. 비토리오 아메데오는 심각한 소화불량으로 극심한 위통을 겪었고 건강하지 못했다. 탁월한 궁정 의사인 테오발도 페키오가 어린 왕자의 문제가 빵이라는 것을 깨닫는 데는 그리 오랜 시간이 걸리지 않았다. 비토리오 아메데오는 발효된 빵을 소화시키지 못했던 것이다.

당시에 이는 드문 현상이 아니었다. 일반적으로 빵은 잘 익혀지지 않았고 상태가 좋지 않은 이스트가 위에서 계속 발효를 일으켰는데, 이는 특히 어린이에게 위경련 등 소화기관 전체에 문제를 일으켰다.

페키오는 먼저 비토리오 아메데오에게 빵의 껍질만 주었는데 껍질에는 아무런 문제를 일으키지 않는다는 사실을 발견했다.

이 시점에 의사는 궁의 최고 제과·제빵사인 안토니오 브루네로를 개입시켰다. 그에게 부과된 과제는 설명하기는 간단했지만 완수하기는 어려운 것이었는데, 의사는 껍질은 많고 속은 적거나 거의 없는 게르사^{ghersa}(빵 한 덩이를 일컫던 당시 피에몬테 방언-옮긴이)를 요구했다.

안토니오는 주방으로 돌아가 실험을 시작했다. 왕국의 미래가 걸려 있었으므로 반드시 해결책을 찾아야만 했다. 그 결과 그리시니가 개발되었다. 순수한 제빵 기술과 풍부한 상상력, 손재주

등이 음식으로서 좋은 것과는 아무런 상관 없이 치료라는 명분을 위해 동원된 것이었다. 이름을 생각해내는 것은 어려운 일이 아니었다. 게르신ghersin은 게르사의 작은 버전으로 오늘날까지도 피에몬테에서는 그리시니를 부르는 이름으로 사용되고 있다.

그리시니는 미래의 왕인 비토리오 아메데오 2세에게 적절한 약으로 판명되었고 그는 빠르게 회복했다. 놀랍게도 궁의 다른 식객들도 부드러운 속살이 없고 완전히 구운 딱딱한 스틱 빵을 좋아했다. 곧 모든 사람이 식사를 할 때 그리시니를 원했고 안토니오 브루네로는 점점 더 많은 그리시니를 만들어내야 했다.

그리시니는 먼저 귀족들 사이에서 인기를 끌다가 나중에는 점차 중산층 가정에도 퍼졌다. 토리노와 피에몬테 지방 전역에 있는 다른 제빵사들도 궁의 제빵사가 개발한 기술을 따라하며 반죽을 두 손바닥 사이에 넣고 약 40cm 길이의 얇은 막대기가 될 때까지 굴려서 그리시니를 만들기 시작했다.

피에몬테 사람들은 이를 로바타robatá라고 불렀는데(로바타는 피에몬테 방언으로 '넘어진fallen'을 의미하지만, 동시에 '굴린rolled'이라는 의미도 있다) 이는 손바닥 사이에 반죽을 넣고 굴리는 기법 때문이었다. 이 때문에 울퉁불퉁하게 꼬인 특유의 모양이 만들어졌다. 곧 그리시니는 피에몬테 지방 전역에서 인기를 얻게 되었고, 토리노 근방의 키에리는 곧 게르신 로바타를 전문적으로 만드는 마을이 되었다. 그리시니는 이 커뮤니티를 상징하는 음식이 되었고 지금도 여전히 그렇다.

그러나 곧 스티라투라^{stiratura} 또는 스트레칭으로 알려진 또 다른 개선된 기술이 나왔다. 이는 반죽을 굴리는 대신 양끝을 잡아당기면서 길이를 늘리는 방식이다. 훨씬 더 잘 부서지는 식감을 가진, 아주 성공적인 결과물이 나왔다.

그리시니의 맛에 대한 많은 이야기와 전설은 그리시니를 아이콘으로 만드는 데 도움을 주었다. 사르데냐 피에몬테의 국왕 카를로 펠리체는 그리시니를 너무나 좋아한 나머지 왕립극장에서 공연을 보는 내내 시끄럽게 우적우적 씹어 먹었던 것으로 알려졌는데 이는 공연을 방해할 정도였다.

나폴레옹 보나파르트는 스스로 '토리노의 작은 막대기'라고 부른 신선한 그리시니를 항상 맛볼 수 있도록 매주 정기적으로 토리노와 파리 사이를 오가는 운송 서비스를 고집했다. 이 도시의 주요 베이커리들은 계속해서 그리시니의 양을 점점 늘려가며 구워냈다. 그러다 베이커리들은 조직을 정비해야 하는 수준에 이르렀고 작업자들을 네 가지 카테고리, 즉 스티러^{stiror}·테이어^{taior}·쿠어^{coureur}·가보^{gavor}로 분류했다. 이 단순한 생산라인에서 첫 번째 작업자들은 반죽을 잡아 늘리는 역할을, 두 번째는 이것을 자르는 역할을, 세 번째는 그리시니 반죽을 트레이에 올려 오븐에 넣는 역할을, 네 번째는 다 구워진 것을 꺼내는 역할을 했다.

나는 마리오 폰고$^{Mario\ Fongo}$와 그의 아들 조반니 폰고$^{Giovanni\ Fongo}$와 함께 그리시니에 대한 이야기를 나누기 위해 아스티의 몬페라토에 있는 격조 있는 마을 로케타 타나로로 갔다. 폰고 가문은 그리시니의 대가들이다. 마리오는 단순한 제빵사로 시작했다가 이제는 80명의 아주 전문화된 장인 제빵사들을 거느린 공장을 운영한다. 그리시니, '장모님의 혀^{mother-in-law's tongues}' 비스킷(납작한 비스킷) 외에도 다양한 빵 대용의 특산품들이 엄격하게 수제로 만들어지고 폰고 가족은 이를 전 세계의 절반에 해당하는 지역에 수출한다.

그들은 그리시니가 가장 중요한 제품인 피에몬테의 역사와 전통을 존중하며 높은 품질을 유지하는 동시에 대량 생산도 가능한 기술을 가지고 있다. 조반니는 클래식 그리시니, 옥수수 그리시니, 통밀 그리시니, 라드를 넣지 않은 그리시니 등 다양한 종류를 수작업으로 가공하며 자신만의 해석을 도입한 아버지 마리오를 매우 자랑스러워한다. 마리오는 어릴 때부터 자신이 제빵사가 되고 싶다는 것을 알고 있었다.

오늘날 80명의 직원들은 3교대로 나뉘어 세계의 새로운 '나폴레옹들'의 입맛을 만족시키기 위해 열 가지 종류의 그리시니를 생산한다. 그들은 포장과 운송을 개선하는 데 확고한 노력을 기울이고 있다. 잘 부러진다는 점은 좋은 그리시니에 대한 증거이긴 하지만, 때때로 그리시니가 온전한 형태로 목적지에 도착하지 못하는 것을 의미하기도 한다. 어떤 것은 도중에 부러지기도 하지만 토리노의 수제 그리시니의 맛은 그대로 유지된다. 조반니는 차이를 만드는 것은 손이라고 밝혔다.

"반죽을 잡아당기는 손이 매우 중요해요. 제빵사들이 끝부분을 잡아서 자신들의 팔 길이만큼 늘리는데 이렇게 하면 대량 가공으로는 얻을 수 없는 풍미와 잘 부서지는 식감이 만들어집니다. 손으로 잡아당긴 그리시니는 금방 알아볼 수 있어요. 진품이라고 곧바로 느낄 수 있는 바삭한 식감과 맛, 향을 가지고 있지요."

폰고 가문이 사용하는 재료는 목록이 짧다. 밀가루, 물, 이탈리아산 유기농 엑스트라 버진 올리브유, 소금, 이스트, 그리고 어떤 종류에는 라드도 들어간다. 통밀, 옥수수가루 등 어떤 종류의 가루를 사용하든 폰고 가문은 신뢰할 수 있는 제분소와 협력하여 선택한 가루들을 다양하게 혼합하며 독특한 맛을 낸다. 이처럼 레시피는 간단하지만 비밀은 만드는 과정에 있다. 나는 모든 것을 책임지는 마리오에게 그 비밀이 무엇인지 물었다. 어떻게 만들어지는지 정말로 알고 싶었다.

"오스카, 제가 조반니와는 달리 말주변이 없다는 걸 알 거예요. 손재주는 있지만요. 내 그리시니 레시피를 알고 싶다면 드릴게요. 하지만 다른 사람들에겐 말하지 마세요. 첫 번째 재료는 손이고 두 번째도 손이고 세 번째도 손이랍니다."

그는 껄껄 웃더니 말을 이었다. "아, 빠트린 게 있네요! 이 기술에 대한 열정도 듬뿍 들어가야 합니다. 달력에 표시된 공휴일들을 무시하는 직업이죠!"

더 멋진 것은 오랜 세월이 흘러도 그는 자신의 방식을 절대 바꾸지 않으리라는 점이다.

26

기네스

화재가 가져다준 행운

—

테오 무소와의 대화

테오 무소^{Teo Musso}는 이탈리아에서 처음으로 비살균 수제 맥주를 만들어 레스토랑과 와인 바를 통해 전국에 판매한 사람이다. 25년 전에 이 일을 시작한 그는 거의 곧바로 놀라운 성공을 거두었다. 사업은 확장되었고, 그의 새로운 독립 농업 양조장은 독창적인 수제 양조장의 특징을 유지하면서도 충분한 생산력을 갖춘 보물 같은 곳이라 할 수 있다. 오늘날 그는 전 세계 거의 모든 곳에서 자신의 맥주를 팔고 있다.

그의 사업체인 르 발라딘^{Le Baladin}은 사실 농장이다. 그는 직접 보리와 이탈리아 홉을 재배한다. 그래서 그의 맥주들은 자신이 완전히 통제할 수 있는 공급망을 통해 생산된다. 테오는 골든 에일·엠버 에일·레드 에일·다크 에일 등 다양한 맥주를 만드는 데 자신의 일생을 바쳤다. 벨기에·독일·네덜란드·아일랜드 등을 포함하여 맥주를 마시는 것이 관습과 전통의 필수적인 요소로 자리잡은 나라들을 많이 여행하기도 했다.

기네스 이야기를 듣고 싶었던 나는 테오와 이야기를 나누기 위해 본능적으로 랑게의 두 지역 바롤로와 몬도브 경계에 있는 사랑스러운 작은 마을 피오초^{Piozzo}를 향해 출발했다.

테오는 매우 지적인 사람으로 그와 마주 앉아 이야기를 나누는 것은 항상 즐거운 일이다. 게다가 맥주 한 잔을 앞에 놓고 이야기할 때는 더욱 즐겁다.

기네스의 역사에 대한 이야기를 듣고 싶은 마음이 간절했던 나는 곧바로 본론으로 들어갔다. 기네스는 아일랜드의 대명사라 할 수 있다. 거의 검은색에 가까운 흑맥주로 가벼운 크림 거품과 강렬한 맛을 가지고 있다. 모든 사람이 맛있게 여기는 맥주는 아니지만, 상징적인 포스터의 이미지와 슬로건을 내건 효과적인 마케팅 덕분에 세계는 기네스 맥주와 사랑에 빠졌다.

테오는 흑맥주의 기원이 1759년으로 거슬러 올라간다고 설명했다. 이는 기네스의 설립자이자 양조 장인이었던 아서 기네스Arthur Guiness가 더블린의 세인트 제임스 게이트에서 자신의 양조장을 열었던 해다. 이 건물은 월 45파운드에 임대되어 당시로는 전혀 낮은 액수가 아니었지만 놀라운 점은 계약 기간이 무려 9,000년이라는 사실이었다. 말하자면 90세기에 걸친 계약이었다. 처음에 이들은 당시에 인기가 있었던 쓴맛이 나는 맥주 스타일에 중점을 두었고 나중에는 블랙 스타우트stout 제조로 넘어갔다.

어떤 이들은 이를 우연이라 하고 또 어떤 이들은 양조 장인이 그저 포터porter라고 알려진 기존의 영국 런던 맥주에 영향을 받았을 뿐이라고 한다. 포터 맥주는 홉이 더 많이 들어가고 알코올 함량이 더 높아 드라이하고 확연히 짙은 색이 나는 맥주다.

'포터'라는 이름은 런던 거리와 강가의 짐꾼porter에서 유래되었고, '스타우트'는 끈기와 강인함을 의미하지만 자부심을 뜻하기도 한다. 그래서 포터 스타우트는 다른 스타우트들보다 알코올 함량이 높아 대중적이지만 독한 맥주를 의미했다.

내가 아는 한 무소는 전설을 가까이하지 않는 이성적인 사람이다. 그러나 사실은 수세기에 걸쳐 내려오는 이야기들 속에도, 그리고 시간이 흐르면서 틀림없이 각색되고 수정된 이야기들 속에도 언제나 진실은 존재한다. 이를 기네스에 적용해보면, 한 가지가 아닌 두 가지의 세렌디피티가 관련되기 때문에 이 이야기 뒤에 진실이 있을 가능성이 높아진다.

"임대 만료 기간을 감안할 때, 아직도 그곳에 남아 있을 기네스가 탄생한 더블린의 세인트 제임스 게이트 회사를 방문한다면, 그리고 그곳에 있는 박물관에 간다면 아서 기네스에 대한 환상적인 이야기를 들을 수 있을 겁니다. 반면에, 런던에 가서 포터 양조장을 방문한다면 그들은 다른 이야기를 들려줄 겁니다. 물론 첫 번째 이야기가 더 유명한데 제가 말했듯이 처음부터 스토리텔링에 강한 그 기업이 부분적으로 이 이야기를 선택했기 때문이죠."

이야기를 요약하면 이렇다. 아서 기네스의 창고 중 한 곳에서 화재가 발생해 그곳에 보관되어 있던 맥아 중 일부가 불에 탔다. 그는 버리는 것을 주저하는 사람이라 당연히 자신의 소중한 보리싹을 버리지 않았고 이로써 의도치 않게 로스팅한 맥아를 이용해 즉흥적으로 맥주를 만들게 되었다. 그 결과물은 매우 흥미로웠고 고객들에게도 인기를 끌게 되자, 그는 로스팅한 맥아를 이용해 맥주를 전문적으로 생산하는 회사가 되기로 결정했다. 이것이 첫 번째 버전의 세렌디피티다.

무소는 두 번째 세렌디피티 이야기를 더 간단하게 요약했다.

"하지만 런던에 가면, 런던 상점 화재로 불에 탄 맥아를 사용하라고 양조장에 명령을 내린 찰스 2세에게 공을 돌리는 이야기를 듣게 될 겁니다. 이 맥주는 항만 노동자들에게 공짜로 제공되면서 포터, 즉 항만 노동자의 맥주로 불리게 됩니다."

1831년 기네스 양조장은 아일랜드에서 가장 큰 양조장이 되었고 1914년에는 세계에서 가장 큰 규모가 되었다. 오늘날 이 기록을 추월한 다른 생산자들이 있다면, 이는 기네스가 수년에 걸쳐 오리지널 스타일의 맥주를 고수하고 '더 쉬운' 제품군에 대한 탐색을 제한하기로 결정한 탓이다.

기네스는 오늘날 연간 20억 파인트(1갤런의 8분의 1 부피로, 1파인트는 영국에서는 0.57L, 미국에서는 0.47L다. 기호는 pt−옮긴이)의 맥주를 판매하고 있다. 가장 흥미로운 것은 한 번의 주말 동안 더블린에서 소비되는 기네스의 양이 1만 파인트(1,250gal, 4,730L)에 이르는 것으로 보인다. 금요일 밤 펍에 모인 남녀노소가 평온하고 행복하게 술잔을 반쯤 채우고 테이블 주위에 울려퍼지는 라이브 음악을 감상하는 모습이 그려진다.

이탈리아에서 우리에게 더 친숙한 버전은 알코올 도수가 4.3%로 낮은 것이지만, 가장 큰 수출품은 알코올 함량이 7.5%로 '도수가 높은' 버전인 포린 엑스트라Foreign Extra다. 현재 기네스 그룹은 약 50개의 공장을 보유하고 있으며, 이 맥주의 세계에서 두 번째로 가장 큰 시장은 예전 영국의 식민지였던 나이지리아다. 이곳은 영국 밖의 첫 번째 생산 기지이기도 하다.

테오 무소는 1980년대 후반에 자신의 레스토랑 르 발라딘에서 기네스 맥주를 팔기 시작했다. "저는 고객들이 (대부분 피오초 주변의 시골 사람들) 처음 이 맥주를 맛보았을 때 당황하던 반응을 아직도 기억합니다. '흑'맥주를 시음해보고 싶은 호기심은 있었지만, 로스팅한 커피와 초콜릿 향에 살짝 씁쓸한 홉의 맛까지 동시에 느껴지는 극단적인 맛이 날 것이라곤 예상하지 못했던 것이죠. 첫 모금에서 맥주의 독특함이 불쾌한 느낌을 덮어버렸고, 두 번째 모금에 마음이 끌리면서 그 후에는 이 맥주가 없으면 안 되게 됐지요. 이러한 현상은 항상 저를 매료시키고 놀라게 했어요. 그래서 이 맥주에 대해 많은 생각을 했지요."

결국 무소는 맥주를 직접 생산하기 시작했고 브룬Brune 스타우트를 만들었다. 그것은 쉽지 않은 일이었다. "맥아 로스팅 방법을 연구하면서 수제 맥주의 가치를 포기하지 않으려고 노력하다 보니 밤잠을 설치는 날이 많았습니다. 게다가 그냥 버려야 했던 테스트 맥주의 양을 생각하면…! 그러나 제 고객들의 욕구를 충족시키기 위해, 한편으로는 오랫동안 나를 매료시키는 동시에 괴롭혔던 전설을 기리기 위해 저는 전적으로 헌신했습니다."

1997년 발라딘의 첫 스타우트인 브룬이 마침내 등장했고 그 이후로 단 한 번도 생산이 중단된 적이 없다. 처음에는 피오초의 펍에서만 제공되었지만 나중에는 이탈리아에 있는 그의 모든 레스토랑에서 제공되었다. 물론 생맥주로. 이것이 요점이다. 브룬은 병맥주로 나오지 않는다.

무소는 오로지 손으로만 펌핑해서 서빙한다는 사실을 확인시켜주었다. "이는 가스의 '미는 힘'을 사용하지 않는 물리적인 동작으로, 탄산이 들어가지 않고 맥주 본연의 신선한 맛을 충실하게 유지시켜주지요. 때로 질소와 이산화탄소를 혼합하여 펌핑 하기도 하는데 이러한 방식은 기네스를 서빙할 때도 종종 사용됩니다. 원제품에 최소량의 가스만 주입시켜서 크림 같은 부드러움을 향상시키고 마시기 편하게 해주기 때문이죠."

우리는 그의 교과서적 지식과 정확성에 대해 부러움을 느껴야 한다. 나는 이탈리아의 다른 많은 양조장을 위해 길을 개척해준 그에게 감사해야 한다고 생각한다.

결국 기네스 스타우트가 더블린의 화재에서 탄생한 것이든, 런던에서 개발된 것이든, 아니면 그저 상업적인 결정의 결과물이든 그에게는 중요하지 않았다. "중요한 것은 기네스의 성공 덕분에 이러한 스타일의 맥주가 전 세계적으로 인기를 얻었다는 사실입니다. 첫 모금에 말문이 막히고, 두 번째 모금을 마시고는 자신의 콧수염을 핥게 되며, 세 번째 모금에서 이 맥주가 영원히 그들을 위한 맥주로 남으리라는 결정을 내린 많은 애주가를 행복하게 만들었다는 점이 중요하지요."

27

아이스와인/아이스바인

서리가 내린 후에만 얻을 수 있는 경이로움

|

오토 가이젤과의 대화

뮌헨에 있는 이탈리에서 오토 가이젤Otto Geisel과의 환상적인 저녁식사가 끝나가던 중이었다.

오토는 독일에서 가장 박식한 와인 감정가 중 하나로 꼽히며 전 세계의 와인을 모두 알고 있는 사람이다. 와인은 오토 가이젤이 살아가는 이유다. 물론 그의 가족이 첫 번째 이유지만.

15년 전 스페인 근방의 음식 및 와인 투어에서 그를 만났는데, 이 여행에서 그는 갈리시아의 알바리뇨Albariño와 칸타브리아의 알바리뇨의 차이, 바야돌리드에서 생산되는 다양한 베르데호verdejos들 간의 차이, 리오하의 템프라니요tempranillo에 대한 수십 가지 해석들 간의 차이에 대해 설명하며 내가 스페인 와인을 더 잘 이해할 수 있도록 도와줬다.

"이 와인의 향을 맡아보세요. 열에 의해 손상되어서 고무 냄새가 훅 올라옵니다. 만약 리오하 지역에서 템프라니요가 단일 재배 품종이라면 블랙커런트 향이 날 텐데, 그게 느껴지나요?"

우리는 그 여름 이후로 연락이 끊기지 않았고 종종 독일의 바이에른이나 그가 사랑하는 랑게에서 만나곤 했다. 그는 미슐랭 별을 획득한 펍을 소유한 가족의 3대 소유주며 몇 년 동안 레스토랑을 운영하기도 했다. 그러나 결국 그는 자신의 사업체들을 매각하고 와인 저널리즘과 컨설팅에 집중하기로 했다.

뮌헨에서의 저녁식사 자리로 다시 돌아가자.

그날 그는 와인들로 꽉 찬 자신의 집 저장고에서 놀라운 와인들을 가져왔다. 우리가 얼마나 많은 와인을 시음했는지는 잘 모르겠지만, 실바너silvaner · 리슬링riesling · 피노 누아pinot noir를 비롯한 몇몇 와인들의 탁월한 품질은 분명히 기억하고 있다.

오토가 블라인드 시음을 위해 와인 하나를 꺼냈을 때 식사는 거의 끝나가고 있었다. 그 와인은 호일로 완전히 감싸져 있어 출처를 알 수가 없었다.

"이제 이 와인에 대해 어떻게 생각하는지 말씀해주세요." 그가 나의 잔을 채우면서 말했다. "마음에 드시나요? 이게 무슨 와인인지 아시겠어요?"

와인은 정말 훌륭했다. 아주 달콤하지만 전혀 질리지 않았는데, 사실 이탈리아의 파시티passiti나 프랑스의 무파티muffati 디저트 와인들에서는 절대 맛볼 수 없는 산미를 가지고 있었다. 단맛과 산미가 동시에 느껴지는 순수한 즐거움을 주는 와인이었다. 나는 대개 스위트 와인은 한두 방울 정도만 마시는데 이 와인은 최소 두 잔은 마셨고 식사 중에도 마시곤 했다.

그래서 그 와인은 무엇이었을까? 오토는 자랑스러워하는 게 분명했고 준비된 답을 가지고 있었다.

"독일 최고의 아이스바인Eiswein을 마시고 계신 겁니다. 요즘은 캐나다가 주 생산국이기 때문에 아이스와인이라고 불리지만, 이건 여기 독일 프랑켄에서 만들어졌으니 진짜 이름인 아이스바인으로 불려야 합니다."

그 유명한 아이스와인. 사실 이 와인을 마신 건 이번이 처음은 아니었지만 이토록 나를 흥분시킨 것은 처음이었다. 아마도 예전에는 이 와인에 대해 설명해줄 오토가 없어서 그랬을 수도 있고, 그 와인의 생산자들이 '고미요^{Gault and Millau}'(1965년 고트와 미요에 의해 창간된 프랑스의 레스토랑 가이드북-옮긴이)의 와인 가이드에서 100점 만점에 100점을 받은 호르스트 자우어^{Horst Sauer}의 기준에는 미치지 못했기 때문일 수도 있다.

이 와인에 대해 더 많은 것을 알고 싶었다.

*

문제의 해인 1794년, 뮌헨에서 북쪽으로 250km 떨어진 운터 프랑켄의 주요 도시 뷔르츠부르크라는 마을에서 일어난 일이다. 그곳은 리슬링·실바너·피노 블랑 와인으로 유명한 마을이었다.

그러나 그해에는 서리가 9월부터 때 이르게 내리기 시작해서 11월까지 계속되었다. 와인 생산자들은 절망에 빠졌지만 어쨌든 얼어버린 포도송이를 수확하기로 결정했다. 그들은 얼어버린 포도로 와인을 만들 수 있으리라고는 전혀 기대하지 않았다. 하지만 전혀 못 만드는 것보다 조금이라도 만드는 게 나을 것 같아 일단 시도했다. 그 결과 양적인 면에서는 사실 변변치 못했지만 품질 면에서 놀라운 신세계를 발견했다. 진한 과즙과도 같은 이 와인은 몹시 달콤했고 고객들의 사랑을 받았다. 그해부터 쭉 와인 생산자들은 수확 전에 서리가 내리기를 기다렸다.

이렇게 아이스와인은 예측할 수 없는 자연 현상과 독일 농부들의 고집으로 탄생하게 되었다. 이것은 대대로 전해 내려오는 이야기지만 이것이 유일한 이야기는 아니다. 아이스바인의 탄생지라고 주장하는 또 다른 작은 마을이 있는데 라인헤센 와인 지역에 있는 드로머스하임이라는 곳이다. 이곳은 뮌헨에서 400km 이상 떨어진 훨씬 더 북쪽에 있는 지역인데 여기서 이들은 1829~30년 겨울에 최초의 아이스와인을 만들었다고 주장한다.

이 이야기들 중 하나는 사실일까? 아니면 두 이야기 모두 대를 이어 전해지는 과정에서 과장된 것일까? 우리로서는 알 수 없지만 이 선구자들이 오늘날 우리가 마시고 있는 아이스와인을 개척한 사람들이라는 사실은 유효하다.

한스 게오르그 암브로시Hans Georg Ambrosi 박사가 이 와인을 만드는 기술을 완성했는데, 오늘날 그는 '아이스바인의 아버지'로 알려져 있다고 오토는 설명했다. "한스는 라인란트의 유명한 에버바흐 수도원Kloster Eberbach의 수장이었습니다. 그가 이 와인을 생산하기 시작하면서 '운 좋은' 수확을 할 때마다 와인이 점차 좋아졌죠. 운이 좋다는 말은 포도가 얼었다는 말입니다. 곧 많은 다른 독일 와인메이커들이 이를 모방하게 됩니다."

그러니까 독일이 아이스바인의 정당한 어머니 자격을 가지고 있다고 할 수 있지만, 기후 변화로 인해 더 이상은 매년 아이스와인을 생산할 수 없었다. 위도상 서리가 보장된 캐나다는 1970년 대에 이 시장에 진입했다. 현재 캐나다는 전 세계에서 아이스와 인의 주요 생산국이다.

그리고 오토는 독일 제품을 선호하기는 하지만 매년 독일에서 이 와인을 만드는 것은 더 이상 불가능하다는 점도 알고 있다. 적 절한 기후 조건, 짧은 일정, 복잡한 포도 밟기 기술 등이 아마도 아이스바인, 그중에서도 좋은 아이스바인이 그토록 비싼 이유를 설명해준다.

나는 오토에게 아이스와인이 어떻게 만들어지는지 설명해달 라고 부탁했다.

"주의할 것은, 와이너리에서 급속 냉각기로 포도송이를 얼려서 만든 인공적인 아이스바인도 있다는 사실이에요. 한 모금만 마셔 도 알아차릴 수 있죠. 물론 훨씬 저렴한 가격만 봐도 알 수 있지 만요. 이곳 프랑켄에서는 믿을 수 없을 정도로 많은 돈을 버는 생 산자들이 정말 많습니다! 이들은 집중적인 가지치기를 통해 남은 포도들이 최대한 오래 건강한 상태를 유지할 수 있도록 포도밭을 운영합니다. 실바너와 리슬링 품종이 생명력이 강하고 병충해에 도 저항력이 있기 때문에 이런 유형의 와인에 적합하죠. 그리고 포도는 새와 야생 동물들로부터도 보호되어야 합니다.

10월이 시작되면 포도나무에는 죽은 잎이나 겨우 매달려 있는 잎이 전혀 없어야 하고, 더 이상 수분의 흡수가 일어나지 않는 11 월 중순부터는 끝까지 달린 잎들을 손으로 제거해야 합니다. 이 시점에서 생산자들이 할 수 있는 모든 것은 그달 말까지 포도가 100% 건강한 상태를 유지하기를 바라는 것뿐입니다. 그런 후 이들은 서리를 기다리죠. 운, 또 운, 그리고 더 큰 운이 필요합니다. 가격이 비싸다는 생각이 들 수도 있겠지만 결국 그 가격도 이 와인을 만드는 데 수반된 노력과 수많은 불운을 완전히 보상해주지는 못하죠."

일반적으로 모든 농업은 예측하기 힘든 변덕스러운 날씨에 의존하지만 아이스바인은 특히 더 그렇다.

오토는 1980년대와 1990년대에 첫서리는 11월 중순에서 12월 말 사이에 내리곤 했다고 말했다. 이제는 1월까지 기다려야 한다. 이들이 특정한 지점까지 최선을 다하고 나면 모든 것은 추위에 달려 있다. 이것이야말로 진정한 기후 챌린지다. 모든 것이 순조롭게 진행되면 포도를 수확하기에 적절한 어느 날의 밤을 골라야 한다. 구름 한 점 없이 별이 빛나는 밤이 하루나 이틀 정도 필요하다. 모든 것은 신속하게 이루어져야 한다. 포도를 따서 저장실로 옮겨 압착을 시작해야 하는데 이때 포도송이들을 조심스럽게 다루어야 한다. 이들은 아침이 될 때까지 영하 10℃ 안팎의 날씨에 포도를 수확한다.

오토는 또 다른 전문가인 호르스트 자우어의 증언도 들려주었다. 그는 업계에서 가장 위대한 독일 아이스바인 연구자로 내가 방금 블라인드 시음을 한 와인의 생산자이기도 하다. 그는 30년 동안 포도를 수확하여 아이스와인과 관련된 온갖 모험을 해본 사람이었다. "제 친구인 호르스트가 이런 말을 한 적도 있어요. 어떤 해에는 새벽 5시까지 포도를 따다 멈추고 영하 9℃로 기온이 떨어지는 아침 8시에 다시 포도를 따러 돌아가야 했답니다. 아침 7시에 수확을 중단해야 했던 때도 있었는데 기온이 4℃ 올라갔기 때문이었죠. 이럴 때는 다음날 밤까지 기다려야 했습니다. 얼음이 전혀 얼지 않은 몇 년간은 말할 것도 없죠! 이 와인을 위해 포도즙을 내는 데는 많은 인내심이 필요한데, 수분이 얼음에 갇혀 포도송이의 중간에 농축된 즙만 사용하기 때문이죠."

마지막 한 모금의 아이스와인을 마시자 내 입속에서는 '자연이 우리에게 준 위대한 물질'에 대한 경이로움이 즉각적으로 느껴졌다. 그러나 자연만으로는 충분하지 않다. 손에 온도계를 거머쥐고 두근거리는 가슴과 함께 포도를 수확하고, 인내심과 예리한 촉각으로 무장한 고도의 정밀함으로 압착하는 등 포도밭에서의 중노동도 필요하다. 이 소량의 와인을 얻으려고 그토록 많은 '요소'들이 투입되는 것이다. 그래서 이것은 고급 와인이다. 혹은 믿을 수 없는 와인이라는 표현이 더 나을 듯하다. 이는 오토가 사용한 단어다.

나는 다시는 '아이스바인이 비싸다'는 말을 하고 싶은 유혹에 넘어가지 않을 것이다. 아이스바인은 그야말로 경이롭고 그만한 가격표에 걸맞은 가치가 있다.

28

러시안 샐러드

때로는 돌아오는 것도 있다

|

카를로 크라코와의 대화

러시안 샐러드의 기원을 둘러싼 미스터리 혹은 다소 미스터리 같은 이야기들은 음식에 관한 가장 인상적인 세렌디피티 스토리들 중 하나다. 이 레시피가 어떻게 고안되었는지에 대해서는 적어도 네 가지 다른 이야기가 있다.

하나는 실제로 러시아에서 시작되었다는 내용이고, 다른 하나는 이탈리아(정확히는 피에몬테)에서 기원했다는 내용이며, 또 다른 것은 카트린 드 메디치(이탈리아인)의 이야기와 얽힌 프랑스 기원설이다. 마지막으로 폴란드판도 있는데 여기에서도 이탈리아의 기운이 느껴진다. 왜냐하면 이 이야기의 배경에 있는 여성이 폴란드 왕 지그문트 1세와 결혼한 밀라노 공작의 딸, 보나 스포르차Bona Sforza이기 때문이다.

여기서는 처음 두 가지 이야기를 자세히 다룰 것이다. 내가 가장 신뢰하는 이야기들이며 서로 겹치는 부분이 있을 수도 있다.

*

우리가 만약 모스크바나 상트페테르부르크에 가서 러시안 샐러드를 찾으면 러시아인들은 우리를 이상하게 볼 것이다. 대체 그것이 무엇인지를 모르기 때문이다. 우리가 알고 있는 러시안 샐러드를 원한다면 올리비에Olivier 샐러드를 주문해야 한다.

1860년 모스크바에 있는 그랜드 호텔 허미티지의 수석 셰프인 루시앙 올리비에^{Lucien Olivier}는 차갑게 식힌 익힌 채소들과 마요네즈로 만든 샐러드를 고안했다. 그러나 당시는 허례허식을 일삼던 차르 제국 시절이었고 그는 이 샐러드를 메추라기, 민물 새우, 트러플 등으로 꾸며서 내놓았다. 이 샐러드는 즉각적으로 인정을 받았고 크게 성공했다.

그러나 1917년 혁명 기간 동안 이 호텔이 점령당하면서 호텔 레스토랑이 다시 운영되기 시작했을 때는 새로운 기준에 따라 소박한 버전의 올리비에 샐러드를 내놓았다. 사치스러운 재료 대신 러시아에서 흔히 구할 수 있는 감자와 당근의 비율을 높인 것이다. 그리고 이것이 오늘날 모스크바의 많은 식당에서 여전히 서빙되고 있는 올리비에 샐러드다.

흥미롭게도, 이보다 몇 년 앞서 피에몬테에서 차르가 포함된 중요한 러시아 대표단이 사보이를 방문했고 그들은 라코니지 왕궁에서 호화로운 연회를 열었다.

그때 인살라타 루사^{insalata rusa} 혹은 붉은 샐러드(비트가 들어갔기 때문)로 알려진 샐러드가 꽤 인기 있었다. 어떤 사람들은 익힌 채소를 버무리는 데 크림이 사용되었다고 말하지만, 대부분의 사람은 그것이 프랑스 스타일의 마요네즈였다고 믿는다. 어쨌든 인살라타 루사가 갈라 디너의 메뉴에 올랐다. 마지막 순간에 라코니지 궁전의 수석 셰프는 비트 대신 러시아에서 가장 흔한 감자, 당근, 완두콩을 사용해 이 걸출한 손님들을 위한 맞춤 음식을 제공하기로 결정했다. 이 새로운 음식의 이름을 지을 때 그는 단순히 원래의 이름에 's'를 하나 더 추가해서 인살라타 루사insalata russa라 불렀다. 인살라타는 샐러드, 루사는 러시아를 의미하므로 단어 그대로 러시안 샐러드다. 차르가 이 샐러드에 너무나 열광적인 반응을 보이면서 집으로 가져갈 수 있도록 레시피를 달라고 요청했다는 이야기가 있다. 이 레시피가 다시 루시앙 올리비에에게 전해졌는지 궁금하기도 하다.

나는 이 요리와 특별한 관계가 있는 카를로 크라코Carlo Cracco와 러시안 샐러드에 대한 대화를 나눴다. 그는 피에몬테 버전의 이야기를 더 좋아하는 경향이 있지만 앞에서도 얘기한 바와 같이 어떤 음식이든 그 역사에는 다양한 버전이 있기 마련이고 모든 버전마다 조금씩은 사실이 포함되어 있다.

"사실 이야기가 한 세대에서 다음 세대로 전해지는 과정에서 새롭게 살이 붙어 전달되고 결국에는 전설이 됩니다. 그러나 우리는 실질적인 증거를 가지고 있어요. 펠레그리노 아르투시가 1891년에 내놓은 『주방의 과학과 미식의 기술』이라는 두꺼운 책인데, 그는 그 책에서 러시안 샐러드가 매우 이탈리아적이라고 묘사하며 러시안 샐러드에 한 챕터 전체를 할애했습니다. 그리고 그의 레시피에는 안초비도 들어갔죠."

밀라노의 비토리오 에마누엘레 2세 갤러리아에 있는 크라코의 레스토랑은 멋진 곳이다. 그의 요리는 엄격하지만 혁신적인데 나는 이 점을 좋아한다. 이탈리아의 가장 국제적인 도시에 딱 필요한 것이다. 그리고 그는 이 샐러드에 많은 노력을 기울여왔는데 이는 욕을 먹기도 하고 동시에 감탄을 자아내기도 했다.

"이 요리와의 인연은 제가 요리를 시작하자마자 시작되었습니다. 그러니까 케이터링 학교에 다니면서 식당에서 업무 경험을 쌓았던 소년 시절부터 말이죠. 저는 우리가 집에서 요리하던 것이나 제가 익숙한 모든 것과 전혀 다른 음식의 세계로 던져졌지요. 때는 카프리초사capricciosa 샐러드, 샴페인 리조토, 연어 또는 프로슈토를 넣은 보드카 펜네, 크림 완두콩 등 기름진 고칼로리의 음식들의 황금기였던 1970년대 후반에서 1980년대 초반이었습니다. 러시안 샐러드는 번영의 시대, 호화로운 미식의 시기에 가장 중요한 음식 중 하나였을 겁니다. 갖가지 채소들과 마요네즈로 만든 차가운 안티파스토antipasto(이탈리아의 전채요리) 감각을 선명하게 해주기보다 입안을 채우는 데 더 초점을 두었지요. 이 샐러드와 저의 관계는 언제나 기복을 보이며 이어졌다고 생각합니다."

러시안 샐러드는 카를로가 어렸을 때부터 거부할 수 없는 특별한 음식, 그리고 카를로의 열정이 담긴 음식이었다. 하지만 그가 레스토랑에서 일하면서 상황이 복잡해졌다. 러시안 샐러드는 수요가 많았기 때문에 항상 손님들에게 내놓을 수 있도록 대량으로 만들어야 했다. 그에게 주어진 첫 번째 과제는 채소를 준비하는 것이었다. 그는 채소를 씻어 적당한 크기로 자르고 최상급으로 익힌 다음 차게 식혔다.

카를로는 동료들과 나란히 서서 러시안 샐러드 재료 준비로 씨름하던 피곤한 오후의 시간들을 아직도 기억한다고 말했다. "그 시간들은 끝이 나질 않았어요. 제게는 후회의 시간과도 같았습니다. 매번 감자나 당근, 콩, 완두콩 같은 재료들을 수십 킬로그램씩 준비해야 했기 때문에 스트레스를 받았죠. 더구나 뭔가 잘못되면, 말하자면 채소를 너무 오래 익히거나 하면 모든 것을 버리고 처음부터 다시 시작해야만 했어요. 그러면 작업자들은 허둥지둥할 수밖에 없게 되었죠. 이게 그 무엇보다도 역설적인 상황이었는데, 러시안 샐러드 때문에 뼈빠지게 일하면 일할수록 더 넉넉한 양을 만들어 손님 테이블에 내놓을 수 있었지만, 양이 많으면 많을수록 웨이터들의 판매 역량이 더욱 중요해졌어요. 며칠만 지나도 상태가 나빠질 것이기 때문이었죠. 더 이상 그 샐러드를 만들지 않아도 되었을 때는 너무 후련해서 일조차도 마치 휴가처럼 느껴질 정도였습니다!"

꽤 오랜 시간 러시안 샐러드는 사실상 그의 삶에서 사라졌다. 그는 구알티에로 마르케시Gualtiero Marchesi와 일하기 위해 떠났고 새롭게 옮긴 곳에서는 러시안 샐러드가 메뉴에 없었다. 처음에는 이 사실에 놀랐지만 얼마 지나지 않아 그는 혁신적인 마르케시가 러시안 샐러드에 퇴장 명령을 내린 사실을 깨달았다. 마요네즈도 감자도 익힌 채소도 모두 퇴장당했다.

그러나 때때로 어떤 것들은 다시 돌아온다. 2000년대 초 러시안 샐러드는 예상치 못한 방식으로 카를로의 삶으로 돌아왔다.

"아시겠지만, 사실 그건 사라진 적이 없었어요. 여전히 사람들은 이 샐러드를 기꺼이 구매하고 있었고 밀라노에서 가장 중요한 식재료 매장인 펙Peck 델리에서는 매주 엄청난 양을 만들고 있었습니다. 펙의 소유주이자 제가 새롭게 오픈한 레스토랑의 파트너이기도 한 마리오 스토파니Mario Stoppani가 우리에게 장난 반, 불멸의 음식이라 보였던 것에 승부를 걸어보고 싶은 유혹 반으로 도전장을 던졌지요. '자네들은 정말 영리한 사람들이지. 그런데 우리만큼이나 러시안 샐러드를 훌륭하게 만들 수 있을까?'라고 그가 물었어요."

카를로와 당시 그의 오른팔이었던 마테오 바로네토Matteo Baronetto가 작업에 들어갔다. 그들의 가장 큰 딜레마는 이 요리를 어떻게 재해석할 것인가였다. 분명한 것은, 단순히 재료를 바꾸거나 샐러드를 더 가볍게 만드는 것만으로는 충분하지 않을 것이라는 점이었다. 카를로는 자신들이 대담하게 앞으로 더 나아갈 필요가 있다고 느꼈다. 그는 요리에 대한 자신의 생각에 부합하는 러시안 샐러드를 창조해야 했지만, 어디에 이 음식이 맞을지, 어떻게 서빙해야 할지도 생각해야 했다.

당시 분자요리로 유명한 요리연구가 페란 아드리아Ferran Adrià가 주도한 음식 혁명의 여파로 요리 분야에서는 재료 및 식감과 결합된 연구가 스포트라이트를 받고 있었다. 어떤 한 재료의 형태에서 깨달음을 찾았는데, 이는 이소말트isomalt라고 불리는 흥미로운 제품으로 제과 산업에서는 막대 사탕의 감미료로 사용되던 것이었다.

카를로가 말했다. "딱 맞는 배합을 찾는 데 약 6개월이란 시간이 걸렸어요. 하지만 우리의 출발점은 이소말트의 달콤함이었습니다. 이 재료는 우리의 레시피에 변화를 주고 펙의 도전에 미식적으로 응답하는 데 필요한 도약대 같은 것이었죠."

이렇게 캐러멜을 입힌 러시안 샐러드가 2004년에 세상에 나왔고 두 장의 얇은 이소말트 웨이퍼 사이에 샐러드를 넣고 밀봉한 형태로 서빙되었다. 토치로 웨이퍼에 열을 가하면 단단하지만 가벼운 봉투 같은 것이 만들어져서 한 입 베어물면 바삭하게 부서졌다.

이는 두 가지 측면에서 좋은 결과를 낳았는데, 첫 번째는 맛이라고 크라코는 설명했다. 외피의 단맛은 내부의 버터 같은 식감과 톡 쏘는 맛에 균형을 잡아주고 이소말트의 바삭한 질감이 소스와 채소의 부드러움과 조화를 이루는 역할을 함으로써 촉각의 관점에서도 효과적이었다.

그 내기가 어떻게 끝났는지 궁금한가? 두 가지 모두를 먹어본 누군가의 공정한 판단에 따르면 도전은 성공했다.

카를로가 미소를 지었다. "물론 제가 편견을 가지고 있긴 하지만, 이 여정의 끝에서 우리는 실제로 펙의 러시안 샐러드만큼 훌륭한 걸 만들어내게 됐습니다. 그리고 마리오 스토파니는 이렇게 말했죠. '잘했네. 이제는 러시안 샐러드를 쭉 만들어야 할 걸세!' 이렇게 우리는 제자리로 돌아왔어요."

카를로는 자신이 초반에 했던 일로 다시 돌아왔다. 그러나 그 사이에는 15년 전 그의 메뉴에 등장한 이래로 지금까지 자리를 지키고 있는 시그니처 요리인 '그'의 러시안 샐러드를 위대한 음식으로 만들어준 연구와 경험, 실험의 시간들이 있었다.

"이것은 여전히 러시안 샐러드지만 기존의 것과는 맛이 다릅니다. 저의 인생사 중 많은 부분을 함께해온 음식 러시안 샐러드를 통해 미래를 내다보는 동시에 고전과 전통을 재등장시킴으로써 과거와 현재를 통합할 수 있었습니다."

29

와인 마르살라

기묘한 피해자

|

레나토 데 바르톨리와의 대화

마르살라^{Marsala}는 뛰어난 와인이지

만 그에 걸맞은 인정을 받지 못하고 있다. 좋은 레스토랑들의 메

뉴를 보면 포트^{port}·마데이라^{Madeira}·파시토^{passito} 와인들은 찾을 수

있지만 마르살라는 흔적조차 없는 경우가 많다.

심지어 수년 동안 마르살라의 생산자들조차도 (물론 다 그런 것

은 절대 아니지만) 여러 가지 변형된 방식과 향료를 넣음으로써 자

신들의 와인을 잘못 취급했고, 종종 최고 가격을 목표로 하는 마

케팅 전략에 초점을 맞추느라 이 와인을 잘못 표현하기도 했다.

그럼에도 불구하고 센세이션을 일으킨 몇몇 마르살라 와인들

도 있었는데 모든 면에서 일부 세계적 고급 강화 와인들만큼이나

우수했다. 그중 하나는 마르코 데 바르톨리^{Marco De Bartoli}가 생산하

는 마르살라 와인이다. 내가 마르살라에 대한 이야기를 해야 할

때는 그의 아들 레나토^{Renato}와 나누었던 대화를 기억해냈다. 그

는 진정한 시칠리아 사람으로 자신의 고향을 사랑하지만 그의 말

처럼 자신보다 앞서 이 지역과 사랑에 빠졌던 것은 영국인들이

었다.

'태양이 작열하는 시골 마을, 하얀 모래 언덕, 에메랄드 빛이 도

는 수정처럼 맑은 바다, 무어^{Moor} 양식을 연상시키는 거대한 성

벽.' 18세기 후반 영국인들은 마르살라를 이렇게 표현했다. 영국

상인인 존 우드하우스^{John Woodhouse}는 폭풍을 만나 우연히 마르살

라에 상륙했고 한 선술집으로 피신했는데 그곳에서 기존의 유명한 스페인 와인들인 마데이라나 셰리, 포트와 아주 유사한 맛을 가진 현지 와인을 마시게 된 것으로 알려져 있다.

이렇게 1773년의 폭풍으로 인해 세렌디피티 사례가 시작되었다. 그러나 레나토는 노련한 상인이었던 영국인들이 이미 한동안 서부 시칠리아에 관심을 갖고 있었기 때문에 낭만적인 전설을 경계해서 들어야 한다고 말했다.

영국 상인들의 이야기는 소다회(공업용 탄산소다)나 바릴라 barilla(함초, 맹그로브, 해조류 등 소다회의 공급원인 식물을 말함-옮긴이) 그리고 당시 1만 8,000ha가 넘는 지역에서 자라며 시트러스 향의 향신료와 가죽 염료로도 사용되던 열대 옻나무와 관련이 있었다. "그리고 시칠리아 광산에서 채굴된 유황의 대대적인 거래도 잊어서는 안 됩니다. 지난 세기에 가장 번성했던 와인 산업 중 하나를 시작했던 사람들은 경험이 없는 사람들이 아니었고, 마르살라 주변 지역의 가능성을 재빠르게 알아차린 사람들이었죠. 모두 같은 북위선인 '태양의 띠'에 위치한 카디스Cadiz · 마데이라 · 헤레스Jerez 지역들과는 분명한 유사성이 있었습니다. 게다가 당시 영국인들은 모래 석회암 토양, 기후, 포도 품종들의 특성이 모두 어우러지면 리큐어처럼 알코올 도수가 높은 와인을 만들 수 있다는 점을 알아차렸죠. 리큐어는 지금도 그렇게 만들어지잖아요."

레나토는 당시의 무역 이야기를 매우 잘 알고 있었다.

"우드하우스는 이 모든 상황에서 이익을 취하는 방법을 알았고 1773년부터 이 와인을 마데이라의 모조품으로 수출하기 시작했는데 첫 번째 선적은 리버풀로 향했습니다. 1796년에 그는 마르살라로 영구 이주했고 한창 이름을 알리고 있던 이 와인을 만들기 위해 마을 성벽 바로 밖에 있는 참치 어장을 베일리로 개조했습니다. 또 와인이 긴 항해를 견딜 수 있도록 알코올 2%를 추가하여 강화했습니다. 그러니까 412L의 마르살라를 운반하는 일반적인 나무통인 피파pipa 하나당 정확히 2갤런의 알코올이 들어갔습니다.

그러다가 1800년 브론테Bronte 공작인 넬슨 제독이 우드하우스의 사업에 큰 도움을 주었습니다. 그는 브론테 마데이라라고 이름 붙인 폐하의 함대를 위해 직접 선택한 500통에 이르는 다양한 와인들을 원했습니다. 시간이 흐르면서 마르살라에서 만들어지는 모든 화이트 와인에는 시칠리아 마데이라 혹은 단순히 시칠리아를 붙여 구분했습니다.

한편 1806년 새로운 와인 생산 개척지에 이끌려 요크셔에서 또 다른 영국인이 마르살라로 왔습니다. 그는 벤저민 잉엄Benjamin Ingham이라는 사람으로 1812년에 우드하우스의 베일리에서 1마일 떨어진 해안가에 두 번째 베일리를 만들었습니다.”

그러나 레나토의 설명대로 이 두 영국인들의 접근 방식은 아주 달랐다. 우드하우스가 이베리아반도의 와인 부족 문제를 해결할 방안을 발견한 사람으로 인정받았다면, 잉엄은 품질에 초점을 맞춘 생산 시스템을 최초로 도입한 사람으로 인정받았다. 그는 가이드라인북을 제작하여 관련 사업의 큰 성장을 이끌기도 했다. 사실 그는 와인 역사상 최초로 비즈니스 네트워크를 조직한 사람으로 대리점들과 유통업자들에게 수수료를 주고 위탁하는 아이디어를 도입했는데 이 방식은 미국 보스턴에서 시작되어 나중에는 다른 큰 도시들로 확장되었다. 우드하우스가 주로 오스트리아-헝가리 제국, 영국 등 유럽 시장에 집중하는 동안 잉엄은 대서양의 다른 편을 바라본 것이다.

이 시점에서 당연한 질문이 하나 떠올랐다.

"그럼 당신네 시칠리아 사람들은 언제 등장하는 겁니까?"

"1800년대 중반 무렵입니다. 이베리아 와인으로부터 해방되기 위해 첫 번째 중요한 발걸음을 내디딘 것은 빈센조 플로리오 Vincenzo Florio라는 칼라브리아 사람이 마르살라에 도착하여 두 영국 거물들 사이에서 새로운 베일리를 만들기 시작했을 때였습니다." 플로리오 가문의 사람들은 전혀 다른 분야에서 활동했던 사람들이었지만 모두 아주 성공적이었다. 이들은 통조림 참치가 실제로 개발되었던 파비냐나Favignana 참치 어장을 소유했고, 이탈리아 왕국 전체를 연결하는 99척의 배로 향신료와 유황 무역에 관여하기도 했다.

"그렇다면 왜 그걸로 만족하지 않은 걸까요?"

"빈센조가 마르살라를 좋아했기 때문이죠. 사실 사랑했어요." 레나토는 계속 말을 이어갔다. "그리고 20년도 채 지나지 않아 그는 와인메이커로 자리잡았습니다. 이 와인을 마르살라라고 처음으로 부른 이도 아마 빈센조였을 겁니다. 19세기 후반에는 마르살라 현지 주민들도 발을 들이기 시작했고 당시에 거대한 와인 생산 구역을 구축했지요. 마르살라 시골 전체에 분포되어 있는 약 250개의 회사가 와인을 만들거나 이를 위한 포도를 생산하고 있었어요. 이 회사들 중 최소 60곳은 마르살라를 전문으로 만들었고 이를 중심으로 한 모든 활동들이 많은 관련 산업을 낳았습니다."

그러나 시장의 원리는 무자비했다. 그리고 다른 모든 성과와 마찬가지로 여기에도 반갑지 않은 이면이 있었다. 가격과 품질을 보호하기 위해 공동 전선을 펴는 대신 이 지역 생산자들은 자기들끼리 치열한 경쟁을 벌이기 시작한 것이다. 판매를 신장시키려는 의도였던 가격 낮추기의 결과는 오히려 20세기 초 전체 마르살라 산업을 위기에 빠트렸다. 그 후 수십 년 동안 되돌릴 수 없는 상황이 전개되었고 한 세기 만에 이 시스템은 붕괴되었다.

레나토는 좀 더 상세히 설명했다. "마르살라 생산량은 당시 생산 시설로는 엄청난 규모인 150만hL(헥토리터, 1hL=100L)로 1898년 정점에 이르렀습니다. 마르살라와 그 주변 지역들은 수요를 충족시킬 수 없자 파르티니코, 카스텔베트라노, 캄포벨로 디 마자라 등과 같은 이웃 마을들, 멀리 알카모와 심지어 에트나 주변의 몇몇 지역들까지도 끌어들였습니다. 이 기록은 서서히 그러나 가차 없이 감소세로 이어졌고 1950년대에는 생산량이 70만~80만hL까지 떨어졌어요. 그러나 이러한 하향세가 그때까지는 큰 피해를 주지 않았고 마르살라는 여전히 강한 경제력을 가진 지역이었죠. 오늘날에는 총 10개 미만의 회사가 최대 7만hL를 생산합니다."

그가 무슨 말을 하는지 알고 있다는 걸 표현하기 위해 나는 고개를 끄덕이며 물었다. "그 숫자가 그렇게 나쁜 건 아니지만 문제는 이 와인이 만들어지는 방식이죠. 그렇게 생각하지 않나요?"

"저에게 가장 비극적인 것은 마르살라의 약 90%가 닭고기와 붉은 고기의 풍미를 더하기 위해 요리에 사용되거나 식품 통조림 산업에서 사용되는 모조 마르살라라는 점입니다. 그런 마르살라는 지역의 와인 생산 가치를 나타내는 감각적인 특징이나 정체성을 가지고 있지 않아요. 가장 중요한 것은, 이 모조 버전이 마르살라의 진정한 가치를 가리는 부작용을 만들어낸다는 점입니다. 마르살라의 진정한 가치란 숙성이 세대에 걸쳐 이루어지고 거기에 투자되는 노력을 통해 나타나기 때문이지요."

나는 그에게 어떤 품종의 포도가 사용되는지 더 설명해달라고 부탁했고 그는 몇 가지를 소개했다. 18세기 후반으로 거슬러 올라가면 카타라토와 인졸리아 포도가 기록상에 있지만, 화이트 품종들인 구아르나치아·그레코·말바시아·다마스키노 등을 포함하여 그 이후로 사라진 다른 품종들도 있었다.

피냐텔로·네렐로·칼라브레제와 같은 일부 레드 품종들도 사용되었는데 오늘날에도 루비 마르살라 와인에는 여전히 사용되고 있다.

20세기 초에는 그릴로grillo 포도가 등장했다. 이는 카타라토와 지비보 품종의 교배를 통해 필록세라^{phylloxera}(진딧물의 일종–옮긴이) 시대 후에 나타났고 마르살라를 향상시키기 위해 특별히 고안된 품종이었다. 레나토는 내가 너무나도 좋아하는 베키오 삼페리$^{Vecchio\ Samperi}$(페르페투움^{perpetuum} 방식으로 숙성된 비강화 와인)는 100% 그릴로 포도로 만들어진다고 알려줬다. 이상적이면서도 용도가 다양한 이 포도는 밀짚색에서부터 호박색에 이르는 여러 와인을 만들기 위해 어느 정도 익었을 때 수확된다. 자연적으로 알코올 함량이 높고(약 15~17%) 톡 쏘는 맛과 드라이한 맛이 강하며 훌륭한 구조를 가지고 있다. 그러나 알코올을 추가하여 강화된 것을 포함해 변형된 버전들이 많이 나왔고 이는 시간이 흐르면서 그토록 많은 혼란을 야기한 이유들 중 하나다.

베키오 삼페리를 맛보게 되는 사람이라면 누구나 한 모금만 마셔도 잘 만들어졌고 자연스러우며 오래 숙성된 마르살라를 거부할 수 없다는 사실을 깨달을 것이다. 하지만 레나토 데 바르톨리와 같은 생산자조차도 오늘날 많은 마르살라가 만들어지는 방식에 대해 비판하지 않을 수 없다.

"시간이 지나면서 생산과 정체성 모두에서 많은 혼란이 생겼어요. 애초부터 영국인들은 마데이라를 저렴하게 흉내 내려는 계획적인 의도로 마르살라를 만들기 시작했습니다. 그 후 마르살라 현지 주민들은 유일한 차이점이라고는 강화^{fortification}뿐인 대체 와인을 만들고 있다는 사실도 모른 채 영국인들을 따라하기만 했죠. 친가, 외가 모두 마르살라에서 기업을 하던 할아버지를 둔 제

아버지는 1970년대에 이 비도덕적인 저가 와인 생산에 종지부를 찍을 시간이 되었음을 깨닫고 자신의 사업을 시작했습니다. 아버지는 1978년에 마르코 데 바르톨리를 설립했고 테루아, 즉 포도밭과 포도 품종의 중요성을 인식하도록 '프랑스식' 모델을 도입했습니다. 그리고 전통적인 지역에서 생산되는 와인들의 가치를 홍보하기 시작했어요. 예를 들어 페르페투오Perpetuo는 자연적으로 알코올 성분이 있어서 강화되지 않았기에 마르살라 DOC(원산지 통제규정)라고 주장할 수도 없었어요. 그런 이유로 이 와인에 지역의 이름인 베키오 삼페리라는 이름을 붙였습니다. 이 와인은 영국인들이 개입하기 이전에 있었던 유일한 마르살라 와인이었고 이 지역이 이상적인 지형이라는 것을 보여주는 증거였어요."

레나토는 이렇게 결론을 지었다. "제 생각에는 이것이 '열등한 자의 자식'이라는 굴레에서 마침내 벗어날 수 있는 유일한 길입니다. 우리는 우리 땅의 가치를 되찾아야 해요. 희망적인 말로 마무리를 하자면, 시간은 좀 걸리겠지만 마르살라의 젊은이들이 결국에는 거기에 도달하는 걸 보게 될 거예요."

30

칵테일 네그로니 스발리아토

액상의 인류학이 낳은 상큼함

다비데 핀토와의 대화

네그로니 스발리아토^{negroni sbagliato}

는 많은 칵테일 바에서 오리지널 네그로니보다 더 인기 있다. 이 칵테일은 네그로니의 진^{gin}을 스파클링 와인, 그중에서도 메토도 클라시코^{Metodo Classico}로 대체한 것이다. 이는 개발이 아닌 엄청난 실수로 인한 결과였다.

이에 대한 이야기를 나눌 사람으로 나는 토리노의 '칵테일 맨' 인 다비데 핀토^{Davide Pinto}를 선택했다. 그는 두 개의 바를 소유하고 있는데 그중 그가 주력하고 있는 아피니^{Affini}는 산 살바리오 지구 에 있다. 이곳은 다비데가 선호하는 묘사에 의하면 피에몬테에서 '증류의 문화적 거점'이자 칵테일 믹싱 기술의 기준점이 되었다.

다비데는 호감가는 인상으로 교양과 특이한 개성을 갖춘 사람 이다. 그래서 우리는 그를 피에몬테 사투리로 가빌로^{gabilò}, 즉 '지 적이면서도 진취적인 미치광이'라 부른다.

그는 네그로니 스발리아토를 토리노에서 처음 선보였는데 그 이유는 곧 알게 될 것이다.

"1861년 이탈리아 최초의 수도였던 토리노에서는 일반적으로 베르무트^{vermouth}가 고전적인 아페르티프(식전주)의 기본 요소였어 요. 특히 왕실에서는 더욱 그러했지요. 1865년 수도가 피렌체로 옮겨졌고 그래서 베르무트도 피에몬테 밖으로 퍼져 혼합주의 기 본 재료가 됩니다. 이것의 문화적 맥락은 실로 놀라워요. 20세기의 정신을 변화시키고 20세기 후반의 새로운 소비자상을 설정한 겁니다. 개인의 경험을 독특하게 만드는 변화를 받아들일 준비가 된 소비자상이지요."

다비데는 칵테일 믹싱에서 역사의 기원을 찾는다. 이 모든 것은 당시 몇몇 순간들로 귀결되는데 그는 이것을 네 시기로 요약했다.

첫 번째는 1900년대 초. 페데리코 카프릴리^{Federico Caprilli} 대위는 피네롤로 기병 학교를 졸업한 뒤 연구 끝에 기병들이 말 타는 방법을 개선했다. 그는 이탈리아 기병대를 현대화했고 세계에서 가장 중요한 기병대 중 하나로 만들었다.

두 번째는 1917~1920년 기간. 네그로니 백작과 피렌체의 카페 카소니에서 일하던 포스코 스카르셀리^{Fosco Scarselli}라는 바텐더는 '실험자들의 실수'에서 기인하는 일대 혁명에 원인을 제공했다. 네그로니 백작은 다른 곳에서는 마실 수 없는 유일한 음료를 원했고 그래서 그는 신뢰하던 바텐더에게 자신이 여행에서 수집한 무언가를 추가하여 아메리카노를 강화해달라고 요청했다. 스카르셀리가 넣은 것은 무엇이었을까? 그것은 진이었다. 정확하게는 무가당 진이었다. 이렇게 네그로니가 탄생했다.

세 번째는 1930년. 해리스 바^{Harry's Bar}가 베니스의 치프리아니에서 문을 열었는데 여기서 우리는 운명적인 실수에 연루된 인물들을 처음으로 접하게 된다. 해리스 바에서 일을 시작한 직원들 중에는 미르코 스토케토^{Mirko Stocchetto}와 레나토 하우사만^{Renato}

Hausammann이라는 사내들이 있었는데 이 둘은 모두 새로운 무언가에 뛰어들어 시도하는 것에 열의를 보인 사람들이었다.

네 번째는 1956년. 코르티나담페초에서 열린 동계올림픽은 후대에 그 흔적을 남길 문화적 변화의 순간을 상징했다. 우리 이야기의 주요 인물인 스토케토와 하우사만은 코르티나에서 유명한 호텔 드 라 포스트에서 다시 만나 일하게 되었고, 국제적인 분위기를 최대한 활용하여 자신들의 경험을 더욱 풍부하게 만들었다. 특히 스토케토는 이 특별한 연금술이 아직 알려지지 않았던 밀라노로 가서 새로운 직업인 믹싱 기술 분야에서 일하기로 결정한 대단한 선견지명을 보여주었다.

다비데는 바로 본론으로 들어갔다.

"1960년대, 정확히는 1967년, 비아 플리니오에 있는 바 바소에서는 활기찬 밀라노의 어느 평범한 저녁 시간이 흘러가고 있었습니다. 이 바에서는 주문이나 고객 모두 회전율이 빨랐습니다. 스토케토와 그의 직원들이 라 보타la botta(처리해야 하는 주문이 급증하는 것을 일컫는 전문 용어)를 처리하고 있는 모습이 상상될 겁니다. 그곳은 매일 밤 사람들로 꽉 차 있었습니다. 스토케토는 밀라노에서 바를 운영하기 위해 무엇이 필요한지를 아주 잘 알고 있었습니다. 그것은 양질의 재료와 이국적인 스타일이었죠. 이 바에서는 프랭크 시내트라, 엘리자베스 테일러, 에바 가드너, 어니스트 헤밍웨이, 산드로 페르티니와 같은 유명인들과 마주치는 것은 드문 일이 아니었습니다. 페르티니가 이탈리아 공화국의 대통령이었던 1981년 어느 날, 그 바를 떠나던 모습이 찍힌 유명한 사진도 있죠. 문제의 그날 밤, 바의 직원 중 하나가 네그로니를 마무리하기 위해 진이 든 병에 손을 뻗는다는 게 스파클링 와인 병을 잡고 말았습니다. 그리하여 그 칵테일에 들어가야 할 진은 스파클링 와인으로 대체되었습니다. 그것도 그저 그런 와인이 아니었어요. 이탈리아 최고의 스파클링 와인들 중 하나인 페라리 브뤼 메토도 클라시코였습니다. 클래식 네그로니를 주문했던 고객이 느꼈을 놀라움은 쉽게 상상할 수 있습니다. 그는 한 모금 마시고는 불평을 제기하지 않았는데, 아마도 자신이 마신 칵테일이 완벽하게 균형 잡힌 놀라운 맛이었기 때문이었을 겁니다."

어쨌든 그 칵테일은 와인 덕분에 더욱 절제된 알코올 함량을 가지게 되었다. 입 속에 오래 남는 시원하고 상쾌한 음료가 우연히 탄생한 순간이었다. 비즈니스 감각이 뛰어났던 스토케토는 재빨리 네그로니의 이 '잘못된' 버전을 칵테일 메뉴 목록에 추가하기로 결정했다. 수년 동안 이 칵테일은 바소를 대표했고, 지금도 여전히 대표하며 지거jigger(칵테일용 계량컵)나 다른 계량 도구 없이 만들어져 얼음 몇 개와 오렌지 한 조각으로 장식돼 서빙되고 있다. 네그로니 스발리아토의 전 세계적인 성공은 몇 년 후 칵테일의 인기가 점차 올라가는 추세와 직접적으로 맞물려 찾아왔다. 오늘날 클래식 네그로니는 물론이고 이 '잘못된' 버전을 전 세계의 모든 바에서 찾을 수 있다.

다비데는 하나의 칵테일을 되돌아보는 정도에서 그치지 않았다. "스토케토의 실수가 없었다면 우리가 '비틀기'라고 부르는 (이 경우엔 의도적인) 더욱 현대적인 실수들을 저지를 용기를 내지 못했을 겁니다."

그는 자신이 운영하는 바인 아피니에서 일어난 또 다른 행운의 실수에 대해 말해주었다. "수년간 스파클링 와인인 스푸만테 spumante 네그로니를 만들다 보니 저와 우리 수석 바텐더인 미켈레는 미르코 스토케토가 사용한 스파클링 와인을 토리노 근방의 시골에서 만들어진 화이트 와인으로 대체할 수 있을 것이라 생각했습니다.

어느 날 밤, 우리의 또 다른 바텐더인 로리스가 실수로 화이트 와인 대신 프레이자 디 키에리Freisa di Chieri라는 스파클링 레드 와인을 사용했는데 예상치 못한 색감과 기포가 터져나왔지요. 우리는 이 버전도 메뉴에 넣기로 결정했고 이 아메리카노 스발리아토 역시 여전히 우리의 시그니처 칵테일 음료들 중 하나입니다. 그리고 이 칵테일은 토리노에서만 인기가 있는 것이 아니라 뉴욕의 만조Manzo 레스토랑에도 진출하게 됐어요."

다비데가 역사, 칵테일 믹싱, 인과관계에 대해 이야기하는 데는 한 가지 이유가 있다. 그의 사회인류학 학위 논문이 이주의 흐름에 관한 것이기 때문이었다. 그는 뉴욕에서 '음료, 그 이상의 것. 액상의 인류학에 대하여'라는 제목으로 강연을 하기도 했다. 나는 그에게 도전장을 던졌다. "칵테일이 인류학과 무슨 관련이 있는지 제게 설명할 시간을 90초 드리지요."

"저는 저 자신을 믹솔로지mixology(주류와 음료를 섞어 마시는 칵테일
이나 그런 문화-옮긴이) 분야에 파견 나온 인류학자라고 부르고 싶
습니다. 대학에서 공부하는 동안 저는 문화적, 사회적 관점에서
믹솔로지와 시장에 접근하게 되었습니다.

저는 이탈리아 술에 대해 이야기할 때 액상 인류학의 예로 제
시합니다. 인류의 역사와 진화는 항상 오염, 접촉, 그리고 수용의
결과라는 의미에서 그렇습니다. 베르무트를 예로 들어볼까요?
베르무트는 독일 이름을 가진 토리노의 술입니다. 현지와 외국의
식물 추출물들을 사용한 술인데, 다름을 수용해서 새로운 것을
창조할 준비가 되어 있던 미국 바텐더들의 손에 이 술이 넘어갔
습니다. 현대 칵테일은 토리노의 베르무트와 아메리칸 몰트가 만
나 맨해튼이나 마르티네즈와 같은 세계 최고의 칵테일을 탄생시
킨 환경에서 성장했습니다. 아시겠지만, 인생에서 좋은 것은 항
상 다름을 수용하고 존중하는 것에서 나오죠. 이제 30초가 남았
으니 미르코 스토케토의 오리지널 네그로니 스발리아토 레시피
를 드리죠."

액상의 인류학을 위해 건배!

네그로니 스발리아토 레시피

| **재료** | 브뤼 메토도 클라시코 스푸만테 1온스

               캄파리 비터 1온스

               토리노 레드 베르무트 1온스

               오렌지 슬라이스 1조각

| **만드는 법** | 1. 재료들을 얼음을 가득 채운 칵테일 잔이나 작은 텀블러에 넣는다.

                  2. 바 스푼으로 잘 저은 후 오렌지 슬라이스 한 조각으로 장식한다.

31

샴페인

와인의 치명적 결함에서 탄생한 음료

브루노 파이야르와의 대화

랭스에서 태어나 아직도 그곳에 살고 있는 브루노 파이야르Bruno Paillard는 나와 동갑이다. 그의 아버지는 상파뉴 지역 최고의 포도와 와인 중개인이자 상인이었다. 와인 양조학을 공부한 그는 현재 자신의 이름을 딴 사업체를 운영하며 랑송Lanson, 필리포나Philipponnat 등을 포함해 8개의 고급 브랜드들이 속한 랑송-BCC 그룹을 이끌고 있다. 이 브랜드의 와인들은 연간 약 3억 유로의 매출을 올리는 제품들이다. 하지만 그게 중요한 게 아니다. 브루노 파이야르는 이 고급 와인의 진정한 대가다. 그는 와인을 공부하여 해박한 지식을 갖췄기에 당연히 이 주제로 이야기를 나눌 자격이 충분하다.

"브루노, 샴페인은 어떻게 유래했나요?" 내가 묻자 그가 반문했다. "돔 페리뇽Dom Pérignon 우화를 원하나요, 아니면 진짜 이야기를 원하나요?"

그는 바로 본론으로 들어갔다. "샴페인은 일련의 사고들이 발생하는 과정에서 탄생했어요."

샴페인은 수십 년 동안 우리의 건배사를 고상하게 만들어주고 있지만 그 우연한 역사는 고대 그리스 시절로 거슬러 올라간다. 파이야르는 상세하게 설명했다. "우선 우리는 샴페인이 와인이라는 점, 그리고 프랑스 와인의 역사는 그리스 사람들이 마르세유의 기반을 만들고 프로방스에 포도나무를 심었던 2,600년 전에 시작되었다는 사실을 기억해야 합니다. 지중해는 와인을 위한 천혜의 환경이며 수백 가지의 포도 품종을 재배할 수 있는 전형적인 조건을 갖춘 지역이었죠. 프랑스는 대륙에 속해 있었지만, 포도나무는 기원전 58년 율리우스 카이사르가 갈리아(현재의 프랑스, 벨기에, 스위스 서부, 라인강 서쪽의 독일을 포함한 지역-옮긴이)를 정복할 때 프랑스의 나머지 지역으로 들어왔습니다. 포도 재배 및 양조의 전통은 그곳에서 점차적으로 퍼져나갔지요."

유념할 점은 이탈리아에서는 그렇지 않았다는 사실이다. 프랑스는 잔잔한 바다로 3면이 둘러싸인 반도가 아니다. 대부분은 대륙에 붙어 있었고 대서양과 접한 지역도 있었지만, 그곳의 기후는 확실히 이탈리아처럼 건조하고 온화하지 않다. 모든 곳에서 포도나무를 키울 수는 없었고 브루노의 말에 따르면 포도나무는 자연의 선택에 따라 확장됐다.

"대규모 포도원은 가장 알맞은 지역에서만 생겨났습니다. 로마 사람들이 훨씬 북쪽이나 북서쪽으로 진출했다는 사실을 알고 있지만 포도는 어떤 경우에도 그곳에서 자랄 수는 없었죠. 대자연이 한계를 정하면 조상들은 그것에 따랐습니다. 아마도 너무 많은 비를 몰고 오는 페르시아만 해류의 영향 때문에 포도는 결코 제대로 익을 수 없었을 겁니다."

상파뉴는 포도나무가 심어진 프랑스의 최북단 지역으로 대서양과 충분히 멀리 떨어졌기에 페르시아만 해류의 영향을 덜 받았다. 동시에 대륙성 (또는 더 정확하게는 반대륙성) 기후의 혜택을 입을 수 있을 정도로 충분히 동쪽에 떨어져 있어 이 지역만의 명확한 특징을 가지고 있다. 브루노는 기술 전문가처럼 이런 내용을 설명하면서 자신이 말하는 요소들 간의 인과관계와 정확한 대답을 제시했다.

"브루노, 당신이 이른바 '테루아^{terroir}'에서부터 얘기를 시작한 것에 대해 감사한 마음이지만, 요점은 다른 데 있어요. 거품···."

프랑스 단어인 '테루아'는 토양·기후·노하우라는 세 가지 다른 요소를 아우르는 개념이다.

"잠깐만요, 오스카. 나도 잠시후에 거품 얘기로 갈 거예요. 걱정하지 마세요. 조급하게 굴지 말자고요."

나는 그에게 조급한 게 아니라 호기심이라고 말하고 싶었지만 브루노는 계속 말을 이어갔다. "우선 테루아부터 고려해야 해요. 오스카. 테루아의 첫 번째 요소부터 이야기해보죠. 운 좋게도 상파뉴의 토양은 4,000만 년에서 8,000만 년 전 해양 생물이 퇴적하면서 형성된 백색 석회암으로 이루어져 있습니다. 이 점이 우리 와인에 독특한 성격을 부여하는 첫 번째 필수 요소랍니다."

이미 기후에 대해서는 이야기했고 세 번째 요소, 즉 인간의 기여가 아마도 가장 흥미로울 것이다. 수세기에 걸쳐 인간은 다양한 품종의 포도를 선택해왔고, 이렇게 선택된 포도들은 그 세월 동안 환경에 적응하고 길들여졌다. 첫 번째 세렌디피티 사례는 품종과 기후가 만나면서 일어났다.

기후 면에서 프랑스는 두 가지 영향, 즉 해양과 대륙의 경계에 있다. 무슨 말인가 하면 여름이 짧고 뜨거운 탓에 포도가 늦게 익고 수확도 늦어진다는 얘기다.

그렇다면 여기서 세렌디피티는 어디에 있을까? 그것을 찾으려면 과거로 훌쩍 뛰어넘어 이번에는 17세기와 초기 샹파뉴 시절로 거슬러 올라가야 한다.

와인을 만들기 위해 포도를 으깨고 나온 즙은 발효를 위해 통에 넣어야 했다. 당시 프랑스 사람들은 와인을 만들기 위해 이 방식을 따랐다. 그러나 추운 겨울 날씨 탓에 즙은 발효되기도 전에 얼었고 생산자들은 이렇게 얼어버린 즙을 보관할지 버릴지를 선택해야 하는 딜레마에 직면했다. 많은 사람이 전자를 선택했다.

당시에는 오늘날의 분석법이나 미세 여과법 같은 것이 없었기 때문에 얼었던 와인에는 해동되자마자 또 한 번 발효를 일으킬 수 있는 잔류 설탕과 효모가 종종 들어 있었다. 이것이 17세기의 오래된 지하 저장고에서 초기 샴페인에 일어난 일이다. 통에는 부분적으로 발효된 와인이 다시 채워졌고 이러한 통들은 파리에서 팔리거나 마른강과 센강을 왕복하는 배에 실려 영국으로 수출되었다.

나무 술통의 코르크 마개가 압력을 받는 것은 정상적인 일이었다. 봄이나 여름에 온도가 상승하면서 와인이 '되살아나기' 때문이다. 그러면 운송업자들이 마개를 다시 닫았는데, 이것이 와인의 품질에 영향을 미치지는 않는다 해도 이중 발효는 결함으로 간주되었다. 이로 인해 와인 생산자들은 운이 없다며 구시렁거리고 불평했다. 이 일은 수백 년 동안 지속되었다. 주된 이유는 단기성 거품이 날씨가 심하게 더운 몇 주 동안만 지속되다가 다시 평소의 잔잔한 상태로 돌아가는 일시적인 현상이었기 때문이다. 말하자면, 먼저 추운 날씨로 불완전한 발효가 일어났고 그러다가 기후가 온화해지면서 재발효가 일어난 것이다. 그러나 이 두 번째 변화는 결함으로 여겨졌다.

"그렇다면 두 가지 사건이 일어난 건가요? 추운 날씨와 그 이후의 발효?" 내가 물었다.

"맞아요, 정확합니다. 이 '사건'들은 병 안에서도 되풀이됩니다. 현대의 샴페인은 병 안에서 일어난 거품의 결과입니다. 이는 나무통 안에서 일어난 거품과 같은 방식이지만 더 큰 압축 때문에 더 큰 동요를 일으키지요. 이러한 특징은 지리적인 이유에서 발생합니다. 즉, 북부의 포도 농원은 급격한 온도 변화가 나타나는 기후에다 저장고도 오늘날처럼 별도로 마련되어 있지 않은 특징이 있어요. 게다가 여과 방법이 없거나 잔류 설탕의 측정이 정확하지 않은 점도 또 다른 특징이고요."

브루노는 자연 발생적인 발포 현상을 포착해 오랜 시간 보존하고 이러한 형태의 샴페인을 상업화하려면 기술 혁명이 필요했다고 설명했다. 수년간의 연구와 능숙한 수완을 바탕으로, 병 내부에서의 발효 원리를 실현하고 압력을 견디는 마개를 개발했다. 또한 페를라주perlage(발포성 거품)의 개념을 생각해내고, 마침내 두 번째 발효에서 효모를 제거할 수 있게 되었다.

샴페인의 탄생을 이끈 요인에 연구가 포함되는 이유는 바로 그런 과정이 있었기 때문이다. 이 초기 연구들은 1600년대 중반 루이 14세의 통치 기간 동안에 수행되었다. 다소 엄격했던 루이 14세는 이 와인이 경박하다며 눈살을 찌푸렸다. 샴페인은 온 나라가 루이 15세가 성장하기를 기다리며 1715년부터 시작된 섭정 시대 동안 계속 개발되었다. 1728년, 병입 와인의 자유로운 유통과 판매에 동의했던 왕은 '많은 사랑을 받은' 루이 15세로, 이때 현대 샴페인도 공식적으로 인정을 받았다.

브루노는 설명을 마치기 전에 가장 오래된 놀라운 두 브랜드를 언급했는데, 공교롭게도 둘 다 왕의 명령 직후에 만들어졌다. 그 두 브랜드는 1729년 랭스에서 설립된 뤼나르Ruinart와 1730년에 에페르네에서 설립된 카농Canon이다.

"그러면 돔 페리뇽 수도사의 전설은 무엇인가요?" 내가 물었다. 주의를 기울이고 있었다면 누구든 같은 걸 궁금해했을 것이다. 돔 페리뇽의 전설은 그저 전설일 뿐이라고 브루노는 설명했다. 어느 누구도 혼자서 이 모든 것을 발명할 수는 없었을 것이다. 상파뉴 지역에는 많은 수도원이 있었는데 모든 수도원이 동일한 '결함'을 가진 그 지역과 같은 이름의 와인을 생산하고 있었고, 수도사들은 함께 실험을 하면서 의견과 지식을 주고받았다.

"세계에서 가장 유명한 와인을 만들어낸 것은 그 모든 수도사들이고 그들 이후로도 수세기 동안 연구가 거듭된 덕분입니다. 역사를 돌아보면 이 샴페인의 성장세가 둔화된 것은 1789년 프랑스 혁명과 제1차 세계대전으로 전 세계에 파괴가 한창일 때 두 번이었습니다."

"위대한 한 영국 역사가가 말했던 것처럼 샴페인도 스스로 발명된 것이라 할 수 있을까요?"

브루노는 코를 찡긋했다. 분명히 그 실수는 자연 발생적으로 일어났지만 이를 제어해서 진짜 마법이 일어나도록 하는 데는 인간의 손이 필요했다.

오늘날 프랑스의 샴페인은 모든 면에서 모방되고 있지만 그 특유의 테루아 때문에 똑같을 수는 없다. 프랑스의 위대함, 즉 라 그랑데르 드 라 프랑스^{la grande de la France}가 여기서 기인하는 것이다.

32

샤르트뢰즈

수도사들에 의해 탄생한 불로장생의 영약

|

마르셀로 바르베리스와의 대화

증류에 관한 모든 것은 마르셀로 바르베리스^{Marcelo Barberis}(2023년 4월 2일 사망-옮긴이)에게 물어보라. 그가 우리의 넋을 빼놓을 것이다.

그는 모든 것을 안다. 기술적인 전문가를 넘어서 현지의 전통에 대한 깊은 지식을 가진 사람만이 말해줄 수 있는 이야기를 들려주며 우리를 가상의 세계 여행으로 데려갈 것이다.

증류주 관련 일을 하는 그의 경력 전체는 말 그대로 증류주에 기반을 두고 있다. 마르셀로는 30년 동안 제노바에 있는 주류 수입회사 벨리에^{Velier}에서 대표 루카 가르가노^{Luca Gargano}와 함께 전 세계 곳곳에서 가장 진귀한 증류주들을 이탈리아에 수입하여 유통하고 있다. 시간이 지남에 따라 이들은 이 분야의 리더가 되었다.

가끔씩 나는 그와 함께 술을 마신다. 이는 엄청난 즐거움이다. 나는 뛰어난 음식이나 술을 맛보는 순간의 즐거움은 그것에 대해 말할 자격이 있는 사람과 함께할 때 배가된다는 사실을 깨달았다. 게다가 내가 '음식 오르가슴'이라고 부르는 것은 삶의 필수적인 요소다. 이 즐거운 감각은 최고 품질을 지닌 것을 먹거나 마실 때 증폭되는데, 그 이면에 있는 기본적인 지식을 안다면 그 순간이 장엄해지기까지 한다.

샤르트뢰즈^{Chartreuse}의 세렌디피티에 대해 다루기 전에 나는 마르셀로에게 증류 기술이 어떻게 탄생하게 되었는지 물어보았다.

그는 다음과 같이 말했다. "증류는 제법 최근에 생긴 방식이죠. 거의 현대에 말입니다. 하지만 세렌디피티는 그보다 훨씬 이전에 발생했습니다. 우리는 와인의 역사가 최소 7,000년은 되었고 맥주는 6,000년이 되었다는 사실을 알고 있죠. 술에 있는 알코올은 물, 식물, 미네랄 성분의 혼합물로 희석됩니다. 하지만 알코올 그 자체는 증류를 통해서만 얻을 수 있고 그것은 훨씬 나중에 알려집니다.

아랍인들과 그 이전 고대 이집트인들은 증류의 달인이었지만 당시 그들은 이것을 약과 향수, 화장품을 얻는 데만 사용했습니다. 그러다가 수도사들이 11세기 초반 암흑기에 아랍인들에게서 그 기술을 배웁니다. 교회가 작정하고 이 관행을 막으려 하자 증류는 비밀리에 이루어지죠. 진보적인 지식인이자 연금술사인 체코 다스콜리^{Cecco d'Ascoli}는 악마의 행위를 했다는 이유로 나무 장작 위에서 화형을 당하기도 했습니다."

마르셀로는 계속해서 말을 이어갔다. "그러나 수도사들은 증류 방법을 통해 약과 치료 물질을 얻는다는 이유로 그들의 연금술 행위에 인도주의적인 측면이 있음을 보여줄 수 있었습니다. 일단 교회의 승인을 얻게 되면서 공식적으로 증류를 실시할 수 있게 되었죠. 증류를 통해 수도사들은 허브, 식물, 잎, 꽃, 과일, 뿌리 등에서 유효 치료 성분을 추출하여 병과 시험관에 담아 밀봉했습니다. 이것이 약물 조제의 시초였죠. 수도원에서 만들어진 이러한 약물들은 닭이나 달걀을 대가로 마을 사람들에게 제공되곤 했어요. 하지만 알코올은 여전히 없었습니다."

나는 여기서 이해할 수 없는 부분이 생겨 일단 그의 말을 중단시켰다. 허브, 식물, 잎, 꽃, 뿌리 등에 이미 치유 성분이 포함되어 있다면 왜 증류를 해야 하는 것일까? 허브로 만든 약탕은 이 세상만큼이나 그 역사가 오래되었다. 내게는 증류가 헛된 노고처럼 보였다. 이 질문을 그에게 던졌다.

그러자 마르셀로는 자신의 어머니에 대한 이야기를 꺼냈다. 매년 5월이면 그의 어머니는 그에게 혀를 쑥 내밀게 해서 건강을 확인하곤 했는데 종종 "이것 봐, 염증으로 가득 차 있잖아. 살라미를 너무 많이 먹어서 그래!"라며 소리치곤 했다고 한다. 그런 후 그녀는 어린 마르셀로에게 바구니 하나를 들려주고 이렇게 말했다. "가서 아욱을 좀 따오렴!" 그는 샘물가로 뛰어나가서 아욱을 뜯어 집으로 가지고 왔는데 그러면 그의 어머니는 아욱과 사과 두세 개를 함께 끓이곤 했다. 쓴맛을 없애기 위해 이 걸쭉한 액체에 꿀을 넣어 단맛을 냈다. 1년에 두세 번 이런 일을 반복하다가 숲속에서 분홍 꽃이 피면 아욱은 더 이상 필요하지 않았다.

"오스카, 두세 번만 그렇게 달여서 먹으면 몸이 좋아지곤 했어요!" 그는 열정적으로 자신의 말을 이어갔다. "하지만 아욱이 소염에 유효한 성분을 가지고 있다고 해도 연중 20일, 많아야 30일 동안만 그렇습니다. 그렇다면 겨울엔 어떡하냐고요? 치료제가 없는 시기에 염증이 생겼다면 어떻게 했을까요? 연금술사들이

해야 할 역할이 이 지점에서 발생합니다. 이들은 아욱에 유효 성분이 있을 때 이를 추출하여 분리시키고 병에 밀봉해서 겨울에도 사용할 수 있게 만들었죠. 그러나 이때도 알코올은 들어가지 않았습니다."

이러한 관행은 몇 년 더 지속되었다. 증류를 통해 머지않아 영원한 젊음을 위한 불로장생의 영약, 모든 질병을 치료하는 만병통치약을 만들 수 있을 것이라는 절대적인 믿음과 확신이 있던 시기였다. 결국은 그 어떤 것도 찾지 못했지만 와인이나 맥주를 증류함으로써 알코올을 얻었다.

이는 커다란 성과였고 무기나 녹슨 농기계 탓에 자주 상처를 입었던 시대에 중요한 역할을 했다. 마르셀로는 이를 다음과 같이 표현했다. "자연에서 탄생한 가장 위대한 살균제인 아콰 비타이aqua vitae('생명수'를 뜻하는 라틴어로 도수가 매우 높은 증류주를 말함–옮긴이), 물론 마실 수는 없지만 이것이 당시에 반복되던 패혈증으로부터 얼마나 많은 생명들을 구했는지 모릅니다. 이렇게 첫 번째 세렌디피티 사례가 탄생했습니다. 통 안에 보관되는 몇 년 동안 알코올이 완전히 변한 것이지요. 맛이 좋아졌고 에너지, 온기, 기분 좋은 취기를 만들어냈습니다. 사람들은 소화제로서의 장점을 발견하기도 했습니다. 위에 좋고 강장제가 되기도 했지요."

테이블 위에 놓인 잔에서는 허브와 향신료의 이국적인 향기가 뿜어져나오고 있었다. 샤르트뢰즈 VEP, 눈부신 초록의 샤르트뢰즈다. 한 모금씩 마실 때마다 이야기는 더욱 무르익어갔고, 신비롭지는 않아도 매혹적이었다.

"이 이야기는 독일에서, 그리고 나중에는 프랑스에서 신학을 공부하고 가르친 쾰른의 성 브루노St Bruno에서부터 시작됩니다. 그는 어른이 된 후 1080년 무렵에 엄격한 고독과 철저한 가난, 그리고 금욕의 길을 선택했습니다. 같은 생각을 가진 동료 여섯을 찾은 다음 수도원을 만들 적합한 장소를 물색하기 시작했지요. 성 이레네우스는 이들에게 프랑스 오트사부아에 있는 샤르트뢰즈산 기슭의 땅 한 뙈기를 주었고 이들은 여기에 첫 번째 수도원을 짓고 완전히 폐쇄된 카르투시오(샤르트뢰즈의 라틴어-옮긴이) 수도회를 설립했습니다."

그의 이야기는 계속되었다. 브루노의 제자들 중 하나는 재능이 뛰어나 얼마 후 교황 우르바노 2세가 되었다. 그는 브루노를 로마로 이주하도록 불렀지만 브루노는 교황이 있는 환경이 편치 않았다. 금욕주의를 추구하던 그는 칼라브리아로 다시 떠났는데 지금의 세라산브루노에서 한 장소를 찾게 된다. 그는 이곳에 또 다른 수도원을 짓고 은둔하며 고행과 기도로 수도생활을 하다가 1101년에 사망했다.

카르투시오 수도회는 크게 성장했고 마르셀로는 이들이 여전히 놀라운 부동산을 어느 정도 소유하고 있다고 말했다. 오늘날 카르투시오 수도회는 전 세계에 약 17곳에 흩어져 있고 약 280명에 이르는 수도사들이 살고 있다. 1,000명이 넘는 지원자들이 대기자 명단에 이름을 올려두고 있는데 거의 모든 지원자들이 수도원에 받아들여진 후에는 자신의 모든 재산을 포기할 준비가 된 기업의 중역급들이다.

그러나 수도회가 시작된 카르투시오 수도원도 모든 것이 장밋빛은 아니었다. 홍수와 산사태로 두 번이나 파괴되었고 프랑스 혁명 기간에 처음으로 해체되었다가 제2차 세계대전이 발발하면서 다시 한번 해체되었고 나중에 스페인에서 재건되었다. 첫 해체였던 프랑스 혁명 때는 수도사들이 스위스로 흩어졌다가 새로운 법에 따라 1903년에 이탈리아에서 다시 등장했다.

"두 번의 진정한 디아스포라는 카르투시오 성직자에게 강인함과 인내를 요구했지요." 마르셀로는 한숨을 쉬며 계속 말을 이어갔다. "수도사들은 영혼의 슬픔을 덜어주는 술의 혜택을 누린 사람들이었어요. 1605년 프랑스의 원수Marshal 겸 성령 기사단의 기사였던 프랑수아 안니발 데스트레는 이들에게 불로장생을 위한 영약을 만드는 제조법을 적은 양피지를 주었습니다. 허브, 향신료, 뿌리, 꽃 등을 포함한 130가지의 재료가 적혀 있었는데, 어떤 재료들은 사보이에 있는 산에서 찾을 수 있었으나 나머지는 전 세계에서 구해야 했으므로 거의 불가능한 임무였지요."

이 지점에서 종교적으로 '세렌디피티'라는 단어가 상황과 다소 맞지 않는다는 인상을 주었다. 대신 기적이라고 말하는 것이 낫다는 생각이 들었다.

강력한 국제적 연대에 힘입어, 그리고 인간의 수명을 늘려야 한다는 단호한 결심으로 수도사들은 그들이 필요로 하던 재료들을 찾았다. 130가지 모두를! 1637년에 탄생한 엘릭시르 베제탈 Elixir Végétal은 도수가 69도에 이르는 알코올 '폭탄'이자 세계에서 가장 오래된 리큐어다. 놀랍게도 이 리큐어는 나무 용기로 포장된 100mL의 작은 병에 담겨 오늘날에도 여전히 판매되고 있다.

엘릭시르와 함께 새로운 색상을 가진 샤르트뢰즈 그린이 탄생했는데, 이는 가장 순수한 알코올에 재료들을 부은 후 전통적인 구리 증류기로 재증류해 얻어낸 자연스러운 결과물이었다.

69%라는 알코올 함량은 판매용으로는 다소 과했다. 그래서 1764년에 샤르트뢰즈 그린이 만들어졌는데 이는 엘릭시르와 색은 같았지만 알코올 함량은 55%로 낮아진 것이다. 그러다가 1838년에는 꿀과 설탕, 새프런 등과 함께 증류한 샤르트뢰즈 옐로가 생산되었다. 이것은 베네딕틴Benedictine이나 스트레가Strega 등 알코올 도수가 40%에 이르는 당대의 위대한 리큐어들과 직접적으로 경쟁하게 된다. 샤르트뢰즈 옐로가 빠르게 인기를 얻으면서 세계적인 칵테일 알래스카Alaska가 탄생했고, 이러한 성공의 여세를 몰아 오늘날 일류 감정가들이 사랑하는 샤르트뢰즈 VEP의 첫 버전이 나왔다.

두 번째 디아스포라 기간 동안 생산지가 스페인의 타라고나로 옮겨졌지만 1990년에는 모든 것이 시작된 사보이의 부와롱으로 다시 돌아왔다. 오늘날 타라고나에서 만들어진 남은 몇 병들은 가격을 매길 수 없을 정도로 귀한 대접을 받으며 전 세계 수집가들이 찾는 대상이 되었다.

샤르트뢰즈를 방문하고자 하는 사람이라면 두 가지 놀라운 상황을 맞게 될 것이라는 사실을 알아야 한다. 하나는 수도회의 폐쇄적인 속성 때문에 수도원은 방문할 수 없고 그 위에 있는 경관 도로에서 수도원을 관찰만 할 수 있다는 점이다. 두꺼운 하얀 벽에 눈이 쌓이지 않도록 경사를 가파르게 만든 짙은 색 지붕의 수도원은 아름답고 장엄해 보인다.

월요일 오후면 수도사들은 네 시간 동안 짝을 이루어 교제를 나누는데(절대 같은 사람들끼리 두 번 이상 짝이 되지 않는다) 사람들은 수도원 위쪽에 있는 도로에서 상냥하게 대화를 나누고 고요하게 미소를 짓는 수도사들의 모습을 쌍안경으로 지켜볼 수 있다. 대중에게 개방된 수도원 밖에 있는 박물관에는 1100년부터 그 이후의 유물 컬렉션과 수도사들이 살던 것과 똑같이 생긴 수도실 샘플이 전시되어 있다.

이 봉쇄 수도원의 철저한 고독 때문에 점심은 작은 구멍을 통해서만 전달된다. 각 수도실의 아래에는 내부 계단을 통해서만 접근할 수 있는 작업장이 있고 수도사들은 각자의 할 일을 선택하기 때문에 이곳에서 다시 한번 고독에 처한다.

다른 하나의 놀라움은 생산 공장이다. 멋진 구리 증류기를 통과하면 숙성 저장고로 들어가게 되는데, 세라룽가 달바의 진짜 폰타나프레다^{Fontanafredda}(세계 최대 바롤로 브랜드로 2008년 이탈리아의 소유가 되었다-옮긴이) 저장고로 들어가는 것 같은 느낌을 준다.

이곳에 있는 똑같은 큰 타원형의 통에서 샤르트뢰즈 옐로와 그린은 3년, VEP는 10년 이상 숙성된다.

마르셀로는 계속 이어갔다. "이건 전 세계적으로도 매우 드문 경우입니다. 왜냐하면 그 누구도 더 이상 리큐어를 숙성시키지 않기 때문이죠. 열과 알코올, 설탕, 향료를 사용해서 변형을 주고 곧바로 판매합니다!" 안타깝게도 오늘날에는 이 방식이 필수가 되었고 카르투시오 수도회의 인내는 브와롱의 전유물이 되었다.

그리고 적어도 오늘 저녁만큼은 우리 두 사람에게도 이 전유물이 허용되었다. 진정한 카르투시오의 수도사들처럼 우리는 대화를 나누며 30분 이상 샤르트뢰즈 VEP를 홀짝거렸다. 그러고는 마지막으로 건배를 했다. 데스트레 원수와 그 모든 고독한 수도사들을 기념하며, 그리고 불로장생의 영약을 찾기 위한 그들의 노력을 기념하며.

잔이 가볍게 부딪쳤다. 샤르트뢰즈 VEP를 자랑스러워하며 마르셀로가 미소를 지었다. "훌륭한 리큐어예요. 그러나 확실한 건 우리의 수명을 연장시키지도, 그렇다고 단축시키지도 않겠지만 이 리큐어가 우리 삶을 더 낫게 만들어준다는 겁니다."

33

파네토네

주방의 심부름꾼 소년, 토니의 빵

알베르토 발로코와의 대화

파네토네^{panettone} 이야기를 이해하려면 중세 후기와 르네상스 사이의 과도기인 15세기 후반 밀라노로 돌아가야 한다. 밀라노, 로마, 특히 피렌체가 중심 무대였다. 그 당시 밀라노는 유럽에서 가장 부유하고 중요한 도시였고 전 대륙의 예술가들과 금융가들이 갈망하는 목적지였다. 당시에는 스포르차^{Sforza} 가문이 통치하고 있었는데, 특히 일 모로^{Il Moro}로 알려진 루도비코 마리아 스포르차가 섭정을 하기도 했다. 그는 결국 밀라노의 공작이 되었다.

그는 자신의 손님들을 위해 기억에 남는 연회와 성대한 행사를 베푸는 것을 즐기는 사람이었다. 정확하게 말하면 파네토네도 크리스마스 저녁식사를 준비하던 중 우연히 개발된 것이었다.

루도비코 일 모로는 위대한 예술가들이나 건축가들과 어울리기를 좋아했다. 그는 밀라노를 새로운 건물과 교회, 프레스코 벽화가 있는 훨씬 더 아름다운 도시로 만들고 싶었고, 도시의 운송 수단인 운하 네트워크를 개선할 계획도 가지고 있었다. 이를 위해 그는 레오나르도 다 빈치를 불렀고, 또한 도나토 브라만테^{Donato Bramante}의 훌륭한 건축 계획도 활용했다.

다 빈치와 브라만테 두 사람이 함께 산타 마리아 델레 그라치에 성당을 위해 해냈던 일은 주목할 가치가 있다. 브라만테는 귀니포르테 솔라리^{Guiniforte Solari}의 초기 설계를 완성했는데 그 과정에서 근본적인 변화를 꾀하며 새로운 연단과 웅장한 돔을 고안했다. 다 빈치는 식당 북쪽 벽에 인류 역사상 가장 위대한 걸작으로 꼽히는 그림을 그렸다. 하지만 우리는 모든 면에서 뛰어났지만 불운했던 몬토르파노[Montorfano]도 잊어서는 안 된다. 왜냐하면 공작은 몬토르파노에게 다 빈치의 〈최후의 만찬[Last Supper]〉과 정면으로 마주보는 식당의 남쪽 벽면에 위대한 〈십자가 처형[Crucifixion]〉을 그리도록 했기 때문이다.

루도비코가 마련한 성대한 크리스마스 만찬으로 다시 돌아가 보자. 이 예술가들도 귀족, 금융가, 그리고 중요한 가문들과 함께 그 자리에 있었을 것이다. 나는 다 빈치가 마술로 모든 사람들을 놀라게 하고 공작의 호화로운 연회에 활기를 불어넣기 위해 자신이 발명했던 기계들을 들고 있는 모습이 머릿속에 그려진다.

한편, 주방에서는 이 지역 최고의 요리사들이 일하고 있었고, 요리는 야생 사냥물, 생선, 채소, 케이크와 디저트 등 셀 수 없이 풍성했다. 모든 요리사들이 다른 요리를 마무리하느라 바빴던지라 수석 셰프는 메인 디저트를 오븐에 넣고는 주방 심부름을 하는 아이에게 그것을 확인한 후 다되면 꺼내달라고 부탁했다. 심부름 하던 아이는 밀라노에서는 안토니오를 줄인 토니로 불렸다.

*

이제 알베르토 발로코[Alberto Balocco]와의 대화로 넘어갈 시간이다.

나는 알베르토가 오늘날 파네토네의 대표적인 감정가 중 한 사람이라고 생각한다. 내가 그를 선택한 이유는 그가 파네토네에 대해 말할 때면 그의 열정이 전염되기 때문이다. "오스카, 곧 본론으로 들어갈게요. 하지만 우선 훨씬 이전에 있었던 세렌디피티 사례 하나에 대해 몇 마디만 먼저 말씀드리고 싶어요. 그 세렌디피티가 없었다면 우리는 크리스마스 특선품을 만들 수 없었을 테니까요. 그것은 발효입니다. 고대 이집트에서 누군가가 비발효 빵을 만들 반죽 한 조각을 햇빛 아래 두었는데 발효가 시작되면서 부풀어올랐다고 합니다. 이집트인들은 이것을 요리해보고자 시도했고, 그렇게 만든 빵은 더 가볍고 향도 좋은 훌륭한 빵으로 거듭났습니다. 그렇게 탄생했습니다! 스타터starter로 발효된 최초의 빵이 말이죠."

파네토네의 탄생에 대한 많은 전설이 있다는 것을 알고 있지만 이 이야기가 가장 유명할 뿐만 아니라 어원 또한 이 전설을 가장 신뢰할 수 있게 해준다. 알베르토는 어린 주방 심부름꾼 토니가 정말로 요리사가 되고 싶어했다고 말했다. 그리고 그날의 연회를 준비하는 동안 그는 밀가루, 버터, 달걀, 감귤류 껍질과 건포도 등으로 새로운 혼합물을 만드는 작업을 하고 있었다.

어느 정도는 실험 삼아 해본 것이었지만 크리스마스가 다가오면 밀가루로 특별한 빵을 만드는 것이 가난한 사람들에게도 허용되었기 때문이었다. 보통 밀가루는 부유한 가정에서만 살 수 있었다. 웅장한 부엌에서 재료가 부족할 일은 없었고 마침 그 소년은 그곳에 있었던 덕분에 그러한 재료들을 밀가루 반죽에 듬뿍 넣을 수 있었다. 일부는 다음날 자신의 부모님에게 만들어주려고 집으로 가지고 갔고 일부는 자신과 함께 일하던 다른 심부름꾼 소년들에게 나눠주었다고 알려져 있다. 수석 셰프가 주문한 대로 디저트 진행 상황을 확인하느라 바쁜, 장작불 앞에 선 토니에게로 다시 돌아가보자.

"분명 잠이 들었을 거예요! 아니면 그저 정신을 딴 데 뺏겼든지요. 심한 탄내가 온 부엌에 퍼졌고 케이크는 엉망이 되었죠. 토니는 절망에 빠졌고 셰프는 화가 나서 어쩔 줄 몰라했습니다. 그때 토니에게 아이디어가 떠올랐어요. 셰프들에게 자신이 만든 반죽을 보여주고 타버린 케이크의 대안으로 제시했습니다. 대부분 회의적인 반응이었어요. 감귤류 껍질과 건포도 혼합물이 반죽 안에서 부풀면서 조금 이상하게 보였지요. 그러나 대안도 없고 새로운 디저트를 만들 시간도 없었습니다. 셰프는 자신의 손가락을 반죽 덩어리에 찔러 넣었다가 자신의 입으로 가져갔습니다. 맛이 그렇게 나쁘지는 않았던 모양이에요. 이 반죽을 여러 조각으로 나누고 원통 모양으로 만들어 오븐에 바로 넣었습니다. 그러고는 막 익은 따뜻한 상태로 식탁에 올렸어요."

알베르토는 계속해서 말을 이어갔다. "식사를 하던 모든 사람들이 열광했고 공작도 마찬가지였습니다. 그는 이 맛있는 새로운 디저트에 대해 알아보기 위해 셰프를 불렀어요. 수석 셰프는 거짓말을 하고 싶지 않았고 사실대로 이야기하면서 귀족 손님들에게 보여주기 위해 토니를 주방에서 불러냈어요. 조금 전까지만 해도 초라한 심부름꾼으로 여겨졌던 밀라노 출신의 그 소년이 얼마나 당혹스러워했을지 상상해보세요."

그렇게 해서 '토니의 빵', 즉 판 델 토니pan del Toni가 탄생했다. 이이름은 자연스럽게 파네토네로 진화했지만 파네토네가 밀라노의 공식 디저트가 되기까지는 몇 세기가 더 걸렸다. 알베르토에 따르면, 18세기 말에 치살피나 공화국Cisalpine Republic(1797년 나폴레옹이 옛 밀라노 공국을 통합하여 만든 국가-옮긴이)이 밀라노 장인 제빵사들의 기술을 홍보하며 파네토네를 찬양하기 시작했고, 그러다가 19세기에 오스트리아의 점령하에서 파네토네는 어디서나 볼수 있는 크리스마스 축제의 상징이 되어 유럽 전역에 퍼지기 시작했다고 한다.

알베르토 발로코 가족의 이야기는 이 무렵 우연의 일치로 안토니오라는 이름을 가진 알베르토의 증조부로부터 시작되었는데 모든 사람들은 그를 토니 발로코라고 불렀다.

19세기 중반에 안토니오는 쿠네오주의 나르졸레에서 식료품점을 운영하며 가게 뒤편에서 케이크를 굽는 데 열정을 쏟았다. "나중에는 할아버지 프란체스코 안토니오의 역할이 되었어요(토니의 운명처럼 보인다). 할아버지는 포사노의 카스텔로 광장에 자신의 첫 번째 페이스트리 가게를 열었고 또 하나의 가게는 비아 로마에 열었지요. 1950년에 첫 공장이 설립되었고, 갓 서른 살이 된아버지 알도는 또 다른 독창적인 제품에 집중하기로 했어요. 밀라노 버전처럼 길쭉했지만 피에몬테 버전과 같이 글레이즈를 입히고 구운 아몬드와 설탕 결정으로 덮은 것이었어요. 이렇게 우리는 만돌라토 발로코^{Mandorlato Balocco}를 개발했습니다. 하지만 제가 이야기하고 싶은 건 우리 이야기가 아닙니다. 산만했지만 똑똑했던 밀라노의 심부름꾼 소년 토니에게 감사해야 해요. 그가 아니었다면 당신과 제가 여기서 파네토네에 대해 이야기할 일은 없었을 거예요."

오늘날 발로코는 파네토네 시장에서 19%의 점유율로 선두의 자리에 있다. 2018년에는 파네토네와 판도로^{pandoro}, 그리고 부활절을 위해 만들어진 비둘기 모양의 콜롬베 파스콸리^{colombe pasquali} 등 총 2,700만 개의 품목을 생산했다.

나는 알베르토의 겸손을 이해하지만 밀라노가 아닌 쿠네오 지방에서 파네토네를 만든다는 것이 무엇을 의미하는지 궁금해졌다. 쿠네오는 이탈리아에서 네 번째로 큰 주로 라 그란다^{La Granda}라는 별칭으로도 알려져 있는 곳이다.

"우리는 밀라노가 아닌 라 그란다 출신의 사람들이지만 우리 가족이 시작했던 장인 정신을 희생시킨 적은 결코 없습니다. 우리는 여전히 고품질의 재료에 열과 성을 다하고 가공 시간을 존중합니다. 이는 라 그란다 사람들의 핏줄을 타고 흐르지요."

34

라비올리 또는 아놀로티 또는 라비올레 알 플린

속을 채운 파스타의 알려지지 않은 세렌디피티

피에로, 우고 알치아티 그리고 피에르카를로 그리말디와의 대화

어떤 이름을 사용할지 고민하지 마라. 실제로 '라비올리ravioli'라는 용어는 이탈리아 전역에서 사용되고 아뇰로티agnolotti는 피에몬테에서만 사용되는데, 랑게 언덕의 언어에서는 이러한 형태를 가진 파스타의 여성형인 라비올레raviole라는 이름이 붙는다. 간단히 말해 엉망진창이다. 토르텔리니tortellini와 카펠레티cappelletti, 아란치니arancini와 아란치네arancine처럼 말이다. 하지만 이것 역시 이탈리아 요리의 아름다움과 다양성의 일부다.

내가 어렸을 때는 기대 수명이 훨씬 짧았기 때문에 할머니와 함께 오랜 시간을 보내는 것은 매우 드문 일이었다. 하지만 나는 운이 좋았다. 내 인생의 초반 16년은 친할머니인 테레사와 함께 보냈다. 할머니는 특별한 여성이었다. 서른 살이 되기 전에 남편과 사별하고 재산도 돈도 없이 두 아이와 남겨졌다. 나의 부모님이 항상 일하러 가셨기 때문에 테레사 할머니는 우리와 함께 살면서 나를 키워주셨다.

내 어머니의 어머니인 외할머니 피나는 매우 다른 사람이었다. 외할머니는 친할머니보다 더 오래 사셨고 내가 결혼할 무렵 돌아가셨다. 외할머니는 부유한 집안 출신이었다. 그녀는 네 딸을 키웠는데, 할아버지가 젊은 홀아비 처지로 나의 외할머니와 결혼했을 때 함께 데리고 왔던 두 아들도 키우셨다.

이 두 여성의 차이점에 대해서라면 한참을 이야기할 수 있다. 속을 채운 밀가루 반죽을 손으로 꼬집어서 밀봉하는 방식으로 만드는 독특한 아뇰로티에 대한 이야기다. 아뇰로티는 랑게 지역에서는 주요 파티 음식으로 먹는다. 한 가지 눈에 띄는 중요한 차이점은 바로 라비올레 알 플린^{raviole al plin}을 만드는 방식이다(랑게에서 '플린'은 '꼬집다'라는 의미로 사용된다). 테레사 할머니는 2~3주에 한 번씩 그리고 잔치가 있는 날에 능숙한 손놀림으로 아뇰로티를 만들었다. 반면에 피나 할머니는 모든 지정 축제일은 말할 것도 없고 매주 일요일마다 똑같은 속도와 숙련된 솜씨로 이 요리를 준비했다. 크기가 제법 작다는 점은 비슷했고 양손으로 한 번에 아주 빠르게 꼬집어서 밀봉을 하는 기술도 같았다.

큰 차이는 재료에 있었다.

우선, 피나 할머니의 플린은 밀가루 1kg당 최소 10개의 달걀을 반죽에 넣었기 때문에 더 노란색을 띠었다. 테레사 할머니는 반죽에 달걀을 최대 두 개만 넣었기 때문에 물을 훨씬 더 많이 사용했다. 그리고 플린을 채우는 속도 달랐다. 테레사 할머니는 일요일에 만들 플린을 위해 일주일 동안 먹다 남은 음식들을 특별히 따로 보관해두었다가 넣었는데, 여기에는 종류를 불문하고 조리하고 남은 고기, 익힌 채소와 생 채소, 달걀 한 개, 충분히 남길 요량으로 넉넉하게 지어둔 토요일 저녁밥 등이 포함되었다.

테레사 할머니는 반달 모양으로 생긴 다지기 도구를 사용해 모든 재료를 손으로 다졌는데, 이미 만들어놓은 재료들을 섞는 것이기 때문에 순식간에 속을 준비했다.

피나 할머니는 매번 처음부터 속을 만들었다. 넉넉한 크기로 자른 돼지고기와 송아지 고기 덩어리를 냄비에 넣고 맛있는 소프리토^{sofrito}(양파, 마늘, 토마토 등의 채소를 올리브유에 볶은 소스로 스페인 요리의 기본 양념)와 함께 노릇한 색이 나도록 볶았고, 쐐기풀과 엔다이브는 별도의 냄비에서 끓였다. 그런 다음 트레 스파데 Tre Spade(인기 있는 다짐 기계 브랜드)에 넣고 손잡이를 돌리면서 재료들을 잘게 다졌다. 나는 할머니가 신발 상자에 넣어 꼼꼼하게 간직하고 계셨던 그 기적의 작은 기계를 아직도 기억한다. 그 기계는 멋진 물건들로 가득 찬 작은 창고에 보관되어 있었다. 마지막으로 할머니는 최소 4개 이상의 달걀노른자, 소금과 후추, 육두구 netmeg(향신료의 일종)를 약간 넣고 모든 것을 섞었다.

그 당시에는 지금처럼 맛의 차이를 구분할 수 없었기 때문에 피나 할머니의 플린이 의심할 여지없이 더 좋았지만, 사실 테레사 할머니의 '가난한' 플린 버전을 더 좋아했다고 고백해야 할 것 같다.

어머니에게 할머니들은 플린 만드는 법을 누구에게 배웠냐고 물었더니 주저없이 '할머니들의 어머니들'이라고 대답했다. 하지만 누가 이것을 개발했을까? 그리고 언제 개발했을까? 정사각형 모양의 라비올리는 피에몬테 전역에서 만들어지고 이는 아놀로티라 불리지만, 랑게(그리고 몬페라토 주변의 몇몇 마을)에서는 파스타를 꼬집는 다소 특이한 방식으로 만들어 라비올레^{raviole}라 부른다. 이렇듯 이름이 다른 데는 분명히 이유가 있을 것이다.

나는 폴란차 미식과학대학의 총장인 피에르카를로 그리말디 Piercarlo Grimaldi(현재는 은퇴)에게 자문을 구했다. 라비올레 알 플린의 기원에 대한 그의 연구는 랑게를 가로지르는 가느다란 물줄기 벨보 계곡으로 그를 이끌었다.

그리말디는 라비올레 알 플린이 벨보 강변과 발 보르미다에 있는 많은 오스테리아osteria(와인과 간단한 음식을 제공하는 식당) 또는 선술집들 중 한 곳에서 남은 음식들로 맛있는 요리를 만들기 위해 처음으로 시작되었을 것이라고 확신했다. 전형적인 소박한 요리지만 소스 없이 제공할 수 있을 만큼 충분히 맛있으며 삶은 다음 거친 면 냅킨 위에 올려 서빙되었다. 세대를 이어 비즈니스 명맥을 어떻게든 유지하고 있는 오스테리아들 중 많은 곳이 여전히 이러한 방식으로 서빙한다고 하니 숭고하기까지 하다.

하지만 그리말디조차도 정확한 장소나 개발자의 이름을 알아낼 수는 없었다. 그는 1678년 캉쥬의 영주로 박식한 프랑스의 학자이자 미식가였던 샤를 뒤프렌Charles du Fresne이 속을 채워 손가락으로 눌러 밀봉한 파스타에 대해 썼지만 이러한 파스타가 어디서 누구에 의해 만들어졌는지는 설명하지 않았다고 했다.

누가 속을 채운 파스타에 플린, 즉 꼬집는 기법을 사용하는 기발한 아이디어를 적용했는지 아무도 모른다! 그 안에 어떤 멋진 세렌디피티가 숨어 있는지도 아무도 모른다! 하지만 그리말디는 구제 불능의 연구자로 남아 계속 그 답을 찾고 있으며, 답을 찾으면 내게 가장 먼저 알리겠다고 약속했다.

*

나는 피에로^{Piero}와 우고 알치아티^{Ugo Alciati}의 멋진 레스토랑인 귀도를 방문했다. 그들의 할머니 피에리나가 시작해 아버지 귀도가 선구적으로 운영하는 동안 어머니 리디아가 재창조한, 위대한 전통의 자리를 차지하고 있는 플린을 이곳에서 맛볼 수 있었다. 이제 엄격하면서도 친절한 셰프 우고와 우아하고 교양 있는 지배인 피에로가 그 전통을 매우 소중히 이어가고 있다.

피에로는 바로 요점으로 들어갔다. "사실 당시에는 누구도 플린을 깊이 연구하지 않았어요. 아마도 어쩌다가 만들어졌을 거예요. 저희는 아놀로티라고 부르는 걸 선호합니다. 사보이 군대의 요리사 안젤로가 카살레 포위 작전 당시 병사들을 먹이기 위해 파스타와 속재료, 양념을 모두 합해 한 그릇 요리를 만들려는 과정에서 나온 음식에 이 이름을 붙였을 수도 있어요. 하지만 주부들이 파스타를 자를 때 사용하던 도구인 아놀로^{anolòt}에서 유래했을 가능성도 있습니다. 또는 파르마 공작 부인의 요리사 빈첸초 아놀레티^{Vincenzo Agnoletti}가 카펠레티를 만들다가 '실수'를 한 후 1814년에 쓴 자신의 책에서 이 새로운 모양을 '피에몬테식 아넬로티^{agnellotti}'라고 묘사한 것에서 유래했을 수도 있고요."

요컨대, 여러 다른 반쪽짜리 진실들 속에서 알 수 있는 것은, 누군가가 식료품 저장실에 있는 것을 활용하여 절약할 수 있는 방법이나 한 접시에 완전한 식사를 담아 제공하는 방법을 찾는 과정에서 정말로 우연히 발생한 일일 수도 있다는 점이다.

나는 우고 셰프에게 그의 의견을 물어보았다. 그는 이렇게 대답했다. "아놀로티 알 플린은 피에몬테에서 여전히 메인 식사의 중심이 되는 음식입니다. 고기에서 나온 육즙이나 미트 소스, 와인 소스 등에 버무린 후 냅킨에 올려 소박하게 서빙하거나 버터나 세이지를 곁들여 먹지요.

저는 이 요리를 개발한 사람이 랑게의 주부라는 데 내기라도 걸 수 있습니다. 그녀는 동물과 인간을 구분하는 최초의 지능적 동작인 다른 손가락과 마주 보는 엄지손가락의 진화적 유산을 파악하고 이를 장인의 몸짓으로 해석하여 아놀로티를 두 번의 간단한 꼬집음으로 밀봉했습니다. 이 익명의 여성은 또 지혜롭게도 파스타 휠커터(바퀴로 된 반죽 절단기)로 자르는 면을 3면으로 줄여 조리 시간을 단축하고 미적인 매력도 높였지요. 천재의 한 수였습니다."

분명한 것은 이러한 위대한 이야기들 뒤에는 다른 이야기가 숨어 있다는 점이다. 이는 1950년대 후반, 코스틸리올레 다스티에서 개인적인 미식 여행을 시작했던 우고와 피에로의 부모님, 리디아와 귀도에게 일어난 일이다. 이들은 레스토랑을 개업한 처음부터 사람들의 기억에 오래 남고 향수를 자극하며 다시 와서 먹고 싶은 욕구를 불러일으키는 시그니처 메뉴가 필요하다는 사실을 깨달았다. 따라서 전후 시대에 남은 음식을 재활용하는 데 유용한 수단이었던 플린은 그들의 재기를 위한 레시피가 될 수 있었다.

"어머니 리디아는 피에리나 할머니에게 아뇰로티 만드는 법을 배웠지만, 아뇰로티를 호화로운 요리로 만들기 위해서는 어머니의 기술과 아버지의 원대한 아이디어가 결합되어야 했습니다. 무엇보다도 반죽에 달걀노른자가 서른 개나 들어가므로 매우 신선해야 했죠. 속재료는 소고기, 돼지고기, 토끼고기 구이의 가장 좋은 부위가 사용되었고 특정 속재료를 위해 적절히 숙성된 파르미지아노 치즈도 들어갔어요.

매번 조금의 빈틈도 없이 정확하게 조리했죠. 육두구는 다른 풍미를 덮을 수 있기 때문에 넣지 않았어요. 파스타는 소금물이나 육수에 끓이는 동안 속을 보호하고 씹는 맛을 유지하기 위해 평소보다 약간 두껍게 만들었습니다. 그런 다음 속재료에 사용된 고기구이에서 나온 육즙의 지방을 걷어내고 이를 플린과 버무려 향을 더욱 보강했죠. 그리고 속재료의 맛과도 조화를 이룰 수 있는 방법을 생각했어요. 그러려면 라비올리의 크기가 꽤 커야 했고, 부모님은 파스타와 속재료의 비율을 바꾸면 맛도 향상된다는 사실을 알아내셨죠."

규칙이 정해지고 나면 남은 것은 이를 실행하는 방법을 배우는 것이다. 운 좋게도 리디아는 반죽을 치댈 수 있는 유연한 솜씨와 반죽을 꼬집을 수 있는 강한 손가락을 가지고 있었다. 현재 그들이 기반을 둔 귀도 레스토랑 빌라 레알레 디 폰타나 프레다에서 피에로와 우고는 여전히 고객들을 만족시키고 있다.

이는 밝혀지지 않은 세렌디피티 스토리다. 그러나 너무 좋은 이야기라 여기에 포함시킨 점을 이해해주기 바란다. 때로는 미완성 이야기라도 들려줄 가치가 있다.

35

밀라노식 리조토

어떤 재료와도 어울리는 한 장의 백지

|

다비데 올다니와의 대화

친구 중에 냄비와 팬을 쓰는 요리
기술이 어마어마할 뿐만 아니라 머리를 쓰는 법도 잘 알고 있는
셰프가 하나 있다. 그는 공부와 질문, 개발에 지치지 않는 사람
으로 아주 열심히 일하며 전통과 정통 재료에 대한 존중을 잃지
않으면서도 새로운 요리를 선보이곤 한다. 그는 이러한 요리에
팝Pop이라는 이름을 붙였다. 코르나레도에 있는 그의 미슐랭 스
타 레스토랑인 도D'O에서 예약 없이 식사 자리를 잡는 것은 쉽지
않다.

　그는 바로 다비데 올다니Davide Oldani다. 그는 밀라노에서 태어나
밀라노를 사랑했고, 그 사랑은 2008년 밀라노 최고의 영예인 암
브로지노 도로Ambrogino d'oro를 수상하는 것으로 보답 받았다. 밀라
노식 리조토에 대해 이야기할 사람으로 그가 아닌 다른 사람을
선택할 수 없었다.

　다비데가 이야기를 시작했다. "밀라노 초입에 있는 제가 자란
마을에서는 쌀을 주로 먹었어요. 우리 집에서는 어머니가 파스타
를 식탁에 올릴 때조차도 밀라노 스타일의 짧고 크림 같은 쌀요
리처럼 보일 수밖에 없었던 기억이 납니다. 사프란 쌀은 밀라노
의 요리 전통과 미식 예술의 상징이며, 그 역사는 일화와 전설로
가득하죠."

　한 이야기에 따르면 이 레시피는 중세의 코셔kosher 요리 전통

으로 거슬러 올라가지만, 밀라노로 이주한 한 시칠리아 요리사에 관한 또 다른 이야기에 따르면 아란치니(튀긴 주먹밥) 속을 만드는 데 필요한 모든 재료를 구할 수 없었던 요리사가 약간 다른 버전으로 만든 것이 최초의 노란색 리조토가 되었다고 한다.

하지만 다비데가 가장 선호하는 버전이자 밀라노 리조토의 세렌디피티를 가장 잘 나타내는 버전은 이 리조토가 1574년 한 예술가의 팔레트에서 나왔다는 이야기다.

"밀라노 대성당의 창문에 그림을 그리던 플랑드르의 화가 마스트로 발레리오Mastro Valerio의 딸 결혼식에서 그의 조수(자신의 그림에 색을 더 밝게 하기 위해 사프란을 섞어 사용해 자페라노Zafferano라는 별명으로 불림)가 실수로 또는 장난으로 리조토에 사프란 가루를 조금 넣었습니다. 손님들은 새로운 맛에 놀라움을 금치 못했어요. 이들은 이 뛰어난 새로운 맛을 마음껏 즐겼을 뿐만 아니라 화려한 금빛 밥을 보며 눈요기도 했지요. 제가 이 레시피의 '우연한 기원'과 관련해 좋아하는 점은 쌀과 성당이라는 두 가지 아이콘이 결합되어 세 번째 아이콘, 즉 이탈리아 전역의 식탁에 오르게 된 음식을 만들었다는 점입니다."

여기에 덧붙이자면 전 세계의 식탁까지도 해당된다.

2015년 밀라노 엑스포를 맞아 밀라노가 대규모 국제회의를 준비하던 시기에 다비데는 밀라노에 레시피 하나를 헌정했다. 바로 "도의 밀라노식 사프란과 라이스D'O saffron and rice alla milanese'였다. 그는 이 행사를 위해 대부분의 사람들이 변경이 불가능하다고 생각했던 레시피에 활력을 불어넣어야겠다고 생각했다.

　이 위대한 셰프의 생각은 다음과 같았다. "연구를 통해 전통을 존중하면서도 더 현대적인 방향으로 나아갈 수 있다는 것을 깨달았어요. 그래서 마른 냄비에서 쌀만 볶는 방법을 선택했습니다. 사전에 채소를 졸이거나 볶지 않고, 와인이나 육수도 사용하지 않음으로써 쌀 본연의 향을 그대로 뿜어낼 수 있도록 말이죠. 그래서 (나는 하나의 조리법이라 생각하는) '리조토'라는 용어를 없애고 재료의 이름으로 바꾸어 다른 이름을 붙이고 싶었어요. 이름 앞에 '사프란'을 넣은 이유는 사프란이 이 요리의 맛을 내는 재료이고 이 재료에 중요성을 부여하고 싶었기 때문이에요. 전통적인 쌀에 사프란을 소용돌이 모양으로 얹어서 '이 요리에서는 서로 다른 두 재료가 환상적으로 함께한다'라는 메시지를 상징적으로 표현했습니다. 또한 이 음식은 각각의 재료들이 자기만의 개성을 유지하면서도 입 안에서는 조화를 이루며 끊임없이 새로운 맛으로 변화되죠."

　그의 어머니가 집에서 밥을 짓던 시절부터 다비데는 쌀의 무한한 가능성에 대한 애정과 찬사를 멈추지 않았음이 분명하다.

　그는 쌀을 '나만의 백지'라고 부르는데 함께 짝을 이루는 재료들의 특성을 향상시킬 수 있기 때문이다. 이는 계절에 따라 혹은 밥의 맛을 최대한 끌어낼 수 있는 역량에 따라 달라진다.

　"쌀은 저처럼 주방에서 다양한 실험을 하고 싶어하는 모든 이에게 색을 칠할 수 있는 백지 같은 재료예요. 그리고 사프란은 의

심할 여지없이 색 중의 색이죠. 저는 쌀의 품질에 광적으로 집착하는데 이 집착은 논에서부터 시작됩니다. 저는 20개월 동안 숙성된 카르나롤리^{Carnaroli}(중립종)를 사용하며, 밀라노의 오랜 전통 기술을 사용하는 생산자를 찾았어요. 사프란 역시 신중하게 선택한 결과물이지요. 정성껏 재배된 이탈리아 롬바르디아산 사프란을 사용하는데, 사프란 재배가 얼마나 힘들고 섬세한 작업인지 잘 알기에 저는 제게 사프란을 공급하는 친구를 '농부'라고 부른답니다."

다비데는 쌀을 너무 좋아해서 지금까지 여섯 가지 버전의 사프란과 쌀 요리를 만들었다고 했다. 우리가 정말 애착을 갖는 것은 우리 삶과 함께하면서 우리와 더불어 변화한다. 첫 번째로 큰 변화는 팝^{Pop} 요리의 아이디어와 함께 찾아왔는데 전통적인 맛을 희생시키지 않으면서 고전적인 레시피를 보다 가볍게 만들기로 결정한 것이다. 그가 한 방식은 이러했다.

"앞서 말했듯이 굳이 지방으로 코팅하지 않고 쌀 자체만 볶는 것을 맛의 요소로 선택했어요. 세심한 주의와 관심을 요구하는 사프란처럼 귀하고 값비싼 식재료를 함부로 다루고 싶지 않았기 때문이죠. 사프란의 고유한 특성을 전면에 부각시키기 위해 오랜 시간 조리하는 대신 혼합하는 방식을 선택했어요. 초벌 볶기나 와인, 고기 육수 등과 작별을 고한 것은 재료들이 각각 분리된 상태를 유지하는 것을 의미하며, 저에게 이는 또 하나의 중요한 맛의 요소입니다. 요리에서 이루어진 많은 혁신들과 마찬가지로,

저의 가장 최근 버전은 과거에 뿌리를 두고 있으며 오래된 전통을 재해석한 것입니다.

어렸을 때 조리하는 동안 생긴 크러스트(딱딱하게 눌어붙은 누룽지 같은 것)를 먹으려고 리조토 냄비 바닥을 긁던 기억을 떠올렸죠. 그래서 저는 크러스트를 표면으로 끌어올려야겠다고 생각했어요. 요즘 제가 만드는 사프란과 쌀 요리에서는, 여전히 유효한 기본 준비 단계는 그대로 유지하되 재료들은 보다 명확하게 분리되어 있습니다. 희석해서 우려낸 사프란은 흰 쌀과 분리했고, 쌀가루로 크러스트를 만들었습니다.

서빙할 때는 사프란 소스를 먼저 숟가락으로 떠서 접시에 담고 그 위에 밥을 올린 다음 크러스트를 올려 냅니다. 이 세 가지 요소들은 함께 어우러져 어느 하나가 다른 것에 비해 도드라지지 않고 다른 고급 재료와 어울리는 '백지 같은 쌀 요리'를 완성합니다. 소프리토, 와인, 고기 육수, 사프란을 20분간 조리한 클래식 리조토에서 사프란의 향이 제대로 느껴지는지 나 자신에게 여러 번 물어보기도 했어요. 맛을 좀 더 자세히 살펴보면, 우리가 맛본다고 생각하는 것이 실제로는 우리가 보고 있는 색이라는 점을 깨달을지도 모릅니다."

그리하여 다비데 올다니의 레시피를 여기에 공개한다.

다비데 올다니의
밀라노식 사프란과 라이스 레시피

	재료		**쌀**	카르나롤리 쌀 320g, 버터 80g, 소금 4g
		강판에 간 그라나 파다노 치즈 70g
		화이트 와인 식초 2ml
	크러스트	물 200ml, 쌀가루 30g
		식물성 기름 20ml, 사프란 0.2g
	소스	물 150ml, 찬물에 푼 옥수수 전분 2g
		사프란 0.1g, 소금 1g, 설탕 1g, 화이트 와인 식초 1ml

|밥 만드는 법|

1. 소스팬에 쌀을 볶는다.
2. 끓는 소금물을 넣고 익히다가 불을 끄고 버터와 강판에 간 치즈를 넣은 후 식초로 마무리 한다.
3. 4개의 작은 스틸 냄비에 나누어 담는다.

|크러스트 만드는 법|

1. 모든 재료를 섞어 예열된 코팅팬에 붓고 얇은 디스크 모양으로 양면을 굽는다.

|소스 만드는 법|

1. 물, 설탕, 소금, 식초를 소스팬에 넣고 끓인다.
2. 옥수수 전분을 넣고 불을 끄고 사프란을 넣는다. 우러나게 둔다.

※ 서빙할 때는 사프란 소스를 숟가락으로 떠서 접시 위에 올리고 밥은 크러스트와 함께 작은 냄비에 별도로 담아 낸다.

36

럼

최근에야 발견된 멋진 세렌디피티

루카 가르가노와의 대화

1789년 4월, 조지 워싱턴이 모든 사람이 자신의 모습을 잘 볼 수 있도록 바베이도스 럼주 통 위에 올라가 취임 연설을 한 사실은 꽤 유명하다.

1805년 10월 21일, 허레이쇼 넬슨 제독이 트라팔가 해전에서 승리했다. 영국 함대는 프랑스와 스페인 함선 22척을 침몰시키면서도 자국 함선은 단 한 척도 잃지 않았다. 안타깝게도 제독의 죽음으로 승리는 빛이 바랬다. 세상을 놀라게 한 이 전투의 승리를 기뻐할 겨를도 없이 제독이 머스킷 총에 치명상을 입고 숨을 거두고 만 것이다.

넬슨의 시신은 럼주로 가득 찬 통에 담겨 영국으로 향하는 배에 실렸는데 시신의 보존을 위해 그 통은 다시 밀봉되었다. 영국에 도착했을 때 통은 열려 있었고 액체는 한 방울도 남아 있지 않았다. 럼주 일부가 항해 중에 시신에 스며들기는 했지만 선원들이 통에 구멍을 뚫어 내용물의 대부분을 벌컥벌컥 마셨고 이로써 그들은 그 전설적인 사령관의 피를 동시에 마신 셈이 되었다. 그 이후로 영국에서 럼은 '넬슨의 피'로 알려져 있다.

일부는 사실이고 일부는 그렇지 않은 이 이야기와 그 밖의 수많은 이야기들은 럼주를 신화의 영역으로 끌어올렸다. 모든 주요 증류주 뒤에는 흥미로운 이야기가 있지만, 내가 아는 한 사탕수수를 동인도로 가져갔던 스페인 정착민들에게 론[ron]으로 알려진 증류주에 대한 이야기만큼 서사적인 이야기는 없다.

사탕수수 당밀에서 증류하거나 사탕수수 즙에서 직접 증류하는 럼주에는 여러 종류가 있다. 럼^{rum}이라고 부르는 영어권 식민지, 럼^{rhum}이라고 표기하는 프랑스 식민지, 위와 같이 론으로 칭하는 스페인 식민지의 지리·역사·정치와 얽히다 보면 길을 잃기 쉽다. 각 유형마다 각기 다른 배경 이야기가 있는데 모든 이야기에서 흥미로운 세렌디피티 사례를 발견할 수 있다. 이 이야기들은 16~19세기까지 거슬러 올라가 카리브해, 앤틸리스 열도, 호주의 뉴사우스웨일스까지 아우른다

하지만 나는 훨씬 더 최근의 럼주 이야기에 초점을 맞추려고 한다. 이 이야기의 주인공은 휴대전화도, 시계도, 운전면허증도 없이 전 세계를 돌아다니며 이탈리아로 수입하여 판매할 독특한 제품을 찾기 위해 항상 동분서주하고 있는 내 나이 또래의 루카 가르가노$^{Luca\ Gargano}$다. 루카는 증류주뿐만 아니라 샴페인, 토닉 워터, 시가 등을 취급하는 이탈리아 최고의 수입 회사인 벨리에^{Velier}를 설립했다. 그는 진정한 농부이자 장인이며 예술가이고, 그의 표현에 의하면 '진짜' 와인을 만드는 소규모 생산자들의 네트워크를 대표하는 '트리플 A' 상표를 개발한 장본인이다.

제노바에 본사를 둔 벨리에는 트리니다드에서 생산되는 아주 대단한 럼주인 카로니^{Caroni}의 유일한 수입업체다. 카로니는 전설적인 지위에 오른 럼주로 엄청나게 높은 가격에 경매로 거래되고 있다. 럼 옥셔니어$^{Rum\ Auctioneer}$ 웹 사이트가 럼 경매를 위해 개설된

이래로 카로니 럼은 상위권을 독차지하고 있다. 어떤 병은 수천 유로에 거래되기도 한다.

나는 카로니와 관련해 그가 개인적으로 겪은 우연한 이야기를 듣기 위해 그에게 연락했고, 그는 흔쾌히 이야기를 풀어놓았다.

"어떤 운명이 나를 위해 준비되어 있을지 꿈에서조차 상상할 수 없었어요. 저는 2001년부터 2004년까지 카리브해의 모든 증류소를 사진 기록으로 남기기로 결심했죠. 제 여행의 동반자는 와인에 대한 열정과 훌륭한 요리 실력을 갖춘 제 약혼녀 우르스카와 이탈리아 최고의 사진작가 중 하나인 프레디 마르카리니였습니다." 그래서 그들 세 사람은 1년에 두세 번씩 카리브해의 여러 섬을 방문하여 모든 럼주 증류소의 생산 과정을 녹화하고 또 사진으로 기록했다고 한다.

그들의 마지막 방문지는 남미 대륙에서 불과 수천 킬로미터 떨어진 최남단 섬 트리니다드였다. "2004년 12월 9일에 우리는 피아르코 공항에 도착했어요. 이 섬에 두 개의 증류소가 운영되고 있다는 것을 알고 있었죠. 유명한 비터스bitters도 만들고 럼을 전 세계로 수출하기도 하는 앙고스투라Angostura와 통에 담긴 럼은 영국 해군 럼British Navy Rum의 블렌딩용으로 판매하고 병에 든 럼은 트리니다드 전용으로 판매하는 카로니caroni라는 증류소예요. 카로니에 대한 정보가 거의 없어 궁금한 점이 많았던 터라 그곳부터 먼저 가보기로 결정했죠."

그들은 택시를 타고 몇 분 만에 그곳에 도착했다. 세 사람은 모두 택시기사가 길을 잘못 들어선 게 틀림없다고 생각했다. 루카가 "실례합니다. 저희는 카로니 증류소에 가려던 것인데 여기가 어디죠?"라고 물었더니 택시기사는 "여기가 카로니 증류소랍니다"라고 대답했다고 한다.

"우리는 어느 문 앞에 도착했어요. 멀리 보이는 증류탑은 피사의 탑처럼 폐허가 되어 기울어졌고, 사방에는 잔해가 널려 있었죠. 당밀을 증류소로 운반하던 레일은 키 큰 풀로 덮여 있었고요. 우리는 충격을 받았습니다. 정말 실망스러웠어요! 카리브해에서 제가 잘 몰랐던 유일한 증류소라 꼭 가보고 싶은 곳이었는데, 그 곳이 이런 상태라니?! 저는 침입자 같은 기분으로 문을 열고 들어가 잔해와 덤불을 헤치고 가다가 풀로 덮인 레일에 발이 끼어 발목을 삘 뻔했지요. 그림자 하나 보이지 않았어요. 잠시 후 저 멀리 작은 집 옆에 한 여성이 보였어요. 그녀는 빨래를 하느라 바빴어요. 저는 그녀의 주의를 끌기 위해 소리를 질렀고 그녀는 제 소리를 듣고 저희 쪽으로 다가왔어요.

'여기가 카로니 증류소인가요?' 나의 물음에 그녀는 맞다고 대답했어요. '그런데 어떻게 된 거죠?'라고 묻자 그녀는 '어떻게 됐냐고요? 무슨 일이 있었는지 모르시나요?'라며 거의 분개한 듯 되물었어요. 저는 모른다고 고백했어요. 진짜 무슨 일이 있었는지 몰랐으니까요. 그러자 그 여인은 작년에 정부가 섬에서 운영되던 마지막 설탕 공장을 폐쇄하기로 결정하면서 1만 3,000명의 사탕수수 재배자와 벌목 노동자들이 길거리로 내몰렸다고 설명했어요. 그래서 사탕수수, 당밀, 럼주가 사라진 것이죠. 카로니 증류소는 강제로 문을 닫아야 했어요. 제 실망감은 점점 더 커져 갔고 혹시 2003년에 증류한 럼주 몇 통이 남아 있는지 물었지요. 그녀는 놀라움에 눈을 동그랗게 뜨고 저를 바라보며 말했습니다. '따라오세요!' 그건 명령이었죠."

그 여인은 루카가 상상하는 것보다 더 많은 것을 알고 있었다. 그들은 잔해와 쓰레기 더미, 잡초를 헤치고 오래된 창고에 도착했다. 그녀가 창고 문을 열었을 때 루카는 자신의 눈을 믿을 수 없었다. 창고 안은 수백 개의 럼주 통으로 가득 차 있었던 것이다.

루카는 그녀에게 그 통들이 2003년산 증류주냐고 물었다. 그녀는 이렇게 대답했다. "당연히 아니죠. 1983년, 1984년, 1974년 산은 여기 있고…." 순간 루카는 할 말을 잃었다. "쥐들의 장난에 놀아난 배고픈 고양이 같았죠." 그 누구도 존재 여부조차 몰랐던 20년, 30년 된 럼주 수백 통을 발견하는 것은 딜러이자 럼 애호가에게는 말로 설명할 수 없는 일이었다. 꿈을 꾸고 있는 것은 아닌지 스스로를 꼬집으며 정신을 차리기까지는 시간이 조금 걸렸지만 루카는 곧바로 행동에 옮겼다.

"제가 가장 먼저 한 일은 그 여인을 설득해 카로니 증류소 청산인인 루디 무어Rudy Moore와 연결해달라고 한 것이었어요. 그런 다음 루디를 설득해 럼을 맛보게 해달라고 부탁했죠. 환상적이었어요! 한 잔 또 한 잔 마시면서 루디와 저는 친구가 되었고 저는 가격을 따지지 않고 모든 통을 구입했어요. 가격이 어떻든 간에 저는 그 술들을 원했고, 이미 새로운 '카로니 프로젝트'를 마음속에 분명히 가지고 있었죠.

2005년 4월 1일, 럼주가 담긴 통들이 유럽으로 떠났고 저는 빈티지의 '준비 상태'에 따라 면밀하게 보정된 기준을 사용하여 병입을 시작했습니다. 라벨에는 프레디 마르카리니가 촬영한 아름다운 사진을 사용했지요. 15년이 지난 지금도 마지막 통에 있는 럼주를 병입하고 있어요. 그 럼은 전설이 될 만한 가치가 있죠. 저는 살면서 온갖 종류의 일을 해봤지만 카로니 모험이 최고일지도 몰라요. 사진 몇 장 찍으러 갔다가 운명이 계획의 모든 것을 바꿔놓았죠!"

작년에 루카는 내게 선물을 주었다. 바로 이탈리 매장만을 위한 마지막 카로니 배럴을 병에 담은 럼주였다. 단 200병뿐이었는데 나는 루카에게 개당 150유로라는 고정가에 판매하면서 특별 이벤트를 할 수 있는지 물어보았다. 그는 허락했지만 한 가지 조건을 붙였다. 한 사람당 한 병 이상은 안 된다는 것이었다. 결국 그 럼은 이탈리아 국내 매장들에서 하루 만에 모두 팔렸다.

그날 나는 우연히 바리Bari 매장에 있었는데 럼주를 좋아하는 한 고객이 뒤에 있던 여성에게 카로니를 사달라며 150유로를 건네고 팁으로 100유로를 더 주는 것을 보았다. 그는 정말로 두 병을 집으로 가져가고 싶었던 것이다. 나는 그에게 미소를 지으며 루카와 그의 놀라운 트리니다드 모험을 생각했다.

37

우스터 소스

블러드 메리의 맛을 완성시킨 최종 보스

|

조 배스티아니치와의 대화

우스터^{Worcester}는 런던에서 북서쪽으로 약 200km 떨어진 영국의 우스터셔 카운티의 주도로, 인구는 약 10만 명이다. 1835년에는 분명 지금보다 훨씬 작은 도시였지만, 이미 영국 산업혁명의 주요 중심지였으며 특히 도자기의 중심지였다. 오늘날 우스터는 도자기가 아니라 세계에서 가장 잘 알려져 있고 가장 많이 사용되는 바비큐 소스가 태어난 곳으로 유명하다.

그 이야기를 하려면 운명의 해였던 1835년으로 돌아가야 한다. 인도의 벵골에서 식민지 총독을 지낸 마커스 샌디스 경^{Lord Marcus Sandys}이 오랜 임무를 마치고 인도 현지에서 얻은 많은 추억과 기념품을 가지고 고향인 우스터로 막 돌아온 참이었다. 여기에는 그가 열광했던 인도식 소스의 레시피도 포함되어 있었는데 이 레시피에는 몰트와 주정 식초, 당밀, 설탕, 소금, 안초비, 타마린드 추출물, 양파, 마늘을 비롯하여 다양한 향신료와 향료(아마도 간장, 레몬, 피클, 고추 등도 포함됨) 등이 들어간다. 서양에서는 이 소스를 구할 수 없었기 때문에 그는 약사 존 리^{John Lea}와 윌리엄 페린스^{William Perrins}에게 이 소스를 재현해달라고 부탁했다.

두 사람은 곧바로 작업에 착수하여 소스를 한 통 가득 만들었지만 원래의 맛에는 한참 못 미쳤다. 그들은 이 소스가 마음에 들지 않았고 그것은 마커스 경도 마찬가지였다. 몇 달 동안 두 화학자는 약국 저장실에 있는 이 소스 통에 대해 잊고 지냈다. 그러나 어느 날 공간을 더 확보하기 위해 정리를 하던 중 소스를 버리기 전에 다시 맛보기로 순간적으로 결심했다. 그것은 마커스 경과 함께 맛본 끔찍한 소스와는 전혀 다른 환상적인 맛이었다. 시간 이 마법처럼 작용한 것이다. 모든 재료가 함께 어우러져 조화를 이루기까지 일정 시간이 필요했던 모양이다.

두 약사는 마커스 경에게 이 사실을 알렸지만 마커스 경은 더 이상 그들의 발견에 관심이 없었고 존과 윌리엄이 직접 독창적인 아이디어를 개발하도록 허락했다. 그렇게 해서 리 앤 페린스Lea and Perrins 우스터 소스는 1838년부터 생산되기 시작했고, 그 후로 압 도적인 성공 신화를 써 내려갔다. 이는 세렌디피티였다!

*

조 배스티아니치Joe Bastianich는 대단한 음식 애호가다. 어떤 사람 들은 그가 미국 마스터셰프 시리즈의 심사위원이었고 동료들이 모두 숙련된 요리사였기 때문에 그를 셰프로 생각하기도 한다. 사실 조는 훌륭한 지배인으로 나는 그를 장난스럽게 '꽤 괜찮은 웨이터'라고 부르기도 한다. 요즘 그는 자신의 모든 레스토랑에 서 다른 무엇보다 사업가의 역할을 한다. 하루에 수천 명의 손님 이 그의 레스토랑들을 찾기 때문에 더 이상 그가 직접 손님들을 맞이하지는 않지만, 어쨌든 그의 방대한 경험이 시작된 곳은 레스토랑이었다.

비즈니스 책임자로서 레스토랑 홀에 있는 사람이라면 총괄 셰프 못지않은 책임감을 가진다. 이는 세계 자동차 경주인 포뮬러 원에서 타이어와 차대가 엔진만큼이나 중요하고 더 자주 승부를 결정짓는 요소가 되는 것과 비슷하다. 엔진의 힘을 도로로 옮기려면 엄청난 균형이 필요한데, 레스토랑에서도 이러한 균형이 안 맞으면 세계 최고의 셰프를 데려다놔도 레스토랑이 제대로 운영되지 않는다.

여기에 더해 원재료 및 와인과 전통에 대한 철저한 지식이 필요하다. 또한 실수를 바로잡을 수 있는 능력과 손님이 편안하게 느낄 수 있도록 하는 역량, 무엇보다 손님들이 원하는 것이 무엇인지를 파악해 셰프와의 협력을 통해 제대로 된 메뉴를 만들 수 있는 능력이 요구된다. 조는 이 모든 면에서 챔피언이다. 나는 그에게 우스터 소스와의 인연에 대해 이야기해달라고 부탁했다.

"1985년 6월 14일이라는 날짜까지도 기억합니다. 제가 막 열일곱 살이 되기 직전이었어요. 식당에 들어간 시간이 오전 9시 30분이었는데 그곳엔 아직 어둠이 깔려 있었고, 공기는 연기로 자욱했지요. 담배꽁초의 매캐한 냄새와 알코올 찌꺼기의 역겨울 정도로 달콤한 냄새가 코를 찔렀지요. 몇 시간 전까지 울려퍼졌을 음악의 에너지와 댄스 무대 위 격렬했을 밤의 진동이 여전히 느껴졌습니다. 저는 패밀리 레스토랑의 세계를 떠나 진짜 바의 카운터에서 제 꿈을 키워가고 있었어요. 혼자서도 해낼 수 있다는 것을 보여줄 수 있는 첫 번째 큰 기회였죠."

당시 월스트리트는 번창했고 힙합이 유행하고 있었으며 뉴욕은 활기에 차 있었다. "저는 멋지게 앞서나가며 변화하고 싶었고, 어퍼 이스트 사이드와 부모님이 운영하던 레스토랑에서 벗어나 시내 중심부로 이사하고 싶었습니다. 우리 가족과 친한 몇몇 지인들 덕분에 저는 뉴욕의 밤문화를 접할 수 있는 기회를 잡았습니다. 1985년 6월 14일, 트라이베카에 있는 새롭고 트렌디한 레스토랑에서 일을 시작했는데 이는 부모님에게서 독립해 처음으로 경험해본 진정한 홀로서기였죠. 비록 바를 청소하고 개장을 준비하는 바텐더 보조였지만 마음속으로는 제 앞날에 멋진 커리어가 펼쳐질 거라고 확신했고 저는 빠른 속도로 성장하고 있었어요.

첫날 저는 전날 밤의 난장판을 치울 준비를 하고 출근했습니다. 저를 지도할 사람은 아무도 없었고 카운터에 냅킨 한 장만 남겨져 있었죠. 거기에는 바 청소, 냉장고 채우기, 칵테일 믹싱 재료(주문 처리 속도를 높이기 위해 일부 업소에서 사용하는 혼합 제품) 준비 등 사장님이 적어놓은 제가 해야 할 일의 목록이 있었어요. 카운터를 구석구석 닦는 일은 제게는 전혀 낯선 일이 아니었습니다. 아버지가 10대 시절 내내 이 일을 가르쳐주셨고 물통과 표백제를 다루는 데 익숙했기 때문이죠. 그래서 모든 것을 깨끗이 닦은 다음 레스토랑의 모든 냉장고를 가득 채웠습니다. 마지막으로 칵테일 믹싱 재료 과제를 처리할 순서가 됐죠."

1980년대에는 다이키리daiquiri와 마가리타margarita가 대세였다.

그런데 그는 마지막 컨테이너에서 블러디 메리^{Bloody Mary}인 것 같은 붉은색 혼합물을 발견했다. "맥주를 좋아하고 와인을 너무나 사랑하는 가정에서 자란 저로서는 보드카를 섞은 토마토 주스의 매력을 결코 이해할 수 없었어요. 블러드 메리를 처음 맛봤을 때 제정신을 가진 사람이라면 누가 그런 토마토 주스를 마실까 싶었죠. 우리 패밀리 레스토랑에서 가끔 주문하는 손님이 있었기 때문에 레시피에 대한 대략적인 아이디어는 있었어요.

한번은 펠리디아의 바텐더인 샘이 카운터에서 내게 맛보게 한 적이 있었는데 레몬주스, 호스래디시, 타바스코, 우스터 소스를 재료로 썼던 것이 어렴풋이 기억났어요. 하지만 재료의 비율은 어둠 속에서 더듬더듬 찾듯이 겨우 맞추었습니다. 우스터 소스의 경우 얼마나 넣어야 할지 몰라서 살짝 맛을 봤어요. 순수한 우스터 소스 자체는 요리와 음식의 맛만 느껴졌어요. 처음에는 산미와 매운맛, 새콤달콤한 맛을 음료에 첨가할 수 있다고는 짐작하지 못했어요. 익숙한 맛이긴 했지만 칵테일의 세계와는 한참 거리가 있다고 생각했죠."

오전 11시 정각에 문을 쾅쾅 두드리는 소리가 들리더니 졸린 듯한 충혈된 눈으로 수석 바텐더 스티브가 활짝 웃으며 들어왔다. 그는 인사도 건네지 않고 곧바로 믹스 재료 쪽으로 향했다. "그 순간 모든 확신은 자존심과 함께 허공으로 사라졌습니다. 그는 다이키리 믹스는 너무 달고, 마가리타 믹스에는 트리플 섹^{Triple Sec}(오렌지 향이 나는 리큐어)이 충분하지 않다고 중얼거렸습니다.

그러더니 블러디 메리를 한 모금을 마시고는 저를 바라보면서 완벽하다고 선언했습니다. 그때까지만 해도 저는 꽤 겁에 질려 있었는데 그는 정확하게 그 단어를 사용해서 말했죠. 그날은 1985년 7월 14일이었고, 멋진 헤드 바텐더였던 스티브는 아침식사로 우스터 소스를 완벽하게 계량해서 진심을 다해 만든 블러디 메리를 마셨어요. 저는 제가 살아있는 한 제 자존심을 고양시켜준 그날을 영원히 기억할 겁니다."

조는 그로부터 몇 년 후 뉴욕에 첫 레스토랑을 열었다. 때는 1991년이었고 그의 나이는 스물세 살이었다. 당시 뉴욕시는 맨해튼 극장가를 재정비하는 사업에 착수했고 타임스 스퀘어 주변은 르네상스를 맞이하고 있었다. 오늘날 알려진 관광 명소와는 거리가 멀었지만, 그곳엔 성인용품점들이 즐비했고, 초창기 기업가들은 새로운 사업을 시작하느라 주변을 정리하고 있었다.

조는 계속해서 말을 이어갔다. "저는 그 모든 흥분의 한가운데에 있었습니다. 저는 할머니에게 돈을 빌려 오래된 3층짜리 건물에 첫 번째 레스토랑을 열었습니다. 식당 이름을 베코Becco라고 정했어요. 훗날 그곳에 레스토랑 로우Row가 자리잡았죠. 실패할 수도 있는 기회였지만 저는 위험을 감수하고 저의 시간을 맞이할 만반의 채비를 갖추었어요. 처음으로 제가 내리는 모든 결정과 행동이 긍정적이든 부정적이든 제 삶과 제 이름 그리고 제 이미지에 영향을 미치게 되었죠."

그래서 조는 레스토랑의 서비스부터 인테리어, 특히 음식에 이르기까지 모든 디테일에 자신의 개성을 반영하기로 결정했다. 그는 디스코가 유행하던 시절의 분위기와 바텐더의 세계에서 보낸 시간들, 그리고 뉴욕의 야경에서 영감을 얻었다. 음식에도 그런 분위기를 재현하는 것이 그의 아이디어였다. 과연 그는 어떻게 재현했을까? 그의 아이디어는 제법 자연스럽게 진행되었다.

"저는 클래식한 버전의 스테이크 타르타르를 제공하되 블러디 메리를 만들던 바 카운터에서의 즐거웠던 밤을 기억하기 위해 우스터 소스를 조금 더 가미하기로 결정했죠. 고객들은 처음부터 이 메뉴를 좋아했고, 거의 30년이 지난 지금도 우리 메뉴에 영원히 자리 잡고 있습니다."

요즘은 믹솔로지에도 주방에서 사용되는 재료가 활용되는 것이 흔한 일이지만 예전에는 그렇지 않았다. 조는 우스터 소스가 이러한 트렌드의 선구자라고 말하는데 나도 그 말에 동의한다. 하지만 그가 이 소스에 대해 이야기할 때 뭔가가 하나 더 있었다. 그것은 향수였다.

그는 웃으며 "우스터 소스는 영화 〈더 울프 오브 월스트리트The Wolf of Wall Street〉에서 그려지는 뉴욕에 대한 추억 속으로 저를 데리고 가지요"라고 말했다. 레오나르도 디카프리오는 채권과 주식을 곡예하듯 운영하다가 결국 파산한 반면, 조는 베코의 테이블 사이에서 모든 것을 훌륭하게 운영하며 우스터 소스로 놀라운 커리어를 쌓았다.

38

파니노

이탈리아식 샌드위치와 그 미래

—

안토니오 치비타와의 대화

샌드위치는 샌드위치 가문의 4대 백작인 존 몬태규^{John Montagu}라는 사람이 개발한 것으로 그는 18세기 중반에 15년 동안 영국의 첫 번째 해군경을 지냈다. 그는 정치(부패)나 사생활(도덕적 해이) 면에서 모두 다양한 스캔들의 중심에 있었으며 두 명의 아내와 여섯 명의 자녀, 그리고 수많은 연인을 거느렸던 것으로 보인다. 그의 삶은 정신없이 바빴고 항상 서둘렀으며 밥을 먹기 위해 멈추는 것도 달가워하지 않았다.

어느 날 몬태규 경은 여러 가지 맛있는 소스를 곁들인 훌륭한 로스트 비프를 만든 요리사에게 특별한 부탁을 했다. 가급적이면 버터를 바른 부드러운 빵 두 조각 사이에 그 모든 것을 넣어달라고 말한 것이다. 요리사는 진저리를 쳤지만 백작의 말을 거역할 수는 없었다.

결국 이상한 새 요리가 예상대로 식탁에 도착했고 몬태규 경은 한손으로 소스와 함께 최고급 고기를 먹으면서 다른 한손으로는 카드놀이를 계속할 수 있게 되었다. 자연스럽게 식탁에 있는 모든 사람들이 그가 한 대로 따라했고 이 요리사는 절망적인 심정으로 같은 요리를 더 많이 만들어야 했다.

그런데 이 음식은 뭐라고 불러야 했을까? 발명가와 연관된 이름을 선택하는 것은 당연한 일이었고, 이렇게 샌드위치가 탄생했다. 백작이 원했던 것은 카드 게임을 중단하지 않고 계속할 수 있는 방법을 찾는 것뿐이었지만, 자신도 모르게 세상을 위한 새로운 레시피를 개발하게 되었던 것이다.

*

안토니오 치비타^Antonio Civita는 이탈리아 레스토랑 체인인 파니노 주스토^Panino Giusto를 이끌고 있으며, 몇 년 사이에 파니노(이탈리아식 샌드위치, 복수형은 파니니-옮긴이)를 파는 레스토랑을 33개나 늘렸다. 나는 샌드위치의 세렌디피티에 대한 내 이야기가 맞는지 확인하기 위해 그와 연락했다.

안토니오는 샌드위치는 정확히 그렇게 탄생한 것이 맞다고 확인해주었다. 하지만 그의 설명에 따르면 '무언가와 함께 먹는 빵'으로 이해할 수 있는 파니노는 샌드위치 백작 존 몬태규보다 수백 년 전에 이미 존재했던 것으로 보인다.

"로마 제국 시절로 거슬러 올라가면 사람들은 길거리와 시장에서 파니스 아치 페르나^panis ac perna를 먹었습니다. 파니스 아치 페르나는 라틴어로 '빵과 햄'을 뜻하며, 햄롤의 전신인 이 음식의 이름을 딴 거리도 있었죠. 훨씬 뒤에 밀라노에서 레오나르도 다빈치는 일종의 뒤집힌 샌드위치를 시도했습니다. 그러니까 르네상스 시대의 이 천재가 원했던 음식은 두 조각의 고기 사이에 빵 한 장을 넣은 것이었지만 그는 그것을 무엇이라고 부를지 몰랐어요. 훨씬 나중에 밀라노가 파니노의 고향이 되고 로마가 샌드위

315

치의 본고장이 되었다는 것은 흥미로운 사실입니다.

계급 구분이 명확해진 19세기로 넘어오면서 파니노의 길은 두 가지 방향으로 나뉘었는데, 양파나 치즈 크러스트를 넣은 빵은 가난한 사람들의 음식이 되었고, 부르주아의 우아한 응접실에서는 카나페와 속을 가득 채운 샌드위치 형태의 작은 파니니가 손님들에게 제공되었죠. 파니니가 포함된 최초의 레시피 컬렉션은 1911년 알베르토 코우녜Alberto Cougnet의 것으로, 이 샌드위치는 속을 가득 채운 전형적인 이탈리아의 '빵빵한' 파니니와 구별됩니다."

가장 최근의 전환점은 1968년에 찾아왔다. 사람들은 일과 여가를 위해 집 밖에서 보내는 시간이 늘어났고, 파니노는 소위 새로운 도시 음식으로 자리를 잡았다. 안토니오는 집 밖에서 새롭게 탄생한 이 음식이 전혀 다른 두 가지 형태로 나타났다고 말했다.

하나는 너무나 파격적이어서 햄버거 가게에서 시작된 청년 운동인 파니나리Paninari(소비지향적인 멋쟁이 젊은이를 가리키는 말-옮긴이) 운동을 일으킬 정도로 현대적이고 접근하기 쉬운 버전이었고, 다른 하나는 푸아그라, 캐비어, 연어, 야생 동물 제품, 그리고 프랑스 치즈와 같은 고급 식재료가 간단한 절차를 추구하는 트렌드와 맞물리면서 등장한 훨씬 더 풍요롭고 호화로운 수준의 세련된 버전이었다. 파니노는 테이블에서 냅킨과 그릇을 없앴고 사람들은 손으로 파니노를 들고 먹었다. 심지어 이 음식은 왕들에게도 적합했다.

이제는 1980년대 초 '밀라노 다 베레^Milano da bere' 또는 '마시는 밀라노' 시기의 현대 파니노의 등장을 이야기할 차례다. 파니노는 그 시대를 장악했고 관련 비즈니스를 구축할 수 있는 중심이 되었다. 즉, 사회 관습이라는 면에서 상징적 의미를 지닌 진정한 상업 제품이자 마케팅이 가능한 제품이 된 것이다.

안토니오는 계속해서 말을 이어갔다. "그 당시 로마에 살던 저는 파니니에 대해 전혀 몰랐고, 사실 파니니를 먹어본 적도 없었습니다. 직업적으로도 저는 완전히 다른 일을 하고 있었어요. 그런데 운 좋게도 어느 날 우연히 파니노를 접하게 됩니다. 저는 종종 밀라노를 방문하곤 했는데 지금은 아내가 된 엘레나가 밀라노에 살고 있었기 때문에 이곳으로 이사할까 생각하고 있었어요. 이 도시가 주는 역동성과 분위기에 끌리기도 했고요. 파니노 주스토는 이미 존재하고 있었고 엘레나는 그곳의 팬이었어요. 점심 시간이면 그녀 때문에 저로서는 이해할 수도 없는 긴 줄을 서야 했지요. 식사를 위해서라는 슬픈 변명으로 파니노를 한참 기다리는 동안 밀라노 사람들이 미쳐버린 건 아닌지 궁금해졌어요."

하지만 한 입 먹고는 그의 생각이 바뀌었다. "파니노의 잠재력을 처음으로 깨달은 것은 레스토랑 밖에서 그렇게 줄을 서 있었던 날들 중 하루였던 것 같아요. 엘레나와 저는 결혼한 얼마 뒤, 파니노 주스토 브랜드를 프랜차이즈로 개발하기 위해 회사를 설립하기로 결정했어요. 약 10개의 레스토랑을 개점한 후 사업 전체를 인수하기 위한 제안서를 작성했고, 2010년에 파니노에 대한 새로운 아이디어와 1980년대의 번영 이후 파니노가 제공할 수 있는 것이 무엇인지에 초점을 맞춰 제안서를 다듬었죠."

그 전략은 통했다. 이제 파니노 주스토는 파리, 런던, 도쿄 및 기타 많은 도시에서 이탈리아 스타일의 파니니를 만들고 있다. 이제 밀라노에서는 어디를 가든 파니노 주스토를 만날 수 있다.

하지만 가장 큰 만족은 다른 데 있었다. 안토니오는 이탈리아 파니노의 유산을 보호하기 위해 문화 재단을 설립하고 여전히 이를 지원하고 있다. "파니노는 피자와 파스타처럼 기본적으로 이탈리아를 표현하는 것이라 생각합니다. 제 생각에 이탈리아 파니노 아카데미 재단은 우리의 유산이에요. 이 재단은 젊은 팀에 의해 운영되며 음식·디자인·역사·미디어·출판·소매 분야의 전문가 20명으로 구성된 자문위원회의 지도를 받고 있지요. 우리 가치를 담은 강령을 만들었고, 표준 매뉴얼 및 이탈리아와 유럽의 2,500개 레스토랑이 수록된 '파니노 지도' 앱도 갖추고 있어요. 우리의 다음 목표는 이를 전 세계로 확장하는 것입니다."

안토니오는 이 재단이 디지털 잡지와 책자로 된 연감도 발행하고 행사를 조직 및 주관하며 요리사·미식가·연구자·장인들 간의 교류를 촉진하고 있다고 말했다.

안토니오에게 '공정하다'는 뜻의 형용사인 '주스토'에 대해 물어보았다.

"1980년대에 저희가 이 브랜드를 인수했을 때 이미 그 이름이 있었고, 주스토는 '유행을 따르고 트렌디하다'는 의미를 비유적으로 표현한 것이었어요. 하지만 이 단어의 의미도 변했어요. 이제 우리는 원래의 의미로 돌아가려고 해요. 사람과 동물, 환경에 대한 올바른 존중이라는 의미의 주스토로 말이죠.

우리가 정한 미션이 유토피아적인 것처럼 보일 수도 있다는 점을 알지만, 우리는 정말로 파니니를 통해 더 나은 세상을 만들고 싶습니다."

이들이 집중하고 있는 프로젝트 중 하나는 '새로운 시작을 위한 요리'로, 이탈리아에서 피난처를 찾은 아이들이 자신들이 받은 혜택을 일을 통해 돌려줄 수 있도록 하기 위해 마련된 프로그램이다. 이들은 매년 이 프로그램에 참여하는 모든 파트너들의 레스토랑과 자신들의 레스토랑에서 인턴십과 고용을 제공하는 교육 프로그램을 만들었다.

헤어지기 전에 안토니오는 작년에 그들의 40주년을 기념하기 위해 출시한 파니노를 '그 실수'라는 뜻의 '로 스발리아토Lo sbagliato'라고 불렀는데, 이는 그 모든 실수들이 재해석되어 더 나은 파니니로 이어진 것을 기리기 위한 것이라고 했다. 이것이 바로 세렌디피티다.

39

소테른

곰팡이가 고귀해지는 순간

―

안젤로 가야와의 대화

안젤로 가야Angelo Gaja는 2020년에 80세가 되었지만 사람들에게 이 사실을 알리지 않았다. 아무도 모르게 하고 싶어서가 아니라 아무도 그의 나이를 믿지 않을 것이기 때문이었다. 실제로 그는 적어도 나이보다 15년은 더 젊어 보인다. 여기에는 유전자도 한몫 했겠지만 이는 주로 그의 라이프 스타일 덕분이다. 그는 일을 많이 하고 전 세계를 끊임없이 여행하면서도 항상 식단에 신경 쓰고 자전거를 타며 결코 담배를 피운 적이 없다.

그리고 그의 마음은 몸보다 훨씬 더 건강하다. 와인메이커로서 종종 나의 일에 의문이 생길 때면 나는 그를 찾는다. 하지만 내가 안젤로와 이야기하고 싶은 것은 와인뿐만이 아니다.

안젤로는 매일 아침 최소 7개의 신문을 읽고 가장 흥미로운 기사에 밑줄을 그으며 토론하는 것을 즐긴다. 나는 그의 대화 파트너 중 한 사람이 된 것을 영광으로 생각한다. 우리는 정치, 역사, 책, 특히 미래에 대해 이야기한다. 랑게 지역에서 5대에 걸쳐 가장 유명한 와인 브랜드에 이름을 빌려준 가문 출신으로서 그토록 깊은 역사를 가진 사람이 과거보다 미래에 대해 더 많이 이야기하는 것은 역설적으로 보일 수도 있다.

2008년에 폰타나프레다Fontanafredda와 보르고뇨Borgogno라는 제법 권위 있는 와이너리 두 곳을 인수한 후 내가 가장 먼저 한 일은 보르도^{Bordeaux} 역사에 관한 책을 읽는 것이었다. 내가 읽은 책에는 매우 유명한 프리미어 크뤼 클라세 샤토 무통^{Premier Cru Classé Château Mouton}의 소유주이자 로스차일드 남작 부인인 필리핀 마틸드 카밀 ^{Philippine Mathilde Camille}과의 인터뷰가 포함되어 있었다. 남작 부인은 "와인 양조는 훌륭한 사업"이라 말하며 "조금 힘들었던 건 처음 250년 동안뿐"이라고도 말했다. 실망스러운 말이었다. 당시 나는 이미 쉰네 살이었는데 어떻게 해야 하나 걱정했다.

"공부를 해야지! 부지런히 와인을 공부하는 것 외에는 다른 방법이 없다네. 시골에서, 저장실에서, 시장에서, 책에서 배워야 한다네."

나는 그렇게 했고, 어느 정도 성과를 거두었다. 부분적으로는 그의 덕분이었다.

몇 년 후 와인 업계에서 가장 흥미로운 세렌디피티 사례 중 하나인 프랑스의 유명 스위트 와인인 소테른^{Sauternes}을 접했을 때 나는 곧바로 안젤로를 떠올렸다.

"고대로 거슬러 올라가면 스위트 와인은 이미 큰 명성을 누리고 있었다네. 이집트·에트루리아·그리스·로마 사람들은 햇볕에 말려 당분이 농축된 포도로 만든 스위트 와인이 보관이 더 쉽고 결과적으로 더 오래간다는 것을 깨달았지. 또 다른 방법은 으깬 포도즙을 끓여서 부피를 줄이고 당분을 농축하는 것이라네. 그리고 로마인들은 팔레넘^{falernum}이라는 와인을 생산했는데 건조를 유도하기 위해 포도송이의 꽃자루를 비트는 방식을 썼던 것으로 알고 있어. 또 다른 일반적인 방식은 더 풍부하고 기분 좋은 맛을 내기 위해 감미료, 특히 꿀을 첨가하는 것이었지.

　12세기부터 16세기까지 베니스는 시칠리아·키프로스·그리스·크레타에서 생산되는 스위트 와인을 독점했다네. 달콤한 와인에 대한 수요가 증가함에 따라 베네치아 사람들은 베네토와 프리울리의 새 포도원들을 지원했고, 그래서 화이트 와인을 만들 요량으로 적포도를 말려서 만든 레치오토가 더 많이 나왔어. 그러다가 16세기 초반에 포르투갈 사람들이 크레타섬의 포도나무를 마데이라로 도입했고, 점차 유럽 전역, 독일 북부, 스페인 지중해 연안, 시칠리아에서 스위트 와인이 만들어졌지. 16세기 말부터 네덜란드 상인들은 화이트 와인을 사서 설탕과 시럽을 섞으며 현대인의 입맛을 만족시켰고 시장에 큰 영향을 미치기 시작했다네. 그들은 바르삭 지역의 농부들에게 설탕 잔여물로 와인을 만들어달라고 부탁한 사람들이었어."

　바르삭은 보르도 남쪽으로 40km 떨어진 지롱드에 있는 작은 마을로 인구는 2,000명이 조금 넘지만, 남쪽으로 10km 더 떨어진 730명의 주민이 살고 있는 소테른에 비하면 도시처럼 보인다. 바르삭과 소테른은 귀부병noble rot(포도에 곰팡이인 귀부균이 번식하여 껍질이 얇아지고 마르는 현상-옮긴이)의 영향을 받은 세계 최고의 스위트 와인 생산지다.

　귀부병은 포도 수확이 의도치 않게 지연되면서 처음으로 발생했다. 당시에는 아무도 그것의 유익한 효과에 대해 알지 못했고,

1847년 우연히 소테른 와인이 처음으로 등장했다. 그해 가을, 샤토 디켐^{Château d'Yquem}의 소유주였던 뤼르 살뤼스^{Lur Saluces} 후작이 러시아에서 귀국하던 중 문제가 생겼고 이로 인해 귀국이 지연되었다. 그는 자신이 러시아에서 돌아올 때까지 수확을 시작하지 말라는 지시를 보냈고, 일꾼들은 병든 포도가 걱정되었지만 주인의 뜻을 존중했다. 후작이 마침내 소테른에 도착해 수확을 시작했을 때, 귀부병으로 인해 모든 포도나무가 손상되어 있었다. 일꾼들은 무거운 마음으로 세미용^{semillon}과 소비뇽 블랑^{sauvignon blanc} 포도 송이를 수확했다. 그리고 이 포도들로 만든 와인을 맛볼 때가 되자 그 맛이 정말 훌륭한 것을 알게 됐다! 더 이상 그냥 달콤하기만 한 것이 아니라 이전에는 결코 접하지 못했던 풍부한 부케향과 복합적인 맛이 느껴진 것이다.

안젤로는 그 이유를 다음과 같이 설명했다.

"이 모든 것은 미세 곰팡이인 보트리티스 시네레아^{botrytis cinerea}의 작용 때문이었지. 이 곰팡이는 9월에 포도나무에 나타나고 특정 조건이 되면 귀부병이라고 알려진 병을 일으킨다네. 귀부병에 걸린 포도를 생산하려면 포도가 익어가는 동안 매일 아침에는 안개가 자욱하고 바람이 약간 불며 오후에는 가을 햇살이 비추는 등의 특별한 기상 조건이 필요해. 이러한 조건은 소테른, 토카이 및 라인강과 모젤 강변 등 극히 일부 지역에서만 일관되게 발견되지.

보트리티스에 감염된 포도로 와인을 생산하는 것은 까다롭고 위험하며 비용도 많이 든다네. 최고로 성공적인 수확기에는 기상 조건이 번갈아 바뀌어서 귀부병이 모든 포도송이에 동일한 속도로 도달하지만, 이러한 수준의 균일한 숙성은 항상 달성되는 것이 아니라네. 생산자는 필요할 때마다 포도송이를 수확하거나 완전히 익은 포도들만 선별적으로 수확하기 위해 몇 번이고 다시 와서 일할 수 있는 대규모의 인력을 확보해야 하지."

하지만 오늘날의 스위트 와인은 예전만큼 인기가 없는 반면, 만드는 데는 많은 노력이 든다. 귀부병에 걸린 포도로 만든 와인 생산은 여러 가지 이유로 인해 상당히 둔화되었다.

가장 큰 이유는 기후 변화 때문인데, 일부 수확 연도에는 가장 성공한 회사만 감당할 수 있을 정도로 생산 비용이 높아져 포도 농가들은 수확을 포기했다. 또 다른 이유는 아이스와인이나 저온 숙성을 통해 만들어진 와인 등 이 시장을 놓고 경쟁하는 대체 제품들이 등장했기 때문이다. 마지막으로 특정 시점이 되면 유행이 시들해진다는것도 사소하지만 진실인 이유다. 선진국 시장의 소비자들이 강렬하게 달콤한 와인에 대해 그런 반응을 취했다.

하지만 낙관주의자인 안젤로는 고품질 생산자들이 포기해서는 안 된다고 주장한다. "장례식을 치를 때가 아니라네. 전 세계에서 만들어지는 훌륭한 스위트 와인들은 시장이 제한적이고 성장 가능성이 낮더라도 항상 자신의 자리를 찾을 거야. 아프리카나 아시아 같은 새로운 시장들을 개척하기 위한 계몽 캠페인을 벌이면서 말이야."

한편 그는 스위트 와인으로 유명한 모든 지역에서 같은 포도로 드라이 와인을 만드는 것이 점점 더 보편화되고 있다고 밝혔다. "트렌드는 소비자의 변덕에서 비롯되지 않는다네. 음식평론가들이 떠받드는 최고급 음식을 만드는 셰프들도 완벽한 와인 매칭을 염두에 두고 요리를 만드는 것은 아니니까. 스파클링 와인은 과거에는 식사와 별개로 마시거나 축하용으로 마셨지만, 지금은 차갑게 마시기도 하고 모든 종류의 음식과 잘 어울리기 때문에 식탁에 자리를 잡았다네. 최근에는 기후 변화 때문에 거의 모든 곳의 생산자들이 바디감과 알코올 도수가 높은, 고밀도의 비발포성 농축 와인을 만들 수밖에 없게 되었지. 로제나 우아한 미디엄 바디의 와인처럼 알코올 도수가 적당하고 마시기 쉬운 스파클링 와인 스푸만테가 각광받고 있다네."

나는 조금 걱정 어린 투로 물었다. "그렇다면 와인 세계는 새로운 상황에 대비를 해야 할까요?" 그가 대답했다. "지금은 너무 크게 걱정하지 말게, 오스카. 변화는 태곳적부터 인류 역사의 모든 측면에 영향을 미쳤다네. 기후도 변하고 소비자의 기호도 변하고 생산자들은 그에 따라 적응하지. 어떤 사람들은 변화를 빠르게 해석하는 반면, 어떤 사람들은 한 치도 움직이지 않고, 또 어떤 사람들은 너무 멀리 나아가기도 하지 않는가. 언제나 그렇듯이 결국에는 지성이 승리할 거야."

40

스파게티 볼로네제

스파게티와 볼로냐 관계에 대한 짓궂은 장난?

브루노 바르비에리와의 대화

"오스카, 이거 좀 어떻게 해주세요. 두 단어가 서로 관련이 없도록 이 이름을 둘로 나눠주세요. 스파게티와 볼로네제 소스(또는 라구 소스)는 전혀 다른 단어예요. 둘 다 볼로냐Bologna와 관련이 있지만 이탈리아 이외의 지역과 몇몇 이탈리아 관광 도시들을 제외하고는 함께 사용되지는 않아요."

4개의 레스토랑에서 최소 7개의 미슐랭 별을 받은 이탈리아에서 가장 유명한 셰프들 중 한 명인 브루노 바르비에리Bruno Barbieri의 부탁이었다. 브루노는 신들린 듯한 요리 실력뿐만 아니라 주요 TV 프로그램에 출연하는 등 뛰어난 소통가이자 존경받는 인물이다. 그는 대도시인 볼로냐 동쪽에서 이몰라로 향하는 작은 마을 메디치나 출신이다.

그의 레스토랑은 볼로냐·페라라·라벤나 지방에 퍼져 있으며 한 곳은 베로나 근방에 있다. 그래서 스파게티 볼로네제spaghetti bolognese에 대해 이야기하고 싶을 때면 내가 잘 알고 존경하는 인물인 그를 찾아가곤 했다.

이것은 세렌디피티 사례가 아니다. 스파게티 볼로네제가 우연히 탄생한 것이 아니라는 것은 누구나 알고 있지만, 잘못 파악한 목표를 달성하는 과정에서 만들어졌고 결국 존재하지 않았던 전통을 바탕으로 세계적인 명성을 얻게 된 것은 분명한 사실이다. 2010년 뉴욕에 있는 이탈리 매장들의 메뉴를 개발하던 중 우리는 한 파스타 레스토랑을 방문했는데, 젊고 진지하며 실력 있는 미국인 셰프 하나가 아무것도 모른다는 듯한 해맑은 표정으로 이렇게 제안했다. "스파게티 볼로네제와 페투치니 알프레도^{fettuccine all'Alfredo}부터 시작하셔야 합니다." 내 동료인 조 배스티아니치는 몹시 당황한 표정으로 나를 쳐다봤고 나는 잘못 판단한 그 셰프를 향해 기를 죽이는 표정을 지었다. 하지만 이내 나는 내 행동을 후회했는데 그 청년은 훌륭한 요리사였고 여전히 우리와 함께 일하고 있기 때문이었다.

그는 당시 뉴욕에서 가장 유명한 두 가지 이탈리아 파스타 요리를 우리에게 상기시켜주려고 했을 뿐이었다. 그가 온전히 이해하지 못한 것은 우리가 이탈리아의 진짜 지역 특산품을 미국으로 가져오고 싶어했다는 점이었다.

어쨌든 누가 메뉴에 '스파게티 알라 볼로네제'를 처음 썼는지는 정확히 알 수 없다. 그건 여전히 미스터리로 남아 있다. 나는 종종 그것을 궁금해하며 그 장면을 머릿속에 그려보곤 했다.

아마도 이탈리아가 아닌 곳에서 탄생했을 것이라 상상해보고 싶었다. 그러니까 뉴욕에서, 1906년 이탈리아 출신 이민자 세바스티아노 마이욜리오^{Sebastiano Maioglio}가 문을 연 맨해튼 최초의 이탈리아 레스토랑인 바베타^{Barbetta}에서였을 거라고 짐작해본다. 현재도 그의 가족이 46번가 극장가에서 이 레스토랑을 운영 중이다. 이곳은 멋지고 역사적인 장소로 음식도 훌륭하다. 물론 이곳이 스파게티 볼로네제의 발상지라는 증거는 없고, 뉴욕에 있는 수많은 이탈리아 레스토랑을 생각하면 누군가의 짓궂은 장난일 가능성이 더 크다. 하지만 이 레스토랑이 얼마나 유서 깊은 곳인지를 알기에 나는 이 요리를 처음으로 메뉴에 올린 사람이 바베타의 셰프가 아닐까 상상해보는 것이다.

나는 그가 잘난 체하는 사람은 아니지만 고기를 넣은 좋은 라구 소스를 마침 가지고 있었고, 이를 자신의 스파게티에 넣어 먹는 것을 좋아했기 때문에 손님들에게도 제공했으며, 화려하게 들리는 이름을 지어냈다고 믿기로 작정했다. 그리고 그는 옳았다. 이 요리는 꽤 많은 이탈리아 애호가들이 알아볼 수 있는 두 가지 유명한 이름, 즉 파스타의 아이콘인 스파게티와 '식탐'의 도시로 알려진 볼로냐를 합친 것이다.

그러나 브루노는 이에 대해 잘 알고 있었고 나는 그렇지 못했기에 볼로냐가 스파게티와 어떤 관련이 있는지를 말해주었다.

"볼로냐 사람들, 그러니까 주로 가난한 사람들은 중세 시대까지만 해도 계란이 들어 있지 않아 더 저렴하고 바로 사용할 수도 있는 건조 파스타를 먹었다는 말이 있어요. 게다가 여자들이 반죽을 치대고 밀지 않아도 됐는데 이 작업은 공이 많이 들었기에 파스타는 주로 휴일이나 특별한 이벤트가 있는 날에 먹는 음식을 의미했지요. 건파스타에는 여러 가지 종류가 있었는데, 그중 하나는 베르미첼리vermicelli로 그 당시에는 베르미치vermizi라고 불렸습니다." 브루노의 설명이 이어졌다.

"건파스타는 보통 제노바나 풀리아에서 왔어요. 하지만 소비가 증가함에 따라 볼로냐 상원은 제품 가격에 영향을 미치는 막대한 운송 비용을 줄이기 위해 현지에 파스타 공장을 설립하는 것을 지원하기로 결정했습니다. 최종 권한을 가진 볼로냐 상공회의소는 건파스타 베르미첼리에 가장 일반적으로 사용되는 드레싱으로 토마토와 참치 소스를 승인했습니다. 충분히 믿을 만한 이야기지만, 저는 다른 종류의 소스들도 사용되었을 거라 생각해요. 레시피로 기록되지 않은 것은 남은 재료들로 만들었기 때문이 아닐까 싶습니다."

브루노는 자신들도 명절에 먹고 남은 라구에 셀러리와 양파로 만든 소프리토를 넣어 더욱 풍성하게 만들었을 거라고 인정했다. 볼로냐 사람들이 완두콩을 좋아했다는 것을 증명하는 고대 문헌들이 존재하기에 제철에는 완두콩도 추가되었을 가능성이 높다. 브루노는 남은 음식을 사용하는 것이 매우 일반적이었다고 설명했다. "따라서 베르미첼리 소스에 고기가 들어갔다고 말하는 것은 타당하지만, 이는 훨씬 더 고급스러운 것이었기 때문에 진정한 볼로냐 라구라고 말할 수는 없습니다."

브루노는 볼로냐 라구가 비교적 최근의 요리이며 19세기가 되어서야 요리책에 등장하기 시작했다고 말한다. 물론 그러한 요리책들 중 하나가 바로 시대와 상관없이 사랑받는 펠레그리노 아르투시의 『주방의 과학과 미식의 기술』이다.

볼로냐에서 라구를 사용한 것은 그리 오래되지 않았으며, 재료의 가격이 비싸서 잔칫날이나 명절에 수제로 만든 호화로운 파스타인 탈리아텔레^{tagliatelle}(리본처럼 면발이 길고 넓적한 파스타)와 그린 라자냐^{green lasagne}를 만드는 데 사용되었을 가능성이 높다. 바르비에리 셰프는 토마토가 아메리카 대륙을 발견한 이후에야 유럽에 전해졌지만 18세기 이전에는 요리에 사용되지 않았다는 (분명하지는 않은) 사실을 상기시켜주었다.

라구가 일상적인 소스가 될 수 없었던 또 다른 이유도 있다. 볼로냐 라구 소스는 오랜 시간 지켜보며 조리해야 하는데 일하는 여성들에게는 그럴 시간이 부족했기 때문이다. "결론은 볼로냐의 식탁에서 스파게티는 중요한 자리를 차지했지만, 주로 고기가 없는 날에 양파나 참치, 그밖에 남은 재료들로 만든 소스로 버무린 것이지 진짜 볼로냐 라구 소스로 만든 것은 아니었다는 점입니다. 라구는 수제 달걀 파스타를 위한 귀한 소스였지요. 탈리아텔레나 5~7겹으로 만든 그린 라자냐처럼 말이죠."

브루노는 친절한 사람이다. 그는 스파게티 알라 볼로네제, 즉 고기 라구를 곁들인 스파게티는 순전히 마케팅의 산물이라고 설명했다. 그러나 그는 고귀한 에밀리아의 전통이 이용당했다고 분노하거나, 이탈리아 전통의 역사적 특성을 바꾸는 무례한 형태의 '이탈리아 사운딩(이탈리아와 무관한 농식품을 이탈리아에서 온 것처럼 광고하는 것-옮긴이)' 요리에 반대하지 않는다.

물론 볼로냐의 일부 사람들은 전 시장인 비르지니오 메롤라^{Virginio Merola}처럼 훨씬 더 강한 견해를 가지고 있기도 하다. 메롤라는 '식탐의 도시 볼로냐'가 언급될 때마다 볼로냐의 스파게티 볼로네제는 볼로냐와 아무 관련이 없다는 사실을 모두에게 상기시킬 기회를 노렸다. 그는 소셜 미디어에 "친애하는 시민 여러분, 가짜 뉴스 이야기가 나온 김에 전 세계의 스파게티 알라 볼로네제 사진을 수집하고 있습니다. 여기 런던에서 찍은 사진이 있습니다. 여러분의 사진도 보내주세요." 그리고 많은 사람이 사진을 보내왔다. 오스트리아 향신료가 섞인 유명한 크노르 스파게티 알라 볼로네제, 위트레흐트의 비닐팩에 담긴 통탄스러운 익힌 파스타, 영국의 온라인 슈퍼마켓 오카도에서 판매되는 하인즈 스파게티 소스 캔, '볼론스케 스파게티Bolonske spagety'라고 적힌 모라비아의 칠판 등 다양한 이미지들이 도착했다.

그는 텔레그래프와의 인터뷰에서 이렇게 말하기도 했다. "우리 것이 아닌 음식으로 전 세계에서 유명해지니 기분이 이상합니다. 물론 우리 도시가 관심을 끄는 것은 기쁘지만, 우리 요리 전통의 일부인 고품질의 음식으로 더 많이 알려지기를 원합니다."

전 시장조차도 그렇게 말한다면 우리는 동조할 수밖에 없다. 한편으로는 베니스 운하에 있는 수많은 관광지 식당들에서 판매되는 스파게티 알라 볼로네즈가 미리 익혀둔 파스타로 만들어지는 것을 보면 겁이 나기도 하지만, 다른 한편으로는 알 덴테로 삶은 그라냐노Gragnano 수제 스파게티에 최고급 고기를 오랫동안 끓여 만든 라구를 올려 먹는 것을 엄청 좋아한다는 사실이 부끄럽지는 않다. 하지만 사람들에게 소문내고 다니지는 말았으면 한다.

41

화이트 트러플

강렬한 향기를 간직한 축복의 선물

|

브루노 우르바니와의 대화

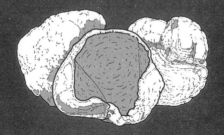

전 세계적으로 화이트 트러플은 '달바d'Alba', 즉 알바산産이라는 이름이 붙는데 이는 특정 지역에서 생산되었음을 나타낸다. 알바는 토리노에서 남쪽으로 60km 떨어진 랑게 지역의 주요 도시로, 아스티에 더 가깝지만 쿠네오주에 속해 있다. 나는 이곳에서 태어났기 때문에 이곳을 잘 알고 있다. 인구가 약 3만 명 정도 되는 작은 도시다.

알바는 바롤로와 바르바레스코Barbaresco 와인, 그리고 밤chestnut과 여러 특산품을 기반으로 한 와인 및 농업 경제의 중심지다. 하지만 그중에서 화이트 트러플이 가장 유명하다. 뉴욕의 포시즌스나 홍콩의 만다린에 가면 메뉴에 '타르투포 비앙코 달바Tartufo bianco d'Alba'(알바의 흰 송로버섯)가 있는 것을 볼 수 있다.

그러나 이탈리아산 화이트 트러플의 10% 미만이 알바 주변 언덕에서 채굴된다. 마르케의 아쿠알라냐와 에밀리아의 사비뇨 주변 언덕 등 다른 장소들에서 더 많은 양의 화이트 트러플을 찾을 수 있다. 알바에서 재배되는 양보다 두 배 이상 많은 양을 생산하는 몬페라토는 말할 것도 없다. 그렇다면 왜 모두가 화이트 트러플을 '달바'라고 부르는 것일까?

알바에서 나는 화이트 트러플은 전체 생산량 중 극히 일부지만 60% 이상을 판매한다. 크로아티아·세르비아·체코·슬로바키아 등 세계 다른 지역에서 생산된 향이 나는 이 작은 덩어리들은 알바를 거쳐야만 수익성 있는 가격에 판매될 수 있다. 많은 사람에게 그 이유가 매우 의아할 텐데 이제 여기서 이유를 공개하겠다.

종종 한 지역에 명성을 가져다주는 것은 그곳에서 태어난 영웅들인데 알바에는 정말 특별한 영웅인 자코모 모라 Giacomo Morra(1889~1963)라는 인물이 있다. 이것이 첫 번째 세렌디피티다.

자코모 모라가 알바에서 태어난 것은 우리에게는 행운이다. 1928년 그는 트러플을 판매하는 최초의 회사를 설립했다. 또한 호텔 사보나를 인수하여 최대 1,000명을 수용하여 접대할 수 있는 레스토랑을 설립했다. 1930년에는 알바 트러플 박람회를 시작했고 랑게 언덕 위에 자리 잡은 작은 마을 로디의 개 사육장들을 트러플 탐지견을 위한 대학으로 개조하여 언론인과 관광객을 대상으로 최초의 모의 탐색을 실시했다.

1938년 그는 거의 1kg에 달하는 거대한 트러플을 발견하여 사보이의 움베르토 2세에게 선물로 증정했다. 1942년에는 빅토리오 에마누엘레 3세에게도 같은 선물을 주었고, 1949년에는 해외로 진출할 때가 되었다고 판단하여 유명 여배우 리타 헤이워스 Rita Hayworth에게 화려한 트러플을 보냈다.

하지만 1951년에 한 트러플 사냥꾼 trifulau이 세라룽가 달바에서 2.25kg이라는 믿을 수 없는 무게의 트러플 표본을 발견하면서 대히트를 쳤다. 그는 곧바로 자코모 모라에게 가져갔고, 모라는 이 트러플이 가야 할 곳에 대해 한치의 의심도 없었다. 이 소포는 백악관의 해리 트루먼 대통령에게 보내졌는데, 대통령 주방장은 이미 물을 올려둔 상태에서 조리 시간에 대해 확신이 들지 않아 사보나에 전화를 걸어 모라를 찾았다고 한다. 다행히 모라가 곧바로 대답해준 덕분에 그 셰프는 자신의 손에 들고 있던 보석을 망칠 염려를 덜 수 있었다. 두 번째 세렌디피티의 순간이었다. 이 소식은 모든 미국 일간지와 이탈리아 신문에 대대적으로 보도되었다.

1950년대에 알바의 성공을 질투한 아스티에서 자체적으로 트러플 박람회를 열기로 결정했다. 박람회를 개막하는 일요일 아침 6시, 자코모 모라는 몇 명의 동료와 함께 돈가방을 가득 들고 박람회장에 도착했다. 그는 시장가보다 더 많은 금액을 제시하고 모든 트러플을 구매했다. 그렇게 첫 번째 아스티 페어는 트러플 한 덩이 없이 열렸고, 이것이 몬페라토의 주도에서 열린 처음이자 마지막 트러플 박람회가 되었다.

우리는 여전히 이 위대한 인물이 물려준 유산을 즐기고 있으며, 그가 알바 주변의 아름다운 언덕에 자리 잡은 매력적인 마을 라 모라에서 태어난 것에 감사하고 있다. 더불어 이 유산을 잘 관리해온 역대 행정부를 비롯한 다른 기관들도 그 공로를 인정받기를 바란다.

자코모 모라가 태어나기 전인 1852년, 트러플 무역으로 사업을 시작해 화이트 트러플 역사에 남을 또 다른 가문이 있었으니 바로 움브리아주의 매력적인 마을 스케지노의 우르바니Urbani 가문이다. 1980년 우르바니 가문은 자코모 모라의 회사를 인수했다.

이게 무슨 뜻인지 상상이 되는가? 알바 화이트 트러플을 처음 개발한 사람이 설립한 회사가 움브리아 가문의 손에 들어간 것이다. 맙소사! 나는 너무나 놀라 망연자실했지만 우르바니 가문은 좋은 사람들이고, 모라 트러플을 알바에 속하는 전설로 기념하는 것을 포함해 그 무엇도 변경해서는 안 된다는 것을 깨달을 만큼 현명한 사람들이었다.

"오스카, 아시다시피 가장 튼튼한 오크나무라 해도 작은 묘목에서 시작합니다. 땅속에서는 끝없는 기적이 일어나고 트러플은 그중에서도 가장 아름다운 기적입니다! 트러플은 고요한 어둠 속에서 신비롭게 태어나 특정 식물의 뿌리에 붙어 있는 하얀 곰팡이에서 조용히 형성되며 독특한 종류의 공생을 만들어내는데, 트러플은 스스로 모든 물질을 취하고 다른 것들의 생명을 빨아들여 자신의 아름다움과 매력을 증가시킵니다."

우르바니 타르투피Urbani Tartufi의 대표인 브루노 우르바니Bruno Urbani는 사기꾼을 다룬 몰리에르의 희극이 〈타르튀프Tartuffe〉라는 제목을 가진 것이 결코 우연이 아니라고 말한다. 그가 회사 매각 협상의 전말을 들려주면서 "우리 쪽에서 계약서에 서명하는 동안 모라의 상속인들이 입술을 깨물었을 것"이라고 추측했다. "모든 사람의 삶에서 운명은 몇 가지 특이하고 예상치 못한 반전을 더하지만, 트러플의 왕 자모코 모라와 우르바니 가문의 운명을 하나로 묶은 반전은 정말 놀랍습니다. 자코모와 사랑하는 그의 아내 테레사에게는 네 명의 아들이 있었는데, 그들 중 누구도 아버지의 사업을 이어받으려 하지 않았습니다. 그래서 어느 날 제가 그 아들 중 한 명인 마리오에게 전화를 걸어 알바 회사를 인수하겠다고 제안했습니다. 모라 가문이 제시한 조건은 간략한 것과는 거리가 멀었지만 저는 낙담하지 않았습니다. 거래가 마무리되기까지 알바를 수없이 방문해야 했죠."

결코 쉬운 협상이 아니었다. 모라 형제들과 절대 합의에 이르지 못할 것 같았지만 우르바니 가문의 구애는 강렬했다. 브루노는 침착하게 버텼다. 그는 알바를 향한 끝날 것 같지 않던 여행의 마지막을 분명히 기억했다.

"그날 우리는 새벽 3시까지 협상을 했습니다. 지칠 대로 지쳤지만 결국 계약은 성사되었죠. 이제 자코모의 네 아들 중 셋째인 마리오가 어떤 사람인지 말씀드리죠."

브루노가 말해준 당시 상황은 대충 이랬다. 마리오는 계약서 문구를 타이핑할 수 있는 유일한 사람이었고 기꺼이 자원했다. 그는 올리베티 타자기를 두드리기 시작했는데 몇 줄을 치고 나서 급한 일이 생겼는데 잠깐 나갔다 와도 되냐고 물었다고 한다. "우리는 10분, 1시간, 그러다 몇 시간을 기다렸어요. 하지만 그는 잠을 자러 가려고 슬며시 자리를 떴던 것이었어요! 한 줄 한 줄이 새로운 토론을 불러일으켰기 때문에 다음날 저녁 7시까지 타이핑이 계속됐어요. 마침내 우리는 서명을 마쳤고 다시 완전히 지쳐버렸죠. 그때 마리오는 협상에서는 전혀 보여주지 않았던 관대함과 쾌활함을 보여주며 우리를 저녁식사에 초대해 축하해주었습니다. 그날 저녁 알바의 사보나 광장은 공산주의자 지안카를로 파에타가 연설하는 집회로 인해 사람들로 가득 찼던 기억이 납니다. 그는 경이로운 연설가였고 우리는 그의 연설을 듣기 위해 멈췄어요. 그러나 어느 순간 그가 사라지고 보이지 않았어요. 저희는 마리오를 찾아 광장 주변을 샅샅이 뒤져야 했죠. 처음에 우리는 웃었지만, 트러플의 왕이었던 아버지 자코모의 왕좌를 포기하는 것이 얼마나 힘들고 고통스러웠을지 이해하게 되었습니다."

어쩌면 그는, 페루자 외곽 스케지노 출신의 평범한 남자에게 단순한 사업체가 아닌 알바 역사의 한 조각을 팔기로 한 엄청난 결정을 소화하기 위해 정말로 혼자만의 시간이 필요했을지도 모른다.

하지만 모든 것은 순조롭게 진행되었다. 우르바니는 본사와 직원들을 원조 도시에 남겨둠으로써 비즈니스의 정체성과 전설을 모두 유지할 수 있었다. 이는 단순히 그의 친절함 때문이 아니라 (물론 그 이유도 있기를 바라지만) 필요에 의한 것이었다. 모라 기업의 가치는 랑게의 스토리에 깃들어 있으며, 지금도 마찬가지다. 그래서 브루노와 그의 직원들은 처음부터 랑게의 이야기를 존중하며 운영했고 경영은 알바 출신에게 맡겼다.

자코모 모라가 설립한 타르투피 모라Tartufi Morra는 오늘날 보니노Bonino 가족이 운영하고 있다. 알바 출신인 지안마리아와 그의 동생 알레산드로, 그의 딸 카를로타가 그들이다.

브루노 우르바니는 세계에서 가장 중요한 트러플 가문의 4대째를 대표한다. 안타깝게도 이제는 우리 곁에 없는 또 다른 위대한 인물인 그의 형 파올로와 함께 그는 특별한 방식으로 전 세계의 절반에 트러플을 전파했다. 파올로의 딸 올가 및 자신의 아들들인 카를로와 지아마르코와 함께 브루노는 75개국에서 사업을 운영하고 있다. 이들은 생 트러플과 저장 트러플 모두에서 세계 시장의 가장 큰 부분을 차지하고 있다. 그러나 내가 그들을 존경하는 이유는 그들이 가진 힘이 아니라 그들의 열정과 인간애 때문이다.

42

두부

사람들이 사랑에 빠지는 순간

|

시게루 하야시와의 대화

서양에서는 일본식 이름 '도후'를 사용하지만 사실 두부는 2000여 년 전 중국에서 도우푸doufu라는 이름으로 시작되었다. 그러다 수백 년 후 일본 땅에 전해졌고 일본인들은 두부를 만드는 동양의 다른 어떤 민족들보다 두부에 더 매료되었다. 두부를 유럽에 처음 가져간 것도 일본인이었는데 현재 유럽에는 많은 두부 애호가들이 있다.

내 친구 시게루 하야시가 제공한 통계에 따르면 일본인의 약 80%가 일주일에 두 번 이상 두부를 그냥 먹거나 혹은 다양한 방법으로 조리해 먹는다. 일본인들은 두부를 장수를 위해 먹는 음식으로 여기며, 불교 승려들의 전통 채식 사찰요리인 쇼진 요리의 대표 음식이다. 연구에 따르면 이 지역 사회에는 100세를 넘긴 사람이 수없이 많으며, 평균 수명이 늘어난 것은 그들의 식습관 덕분이라고 한다.

시게루는 도쿄에 살고 있다. 나는 마침내 두부를 핑계로 그와 만나게 되었지만 우리의 우정은 15년 전으로 거슬러 올라간다. 그는 일본 최고의 이탈리아 와인 전문가로 2013년에 우리는 와인에 관한 책을 함께 썼다. 이탈리아어판 제목은 『스토리에 디 코라지오Storie di coraggio』이고 영어판 제목은 『비노, 아이 러브 유Vino, I Love You』(본북스, 2018)인데 한국어를 포함한 다른 언어로도 번역되었다. 이 책을 집필하는 동안 우리는 이탈리아 전역을 여행하고 가장 유명한 와인 가문들을 방문하면서 좋은 친구가 되었다.

시게루는 소믈리에인 동시에 훌륭한 미식가이기도 하다. 그는 일본 요리의 오랜 역사를 누구보다 잘 알고 있다. 어느 날 시게루는 일본인의 창자가 서양인보다 거의 2m나 더 길다고 말했다. 왜냐하면 수세기 동안 콩과 식물, 곡물, 채소 등 소화가 잘 안 되는 음식을 먹었기 때문이라는 것이다. 그와 나는 나이가 같지만 그는 나보다 적어도 열 살은 더 젊어 보인다. 그의 집에서 만날 때마다 내가 고베 소고기의 마지막 조각까지 먹느라 정신 없을 때 그가 두부를 먹는 모습을 지켜보곤 한다. 그래서 나는 이 축복받은 두부를 좋아하도록 노력해야겠다고 결심했고 그와 대화를 나누면 도움이 될 것 같았다.

"시게루, 두부의 기원에 대해 좀 알려줘. 세렌디피티 사례일 것 같은데."

"오스카, 먼저 두부는 무엇이고 어떻게 만들어지는지 알려주지. 두부는 치즈를 만드는 방식과 같은 공정으로 만든다네. 수세기 동안 대대로 이어져온 전통이기 때문에 이 과정을 조금씩 개선해오긴 했지만 기본적인 절차는 변한 적이 없어. 집에서도 아주 빠르게 만들 수 있지."

시게루는 간단한 것으로 보이는 그 과정을 설명했다.

먼저 콩을 여름에는 6시간, 겨울에는 12시간 정도 물에 담가둔다. GMO(유전자 변형 농산물)가 아니고 유기농으로 재배된 아주 좋은, 조작되지 않은 콩이면 더욱 좋다. 시게루는 좋은 재료들을 사용할 것을 권한다. "깨끗한 담수가 필요해. 일본에는 세계 최고의 담수가 풍부하지." 이탈리아에도 좋은 물은 부족하지 않다고 말하고 싶었지만 자제했다.

콩을 불린 후 걸쭉한 농도로 갈아서 끓는 물(콩 500g당 4L)에 10분간 삶는다. 주의할 것은 물이 85℃에 도달하는 순간에, 즉 첫 번째 거품이 생기기 시작하면 염화마그네슘 성분의 천연 레닛인 두부 응고제, 즉 간수를 넣는다. 간수는 물 1L당 4g을 넣고 끓여야 하는데, 끓이기 전에 먼저 뜨거운 물 한 컵에 녹인다. 10분간 끓인 후 불을 끈다. 두부 덩어리들이 응고되며 형성되기 시작하는 장면을 보는 것은 멋진 일이다. 10분간 더 그대로 둔다.

그다음 두부용 틀이나 10cm 깊이의 일반 용기를 준비한다. 틀에 린넨 거즈나 면포를 깔고 혼합물을 부은 다음 응고된 두부 혼합물이 완전히 덮이도록 감싼다. 위에 무거운 것을 올려놓고 적어도 한 시간 정도 기다린다. 그러면 두부가 완성된다.

시게루는 시간을 절약하고 싶다면 시중에서 파는 기성품 콩물로 시작해도 좋지만, 집에서 직접 만드는 것과는 차원이 다르다고 말했다. "그런데 말이야. 누가, 언제, 어떻게 두부를 개발했는지 궁금한걸." 내가 물었다.

"서두르지 마, 오스카. 자네에게 아직 두부가 왜 좋은지, 어떻게 먹어야 하는지 얘기도 안 했으니까. 콩은 단백질이 매우 풍부하기 때문에 '밭의 고기'라고 불리지. 고기보다도 훨씬 더 풍부해. 돼지고기 100g에는 19g의 단백질이 들어 있고, 소고기에는 16g,

콩에는 25g이 들어 있으니까. 하지만 가장 좋은 것은 콜레스테롤이 거의 없고, 건강에 좋은 아미노산도 많이 들어 있다는 사실이야. 말하자면, 두부는 육류의 유익한 특성을 가지고 있으면서도 콜레스테롤 함량은 매우 낮은 먹거리지. 나는 두부 없이는 못 살아. 거의 매일 집에서 두부를 먹고 일하러 나갔을 때는 자주 가는 식당에서 먹어. 여름에는 차가운 두부인 히야얏코를 먹고 겨울에는 뜨거운 두부인 유도후를 주문해서 먹지."

시게루는 도쿄에는 두부를 포함한 다양한 요리를 제공하면서도 격식을 차리지 않는 펍 같은 이자카야가 많다고 말했다. 그는 두부를 너무 좋아해서 일반 식당이나 다른 요리를 전문으로 하는 식당에 가더라도 두부를 주문한다고 했다. "예를 들어 두부는 된장국에도 잘 어울리고 스키야키 코스 사이에 곁들이기도 좋으며, 다양한 재료를 육수에 하나씩 넣어 먹는 샤브샤브에도 빠질 수 없는 재료지. 오스카, 자네도 고기를 덜 먹고 두부를 더 많이 먹어야 하네."

*

이제 두부의 역사로 돌아가보자. 어떻게 만들어졌는지는 완전히 확실하지는 않지만 만들어진 시기는 정확히 알 수 있다. 두부는 기원전 164년 중국에서 처음 만들어졌다.

한나라의 회남왕淮南王 유안劉安은 정치를 하는 것보다 음식을 만들고 그 음식을 맛볼 때가 가장 행복했던 것으로 보인다. 어느 날 그는 당시에도 매우 흔했던 콩국을 만들다가 실수로 더러운 천일염을 넣었다. 천일염에는 틀림없이 칼슘과 마그네슘이 들어 있었을 테고, 당황스럽게도 그는 이내 혼합물이 응고되는 것을 보게 됐다. 이는 단백질 응고제인 레닛의 우연한 형성에 의해 촉발된 과정의 시작이었다. 유안은 낙담하지 않고 식을 때까지 기다렸다가 이렇게 만들어진 콩으로 된 덩어리의 맛을 보았다. 맛은 좋았지만 그것만으로는 충분하지 않았다. 이 현상이 더러운 소금 때문이라는 것을 깨달은 그는 많은 양의 소금을 구해 최선의 방법을 찾을 때까지 여러 번 그 과정을 반복했다. 이 새로운 요리는 한나라의 궁중에서 호평을 받았고, 이 이야기가 처음 전해진 16세기의 책 『본초강목』에 기록된 것처럼 두부는 곧 중국 귀족들을 위한 새로운 음식이 되었다.

이후 두부는 점차 모든 사회계층으로 퍼져나갔다.

시게루가 밝히기를, 두부의 기원에 대한 다른 이야기도 있지만 위의 이야기만큼 매력적이지는 않았다. 확실한 것은 서기 2세기부터 두부 또는 도우푸가 중국 전역에서 정기적으로 소비되었다는 사실이다. 송나라와 원나라 시대의 이야기와 시에는 오늘날과 매우 유사한 두부 제조 방법이 기록되어 있다. 8세기가 지난 서기 710년에서 784년 사이에 두부는 나라 시대의 일본에 들어왔다.

시게루는 이렇게 말했다. "중국을 공식 방문하고 돌아온 일본 외교 사절단이 가지고 왔는지, 아니면 승려들이 가져왔는지는 확실하지 않아. 하지만 나는 후자의 가설에 무게를 두고 있는데, 이 모든 것이 쇼진 요리 식단에서 시작된 것으로 보이기 때문이지. 일본인들은 12세기가 넘는 세월 동안 두부를 끔찍이 사랑해왔고, 많은 전통 요리에 두부를 첨가해왔지. 이탈리아 최초의 대형 일식 레스토랑인 산토리를 운영하기 위해 30년 전 밀라노로 왔을 때가 기억나네. 나는 바로 두부를 소개하고 싶었고 처음에는 두부를 수입했지만 나중에는 직접 만들었지. 이탈리아 사람들이 두부를 '이해하고 소화'하도록 하는 것은 쉬운 일이 아니었지만 결국 해냈어. 게다가 두부보다 더 소화가 잘되는 음식이 어디 있겠는가?"

나는 파스타라고 말하고 싶었지만 참았다. 참지 않았다면 파스타는 또 어떻게 동양에서부터 유래되었는지를 그 친구가 설명하기 시작했을 테니까.

43

나폴리식 바바

프랑스에서 건너온 사랑스러운 디저트

젠나로 에스포지토와의 대화

내가 젠나로 에스포지토^{Gennaro Esposito}를 처음 만난 것은 15년 전이었다. 이탈리아 토리노에 나의 매장 이탈리를 개장한 지 얼마 안 되었을 때 나는 이 지역이 매 시즌 제공하는 제품을 찾기 위해 태양과 바다, 산들바람의 축복을 누리는 캄파니아로 종종 출장을 갔다. 나는 나폴리를 사랑했다. 유제품을 생산하는 내륙지방도 좋아했지만 나의 마음은 늘 해안을 동경했다. 나폴리 한쪽에는 아말피, 다른 한쪽엔 소렌토가 있다. 티레니아해 위로 드러난 깎아지른 듯한 바위를 휘감은 좁은 만곡형 경관들을 볼 수 있다는 점이 내가 이 출장을 좋아하는 이유였다.

소렌토의 해안가에서 나는 내 절친 패스콸리 부오노코레와 아주 멋지고 거창한 식사를 함께할 최고의 장소를 찾았다. 그 친구의 이름 자체가 나폴리 정신의 보증이다.

패스콸리와 나는 둘 다 기억에 남는 저녁식사를 하면서 기나긴 근무시간을 보상받는 것을 좋아했다. 그 동안의 출장에서 우리는 이미 소렌토 해안에 있는 많은 식당을 가보았고 거기서 가장 좋았던 두 곳을 꼽았다. 공교롭게도 이 두 곳은 이름이 같았다. 마사루브렌세에는 라토레^{La Torre}가 있었고 비코에켄세에는 라토레 델 사라치노^{La Torre del Saracino}가 있었다.

마사루브렌세에는 항상 들떠 있어 불이 붙었다는 의미로 '온 파이어$^{On\ Fire}$'라는 영어 별명으로 알려진 셰프 토니노^{Tonino}가 있었고 그의 아내 마리아는 화구 옆에서 땀으로 범벅이 되어 있곤 했다. 비코에서는 위대한 셰프인 젠나로가 우리 팀을 주방으로 안내했다. 한 레스토랑이 최고의 수준이지만 소박한 음식들을 제공했다면, 다른 한곳은 전통을 존중하는 마음을 잃지 않되 소렌토의 바다와 산이 제공하는 농산물을 이용한 연구와 혁신을 보여주었다.

우리를 빠지게 만든 이 두 레스토랑의 공통점은 무엇이었을까? 이 두 곳은 전혀 다른 곳처럼 보일 수 있지만 두 곳 모두에서 우리는 식당 문을 들어서자마자 행복, 환영, 주변 지역과의 완벽한 조화, 그리고 진정성을 느꼈다. 그래서 우리는 근처에 있을 때마다 토니노나 젠나로를 선택했다.

라토레 델 사라치노의 셰프의 젠나로를 선택한 어느 날 밤이었다. 그 자리에는 내 사업체인 유니유로^{Unieuro}와 이탈리의 오랜 파트너 중 하나인 브루노 피에노, 그리고 최근 유니유로의 내 후계자로 임명된 멋진 친구 코라도 콜리도 함께했다. 우리는 자리에 앉았고 나는 젠나로에게 이렇게 말했다. "우리가 오늘 먹을 건 셰프님이 정해주세요. 셰프님을 믿습니다."

15년이 지난 지금까지 그때 식사를 언급할 정도로 그는 내게 아주 훌륭한 저녁을 만들어주었다. 향, 색, 바다의 풍미, 시트러스의 맛, 그 밖의 많은 것들. 마치 마약에 취한 것 같았다.

돌아오는 길에는 패스콸리가 운전대를 잡았고, 우리는 15km

를 3단에는 손도 대지 않고 1단이나 2단에 기어를 넣고 평균 시속 10km로 운전해서 달렸다. 목청이 터지도록 나폴리 노래를 불렀던 기억도 난다. 또 기억나는 것은 우리가 식당 라토레 델 사라치노를 떠나기 전 코라도가 여섯 번째 바바^{baba}(동유럽의 부활절 케이크, 폴란드에서는 바바, 이탈리아에서는 바브카로 불린다-옮긴이)를 한 입에 넣는 장면이었다. 그가 얼마나 바바에 열광했는지를 보여준 것이다. 한 입만 베어 물어도 그는 넋이 나가고 만다.

해안도로, 귀에 쏙 들어오는 노래들, 그리고 전설적인 저녁이라는 배경을 감안할 때 바바에 대해 이야기하기에 좋은 출발점이 마련된 셈이었다. 나는 젠나로에게 바바에 대한 진짜 이야기를 들려줄 수 있는지 물었다.

"글쎄요 오스카, 바바의 기원은 논란의 여지가 있어요."

"왜죠?"

"우리가 사랑하는 이 유명한 전통 디저트를 누가 발명했는지 우리가 믿을 수 있는 이야기는 하나도 없거든요."

"나폴리의 것이 아닌가요?"

"절대 아니죠!" 젠나로는 웃으며 설명했다. "바바의 유래에 관련된 전설은 두 가지가 있는데 둘 다 같은 형식으로 시작됩니다. 때는 18세기 중반이었어요. 로레인 공작이자 전 폴란드 왕이었던 스타니슬라우스는 오스트리아의 구겔호프(왕관 모양처럼 생긴 발효 케이크-옮긴이)인 바브카^{babka}를 아주 좋아했다고 합니다. 이 케이크는 사프란과 설탕에 절인 과일로 만든 것이었어요. 바브카를

어찌나 좋아했는지 바브카가 말라서 딱딱해지면 무척 실망했다고 합니다. 결국 그는 요리사들에게 리큐어에 바브카를 푹 담그라고 지시했지요. 여기서 이 이야기는 두 갈래로 갈라집니다.

첫 번째 버전에 따르면, 다양한 시도가 있었던 것으로 보여요. 스타니슬라우스 또한 어떤 바브카든 자신이 마시고 있는 술마다 담가보는 실험을 했을지도 모릅니다. 그러다가 백포도주 마데이라와 맛이 잘 어울린다는 것을 발견하게 되었죠. 훗날 프랑스 혁명과 함께 이 바브카가 베르사유 궁전에 소개됐을 때 마데이라는 럼으로 대체되었습니다."

"기본적으로 바바는 미식의 즐거움에 전념할 시간이 충분했던 폐위된 왕이 창조한 거네요. 그렇다면 여기서 세렌디피티는 어디에 있나요?" 내가 물었다.

"세렌디피티는 두 번째 이야기에 있어요." 젠나로는 대답을 이어갔다. "내가 더 좋아하는 버전이기도 한데 바바를 리큐어에 담근 것이 순전히 우연이라는 점을 보여주지요." 나 역시도 이 이야기가 더 좋았다.

스타니슬라우스가 똑같은 궁중 디저트에 질린 어느 날, 점심을 먹다가 식탁 아래로 디저트를 던져버렸는데 이 바브카가 마데이라에 흠뻑 젖은 것으로 보인다. 그러니까 마데이라 병에 부딪히면서 병이 넘어지고 그렇게 바브카가 흠뻑 젖게 된 것이다.

"본의 아닌 행동이었지요. 말하자면 실수였어요. 그러나 때로는 실수가 절묘한 것으로 이어지기도 하지요." 그리고 그 절묘한 결과물은 유럽을 정처없이 떠돌다가 나폴리로 왔다.

젠나로는 내게 바바의 긴 여정을 요약해서 들려주었다. "스타니슬라우스의 딸 마리아가 프랑스 루이 15세와 결혼하면서 폴란드 태생인 아버지의 파티시에 니콜라스 스토레를 베르사유로 데리고 갔습니다. 이 디저트를 발명한 왕의 장인에게는 끔찍한 일이지만 이 요리사는 마데이라를 자메이카산 럼으로 대체했죠. 어쨌든 럼주가 들어간 바바는 다음 왕인 불운의 루이 16세가 통치하는 기간 내내 매우 인기가 있었습니다."

하지만 당시 파리에는 사람들이 먹을 빵도 없었는데 베르사유에는 바바를 만드는 하인들을 거느리고 있었으니 사람들은 조만간 왕과 왕비를 교수형에 처할지도 몰랐다.

"성난 군중이 들고 일어나기 훨씬 전부터 바바는 마리 앙투아네트 왕비의 여동생인 오스트리아의 마리아 캐롤라이나에게 큰 사랑을 받았지요. 그녀가 나폴리의 왕인 부르봉 왕가의 페르디난트 4세와 결혼하면서 바바는 그녀와 함께 나폴리로 건너갔고 이곳에서 크게 유행하게 되었습니다. 오스카, 당신은 알잖아요. 우리 나폴리 사람들이 사랑에 빠지면 어떻게 되는지. 19세기 중반까지 바바는 나폴리에서 최고의 디저트였어요. 프랑스 혁명으로 전멸했던 나폴리 자본가들에 의해 다시 선택되었죠."

바바는 여기저기 옮겨 다니다가 자신이 태어난 곳과 멀리 떨어진 곳에서 정착한 디저트다. 파티시에들에게는 이 바바가 고전적인 시금석이 되었다. 모든 사람이 시도하고 의무적으로 치러야 하는 시범요리가 되었으며 만들기 어려운 음식이기도 했다. 이러한 어려움에 일조하는 여러 가지 계수들이 존재한다고 젠나로는 설명했다. 즉 발효, 기술, 반죽의 탄성 등이다.

"훌륭한 바바를 만드는 필수 요소는 손재주와 민감함입니다. 그래서 바바 장인들이 존경을 받는 것이지요. 어릴 때 제가 배운 규칙들은 아직도 유효합니다. 적절한 온도에서 바바를 담그고 술이 빠지게 두었다가 섬세하게 짜는 것이 중요하지요. 잘못될 위험이 단계마다 도사리고 있어요. 우리 식당에는 작은 비밀이 있어요. 우리는 바바를 식탁에 내놓기 직전에 담급니다. 그러면 반죽의 향과 럼의 농도가 딱 맞지요. 담그는 시럽은 제법 뜨겁습니다. 그리고 마지막에는 맛을 한층 더 높이기 위해 커스터드와 산딸기를 추가합니다."

내 입에서 군침이 돌았다. 나는 한마디도 하지 못한 채 젠나로가 전하는 메시지를 들었다. 젠나로는 대화로 누구의 배도 채울 수 없다는 사실을 나보다 더 잘 알았다.

"자, 앉으세요." 그는 웃으며 말했다. 그러곤 나폴리식 억양을 잔뜩 실어 물었다. "바바와 함께 무엇을 마시겠어요?"

44

바롤로

"미치광이라고 불러주세요"

카를로 페트리니와의 대화

1841년 10월 22일 금요일 새벽이
었다. 이탈리아 왕실 해군 프리깃함 데제네이스호가 제노바에서
출항했다. 목적지는 브라질 리우데자네이루.

화물칸에는 1840년산 빈티지 레드 와인 141통과 38년산 와인
몇 병이 실려 있었다. 이 와인들은 로디·베르두노·산타 빅토리
아 달바·세라룽가 달바 등에서 공급받은 네비올로^{Nebbiolo} 품종의
포도로 폴렌초에 있는 왕실 소유 땅의 저장고에서 생산되었다.
그러나 이 와인은 판매용이 아니었다.

선하증권에는 다음과 같이 적혀 있었다. '미국으로의 시험 수
송'. 이 와인은 거친 파도 및 혹독한 겨울 날씨와 씨름하고 적도
의 열충격을 견디며 대서양을 건너와 브라질에서 2년을 보낸 후,
물론 필수적인 시음을 거치고 다시 제노바로 돌아올 계획이었다.
그리고 제노바에서 브라와 알바 사이에 있는 사르데냐의 카를로
알베르토왕의 영지로 돌아와 이 와인이 만들어진 저장고로 향하
게 될 것이었다. 그야말로 실험용이었다.

그래서 1843년 겨울 데제네이스호는 배가 떠날 때 실었던 것
과 같은 통을 싣고 리구리아 항구로 돌아왔다. 이 임무를 계획했
던 파올로 프란체스코 스타리에노^{Paolo Francesco Staglieno} 장군은 다음
과 같이 기록했다.

미국에서 돌아온 폴렌초 와인은 그저 손상이 안 된 정도가 아

니라 훨씬 더 좋아졌다. 간단히 말해 와인을 조금도 손상시키지 않고 아주 먼 곳으로 안전하게 보내는 완전한 비법을 파악한 것이다. 게다가 해외의 다른 와인들과 비교해 수 세기 동안 이어져 온 우리 와인을 비하했던 불명예도 이제는 제거되었다. 피에몬테는 이 와인을 유통할 수 있는 자격을 얻었고 그 어떤 유해한 변화를 겪지 않고도 지구의 이쪽 끝에서 저쪽 끝으로 와인을 수송할 수 있게 되었다.

그 와인 통들을 열고 기뻐한 사람은 바로 이 장군이었다. 그는 네비올로 와인을 만든 장본인으로, 들리는 말로는 바르베라[Barbera] 품종을 살짝 섞기도 했다. 와인을 신선하게 유지하는 데 필수라고 판단한 두 가지 혁신, 즉 황산염을 추가하는 것과 정제하는 과정을 도입한 사람이었다. 자신의 배경인 제노바 귀족 가문의 군사적, 정치적 전통의 지원을 받은 파올로 프란체스코 스타리에노 장군은 군 복무를 마치고는 이탈리아 북부의 발레다오스타에 있는 바드 요새를 통솔했다.

그러나 그는 타고난 성향 덕분에 결국 와인 쪽으로 방향을 틀게 되었다. 그는 감별가로서뿐만 아니라 와인을 만들고 혁신하는 것을 좋아했다. 와인 학교가 존재하기 전부터 와인 양조학자였을 정도로 시대를 앞서가기도 했는데 이때는 와인 양조학자라는 말이 등장하기도 전이었다.

데제네이스호의 실험 결과가 나온 후 카를로 알베르토왕은 주저하지 않고 그에게 폴렌초의 왕실 소유 땅을 맡겼고, 스타리에 노는 이곳을 인수했다. 그는 각종 설비를 갖추어 피에몬테 특산 농산물을 향상시키기 위해 여러 가지 연구를 수행할 준비를 마쳤다. 그리고 와인은 그의 연구 대상이 되었다.

스타리에노는 왕을 실망시키지 않았다. 그의 말에는 사람의 마음을 누그러뜨리는 힘과 결단력이 있었다.

> 많은 사람이 그러하듯이 저를 미치광이라고 부르십시오. 피에몬테에서 와인 제조 방법을 바꾸는 것은 절름발이가 치유되기를 기대하는 것과 같다고 말합니다. 전하께서는 제가 왕실의 특별한 사유지에서 저의 와인 제조법을 연습할 수 있도록 허락하셨고, 와인을 죄다 망쳐놓더라도 모든 이가 인내심을 가지고 저를 내버려두었습니다.

이 장군의 말에 따르면, 네비올로는 당시 바롤로 주변 지역에서 일반적으로 생산되던 와인과는 매우 달랐다. 19세기 중반까지 랑게의 와인은 달콤하고 탁하면서도 톡 쏘는 맛이 있었다. 그러나 스타리에노가 원하는 와인은 다음과 같았다. "드라이하며 맑고 투명했으면 좋겠군요. 향이 풍부하고 알코올의 기운이 느껴지면서도 입을 즐겁게 하는 와인, 향긋한 향을 품고 있는 맛있고 건강한 와인이어야 합니다. 이제는 이 와인을 가장 멀리 떨어진 나라로도 보낼 수 있고 그 와인들도 보르도와 부르고뉴의 성질을 유지하고 있을 겁니다."

그는 자신이 마음대로 사용할 수 있었던 뛰어난 네비올로 포도를 가지고 오늘날 세계에서 가장 존경받는 와인 중 하나인 바롤로와 특성이 거의 동일한 와인을 만들 수 있으리라 상상했다. 그는 목표를 달성하기 위해 와인을 연구하고 실험하며 혁신했다.

스타리에노 장군은 아마도 현재 전 세계 거의 모든 곳에서 알려진 바롤로의 압도적인 성공에 대해 우리가 가장 큰 빚을 진 인물일 것이다. 지구 반대편으로 141통의 와인을 보냈다가 다시 가지고 오는 그의 기이한 모험이 없었다면 바롤로는 틀림없이 지금과는 다른, 아마도 매력이 좀 더 떨어지는 와인이 되었을 것이다. 내 생각이지만, 랑게에 있는 우리 모두, 더 넓게는 이탈리아 사람들을 위해 그가 이뤄낸 공적이 충분히 기억되지 않는 것 같다.

*

태양왕 루이 16세의 재무장관이었던 콜베르Colbert의 증손녀 줄리에트 콜베르는 팔레티 후작과 결혼하여 바롤로로 왔는데, 이후작은 웅장한 저장고가 딸려 있는 바롤로성은 물론이고 포도원 대부분의 땅을 소유하고 있었다. 줄리에트는 훌륭한 와인을 만드는 방법을 알고 있었던 프랑스 루아르 출신이었다. 바롤로에서 만들어진 네비올로를 맛본 후 그녀는 이 포도로 더 좋은 무언가를 만들 것이라 결심했다. 그녀는 카보우르 백작 카밀로 벤소와 함께 일하던 프랑스의 대표적인 와인 양조학자이자 무역상인 자신의 절친한 친구 루이 오다흐Louis Odart를 고용했다. 이들은 와인을 개선하려는 목적으로 그 땅과 저장고에 여러 가지 혁신을 도입했다.

1845년 콜베르 팔레티 백작부인은 세상을 깜짝 놀라게 만든 가장 큰 시도를 감행했다. 신앙심이 매우 깊었던 그녀는 부활절 전인 40일간의 사순절을 제외하고 연중 하루에 한 대씩 끄는 수레 325대를 준비해서 바롤로에서 토리노로 레드 와인을 실어 날랐다. 레드 와인이 든 통은 하나씩 각각의 수레에 실렸다. 목표는 바롤로에서 생산되는 와인이 '왕들의 와인이자 와인 중의 왕'이라는 메시지를 궁중에 납득시키는 것이었다.

정교한 마케팅 전략이었을까? 물론이다. 효과적인 마케팅 전략이었다. 국내외 문서와 신문에 실린 이 대대적인 여행 기록은 수를 헤아릴 수 없을 만큼 많았다.

줄리아(바롤로에서는 이렇게 불렸다)에게 박수를! 그것은 세상의 관심을 끄는 데 필요한 일이었다! 이 혁신적인 아이디어들은 150년이 훌쩍 지난 지금 전 세계 최고 와인 메뉴에 등극한 이 와인의 성공에 기여했다.

*

나와 대화를 나눈 카를로 페트리니Carlo Petrini는 슬로푸드 운동을 창안하면서 폴렌초(맞다, 스타리에노가 자신의 와인을 만든 마을이다)에 있는 미식과학대학을 창립했을 뿐만 아니라, 랑게에서 생산되는 와인의 명성을 복원하고자 가장 열심히 그리고 가장 효과적으로 일한 사람들 중 하나다. 랑게산 와인은 저급 와인에 첨가된 다량의 메탄올이 중독을 일으키고 23명을 사망으로 이끈 1986년 나르졸레Narzole 스캔들로 고전을 면치 못하고 있었다.

수십 년이 지난 지금도 변화와 혁신은 여전히 필요하다.

"그것은 모든 사람에게 분명 필요합니다." 카를로는 동의했다. "식품과 와인 분야뿐만 아니라 산업 전반에서 말이죠. 지구는 우리에게 이를 인식하라고 요구합니다."

슬로푸드 철학의 아버지이자 카를린Carlin이라고도 불리는 그는 지구의 생물다양성과 생식력의 상실은 이러한 변화와 혁신이 얼마나 시급한지를 보여준다고 설명했다. 현재의 기후 위기는 우리 스스로 질문을 하고 답을 내놓도록 강력하게 요구한다. 그리고 가능한 답은 단 하나다. "생산주의적 접근은 오로지 이익의 극대화에 관한 것입니다. 생태계와 사람들의 보호를 최우선으로 하는 농업을 위해 우리는 이 생산주의를 포기해야 합니다."

말이 쉽지 그것을 행동에 옮기는 것은 훨씬 더 복잡한 일이다. 그러나 카를로는 우리 시대의 희박한 가능성과 장애의 숲을 뚫고 길을 개척해온 사람으로 보인다. 와인과 같은 주요 산업이 이 혁명의 엔진에 시동을 걸 수 있다. 구체적으로는 바롤로 와인과 그것에 관련된 사람들이 그렇게 할 수 있다.

"바롤로 와인이 시장에서 누렸던, 그리고 현재에도 누리고 있는 지위 덕분에 바롤로 와인 산업은 큰 가능성을 가지고 있습니다. 이 와인이 담고 있는 역사를 존중하고 선견지명을 갖춘 인물들에게 존경을 표하기 위해, 바롤로는 계속해서 '왕들의 와인이자 와인 중의 왕'이 되어야 할 뿐만 아니라 다른 무엇보다 변화의 촉진자가 될 수 있어야 합니다."

"그렇다면 랑게 와인의 경우도 새로운 '원년'을 맞고 있다고 생각하시나요? 앞으로 몇 년 동안 우리가 내릴 선택들이 미래에 강력한 영향을 미치리라 생각하십니까?"

카를로는 고개를 끄덕였다. 이는 우리 시대가 맞이한 크나큰 도전이다. 오늘날의 와인 양조업자와 양조학자들은 스타리에노 장군의 용기와 인내, 콜베르 백작부인의 창의성과 통찰력에서 영감을 받아 바롤로 와인을 합성화학에서 완전히 해방시켜야 하는 도덕적인 의무를 가져야 한다. 포도나무와 포도 과실에 대한 존중, 그리고 더 일반적으로는 랑게 땅에 대한 존중이 필요하다. 우리가 미래 세대에게 그것들을 아무 손상 없이 물려주려면 우리에게 다른 무엇보다 가장 필요한 것은 이러한 존중이다.

제초제와 합성 비료의 금지는 유기 농법의 이상향이지만 이제는 필수가 되고 있다. 이미 많은 와인 생산자가 이를 시도하고 있다.

그러나 카를로가 동의하듯 보호협회Consorzio di Tutela(와인의 기원과 정통성 보호를 위한 컨소시엄)가 화학물질의 사용을 금하는 곳에서

만 바롤로를 만들라고 요구하는 주체가 된다면 좋을 것이다. 세계 최초의 유기농이라는 명칭이 마케팅 전략처럼 보일 수도 있지만, 줄리아(또는 줄리에트)가 보여준 교훈처럼 실체가 있을 때, 의사소통은 다른 사람들에게 본보기와 원동력을 제공하기 위한 필수 요소다.

그러나 이것이 끝은 아니다. 나의 친구가 말하는 생산자들이 마음에 새겨주기를 바라는 또 한 가지 도전이 있는데, 이는 바로 생물다양성을 보호하는 것이다. 생물다양성의 존속을 보장하는 데 이들의 역할은 매우 중요하다.

"한때 이곳 랑게에서는 800만 병에 달하는 바롤로 와인을 생산했습니다. 오늘날에는 1,400만 병에 이르지요. 생산자들은 '한계 통제'라는 것을 가지고 있어야 합니다. 네비올로 단종 재배에만 공간을 허용하는 것이 아니라 점점 잊히고 있는 돌체토^{dolcetto} 같은 전통 품종들에도 허용해야 하지요. 무엇보다도 토종 포도나무와 생물다양성이 없다면 랑게가 계속 존재할 이유가 없을 거예요. 그리고 바롤로가 가장 먼저 타격을 입는 곳이 될 것입니다."

카를로는 항상 다른 사람들보다 먼저 상황을 내다본다. 나는 불과 몇 년 안에 현실화될 수도 있는 우리 미래에 대한 비전이 그와 조금은 같아진 것처럼 느껴졌다. 랑게의 모든 농기계가 재생 가능한 천연가스로 가동될 수 있어야 한다는 말도 덧붙이고자 한다. 모든 농장 사업체들은 스스로 그것을 생산할 잠재력을 가지고 있다. 이런 생각이 머리에 떠오르는 순간, 나의 마음은 먼 곳과

가능한 미래에서 정처없이 떠돌았다. 그리고 우리가 이러한 철학을 세상에 설명하기만 하면 매출과 평균 가격을 얼마나 많이 올릴 수 있을지를 상상해보았다. 이는 모든 생산자들이 화학비료 없이 재배하고 지역의 생물다양성을 존중하며 '제로 임팩트 zero impact' 순환 에너지를 만들도록 강제하는 첫 번째 컨소시엄이 될 것이다. 꿈같은 일이다. 카를로가 미소를 지었다.

"그러는 동안 덤스다페 dumse da fé(피에로 골라 Piero Gola가 조직한 문화 교류, 수용 및 전달, 가치 증진을 목표로 하는 자발적인 협회로, 토리노 지역의 기업가, 학자 등 각계 전문가들로 구성된다-옮긴이)의 오스카 회원님, 일을 시작해봅시다. 하지만 생각해보면 우리가 이러한 선택을 하는 것은 공공의 이익 때문이어야 합니다. 이것이 개인의 이익보다 더 중요하며 지금은 그 어느 때보다 더 중요하죠."

내 친구 카를로는 현명한 사람이다. 자신의 꿈이 실현될 수 있다는 것을 아는, 믿음과 끈기를 가진 선각자다.

45

주주베 브로스

'대추 수프'가 주는 즐거움

—

안드레아 베르톤과의 대화

사실 주주베 브로스$^{jujube\ broth}$는 이름
처럼 수프가 아니라 리큐어다.

파도바주에는 유가니안 힐스에 둘러싸인 아르쿠아 페트라르
카라 불리는 작은 마을이 있다. 주주베, 즉 대추가 수세기 동안 이
곳에서 수확되어왔고 농부들은 이 과일을 사용해 알코올 함량이
낮은 술을 만든다. 이렇게 증류한 술이 오래전부터 알려진 브로
도 디 주졸레$^{brodo\ di\ giuggiole}$, 영어로는 주주베 브로스다.

이 작은 빨간 베리들은 대추야자와 약간 비슷하게 달콤하고 이
것으로 음료를 만들면 훌륭한 맛이 난다. 이 과일을 즐기는 가장
좋은 방법은 주주베 페스티벌이 열리는 9월 말이나 10월 초 사이
에 아르쿠아 페트라르카로 가는 것이다. 특산물은 대개 그 원산
지에서 더 맛있기 때문이다.

기쁨과 행복감으로 하늘을 둥둥 떠다니는 기분이 들 때 이탈리
아 말로 "안다레 인 브로도 디 주졸레$^{andare\ in\ brodo\ di\ giuggiole}$"라고 말
하는데 문자 그대로 하면 '대추 수프 속으로 들어간다'는 의미다.
왜 딸기도 아니고 체리나 트러플도 아니고, 심지어 나를 미치게
만드는 닭육수도 아닌 대추 이야기를 하고 있는 것일까?

이것이 바로 주주베 브로스의 세렌디피티를 불러일으킨 질문
(이 용어가 만들어진 유래가 아니라 은유적인 사용에 대한 질문)이다. 늘
그렇듯 이 이야기도 시간이 이리저리 교차하며 여러 가지 버전으

로 갈라진다.

먼저, 아르쿠아 페트라르카에서 전해지는 이야기가 있는데, 이곳 사람들은 이 은유가 고대 그리스에서 직접 유래했다고 믿는다. 오디세우스가 연꽃을 먹는 아프리카 북쪽 섬에 상륙했을 때 주민들은 그리스 선원들에게 그들이 가진 유일한 음식인 연꽃 열매를 제공했다. 선원들은 그 열매를 즐겁게 먹었지만 호메로스의 이야기에 따르면 그 열매는 그들의 정신이 나가도록 만들었고 과거와 미래의 모든 것을 망각하게 만들었다고 한다.

오디세우스는 자신의 선원들을 모두 강제로 배에 다시 태우고 곧바로 출항했는데, 그들이 자신의 고향과 친척, 뿌리를 잊어버리거나 집으로 돌아가려는 희망을 완전히 잃지 않도록 하기 위함이었다. 어떤 사람들은 호메로스가 언급한 연꽃은 다름 아닌 지지푸스 로터스^Ziziphus lotus, 다른 말로 하면 야생 대추이고, 그들은 사실 열매를 먹은 것이 아니라 그것으로 만든 술을 마신 것이라 주장한다. 그 사건은 본질적으로는 술잔치였고 다른 모든 술잔치처럼 음주자들은 기억을 잃어버렸던 것이다. 그러나 이는 가장 오래된 이야기일 뿐이다. 이탈리아판 백과사전인 트리카니 백과사전은 또 다른 이야기를 전하는데 그다지 오래전은 아니지만 여전히 오래된 이야기다.

1583년 피렌체에 설립된 문화 기관인 아카데미아 델라 크루스카에서 편찬한 최초의 이탈리아어 사전 1612년판에 '안다레 인 디 브로도 디 수촐레^andare in brodo di succiole'라는 문구가 처음으로 등장한다. 주졸레가 아닌 수촐레임을 주목해야 한다. 수촐레의 단수형 수촐라^{succiola}는 삶은 밤을 의미하며, 그들이 먹은 것은 행복감을 주는 밤 수프였다. 수촐레에서 주졸레로 바뀐 것은 발음을 더 쉽게 하려는 시도로 자음을 실수로 바꿨을 때 갑자기 일어난 일로 보인다.

*

얼마 전 나는 밀라노 포르타 누오바 지역에 있는 안드레아 베르톤의 레스토랑에 갔다. 이 식당은 베르톤이라 불리기도 한다. 안드레아는 진정 창의적으로 요리하는 법을 아는 셰프다. 즉석에서 대충 만드는 법이 없다. 창의성을 위해 그가 사용하는 방법은 원재료들에 대한 철저한 지식과 이를 혼합하는 그의 기술에서 비롯된다.

나는 항상 그의 음식을 좋아했지만 브로스 섹션에 있는 메뉴는 먹어본 적이 없었다. 브로스가 너무나도 많았다! 그 모든 브로스는 예사롭지 않고 놀라운 재료들과 어우러졌으며, 컵에 담겨 나오거나 다른 재료의 코팅용으로 활용되어 접시에 올려져 나오기도 했다. 다양한 브로스 열 가지가 있고 각각은 모두 훌륭했다. 물론 주주베 브로스도 있었다.

당도가 딱 적당하고 알코올이 들어가지 않은 이 귀한 호박색 액체는 컵에 담겨 디저트와 함께 서빙된다. 이 음료는 아주 훌륭했고 고기 육수처럼 투명하며 산미와 향긋한 뒷맛으로 우리 미각을 놀라게 했다.

안드레아는 이 음료에 로즈마리, 타임, 민트, 그리고 산미의 균형을 맞추기 위해 약간의 꿀이 들어간다고 했다.

이 '특별한' 주주베 브로스도 우연히 만들어졌다.

"제가 진실을 말씀드려도 될까요?" 그는 자신의 잘못을 드러내기에 앞서 미소를 지었다. "사실 이걸 만들 때만 해도 전 이런 결과가 나오리라는 걸 조금도 예상하지 못했어요. 무언가를 찾다가 다른 게 나왔지만 사실 더 나은 결과가 되었다고 생각합니다. 좀 전에 말씀드린 재료들과 함께 압력솥에서 대추를 익히고 있었어요. 익도록 두었다가 글레이즈를 바르려고 했는데 대추에서 즙이 추출되고 있다는 사실을 깨달았죠. 이렇게 추출된 대추즙이 완전히 윤기가 날 때까지 불 위에 두었다가 체에 붓고 걸러 액체를 얻었습니다. 제 생각에 무알코올 주주베 브로스가 탄생한 것은 바로 그 순간이었죠."

이것이 이 창작물에 대한 가장 최근의 세렌디피티 사례로, 이 이야기의 마지막 부분이기도 하다. 하지만 나는 여전히 그가 어떻게 아무것도 없이 브로스 메뉴만을 만들겠다는 아이디어를 내놓게 됐는지가 궁금했다. 그것도 여름에 내놓는 메뉴를 말이다.

내가 가장 좋아하는 브로스는 피에몬테주의 카루에서 먹은 것으로 소고기로 만든 이 국물은 12월에는 김이 날 정도로 뜨거운 상태로 서빙되었다. 브로스라고 말하면 사람들은 고기로 만든 뜨거운 육수 국물을 떠올린다. 이러한 브로스는 위안을 주는 매우 매력적인 음식이지만 이 셰프는 이 생각을 완전히 뒤집었다. 차갑든 뜨겁든, 다른 재료와 섞어 먹든, 특정 요리를 완성하기 위해 제공되든, 브로스는 이제 어떤 캐릭터도 소화할 수 있는 훌륭한 배우처럼 전례 없는 주연 역할을 하고 있다.

얇게 저민 대구와 함께 낸 프로슈토(이탈리아 파르마 지방에서 생산되는 햄) 브로스가 하나의 좋은 예다. 대구는 섬세하지만 뚜렷한 맛을 가지고 있는데, 안드레아는 프로슈토 국물이 생선의 즙을 풍부하게 하고 요리의 균형을 잘 잡아준다고 말했다. 설탕에 졸인 무가 산미를 더하면, 짜잔! 이렇게 명작이 완성된다.

메뉴의 뒷부분에는 초콜릿 브로스도 있는데 안드레아의 설명에 따르면 이는 초콜릿, 카카오 열매, 물로만 만들어진다.

"우리는 이 재료들을 함께 용해해서 영하 40℃의 급속 냉동기에 넣습니다. 그런 후 주주베 브로스처럼 액화시켜 디캔팅decanting 해야 합니다."

디캔팅은 침전물이 가라앉으면 윗부분의 액체만을 다른 병으로 옮겨담는 것을 말하는데, 디캔팅 과정을 통해 대부분이 고형이고 투명하게 만들기 어려운 모든 재료에서 우려낸 액체를 얻을 수 있다. 이러한 방식으로 그의 브로스들이 탄생했다. 그는 한 재료의 액체만으로도 그 재료의 풍미를 맛볼 수 있을 뿐만 아니라 이러한 브로스들은 우리의 뿌리를 나타내기도 한다고 믿는다.

"어쨌든 물은 자연의 일부죠. 그리고 주재료와 같은 맛이 나는 액체를 만드는 것이 우리가 먹는 음식의 완성도를 높여준다고 생각합니다."

의심할 여지 없이 그의 철학은 초현대적이다. 나는 무한한 세월 동안 냄비에서 기름진 육수가 뭉근히 끓여지고 있는 이탈리아 주방의 모습을 그려본다. 그것은 탁월한 치유의 음식, 그리고 푸짐한 식사를 위해 위를 준비시키는 막간의 음식이다. 안드레아 베르톤은 참신한 밀레니엄의 셰프다. 그의 연구는 미래를 지향하고, 이 미래는 그가 만든 것과 같은 브로스의 흔적에서만 읽힌다.

46

카프리 케이크

맛있는 공포 혹은 단순함에 대한 찬가

안토니노 칸바나추올로와의 대화

카프리섬에서 산책을 하다 잠시 멈춰 공기를 마시고 경치를 감상해본 경험이 아직 없다면 시간과 기회가 되는 대로 서둘러 나폴리로 떠나라. 나폴리에서 빈번히 운행하는 페리를 타면 단 30분 만에 세상에서 가장 아름다운 섬 중 한 곳인 카프리에 도착할 수 있다.

　카프리는 유토피아의 정의를 깨부수는 곳이다. 1516년 토머스 모어는 『유토피아』를 저술하면서 이 섬을 그리스어 우토포스 outopos에서 유래한 '없는 곳non place'으로 묘사했는데, 이는 "가기가 어려워서 존재하지 않는 곳, 가게 되더라도 떠나지 않게 되는 곳"이라고 표현했다.

　카프리를 방문하여 그 향을 들이마시고 매혹적인 파노라마에 감동받는 것은 유토피아로 가는 쉬운 한 가지 방법이다. 섬을 구석구석 누비고 다니며 걷다가 카페에 들러도 좋다. 전 세계에서 온 사람들로 북적이는 작은 광장에 있는 카페만 아니라면 말이다. 좁은 길을 걷다가 섬 중앙으로 올라가 진정으로 축복받은 한 조각의 이탈리아 땅에서 만을 내려다보며 티레니아해의 경이로움을 감상해도 좋다.

　이제 1920년대의 카프리에 대해 이야기해보자. 카프리는 이미 관광지로 유명했고 아마 지금보다 훨씬 더 아름다웠을 것이다. 방문객들은 주로 이 섬의 경이로움에 대한 글을 읽을 시간과 재력이 있는 지식인들로, 본토에서 온 무정부주의자들과 사회주의자들, 예술가, 시인, 미래파 예술가들, 철학자, 작가 등이 기묘하게 뒤섞여 있었다.

그러나 이곳에는 다른 종류의 사람들도 있었다. 마피아들도 카프리에서 여름휴가를 즐길 형편이 충분했다. 1920년 5월의 어느 날 아침, 대서양 건너편에서 수상한 손님 세 명이 카프리섬에 도착했다. 그들은 나폴리 주변에서 잘 알려진 사람들이었고 그들의 행동은 오해의 여지가 없었다. 사실 이들의 목적은 휴가라기보다는 임무에 가까웠다.

토르타 카프레세torta caprese(카프리 케이크)의 이야기는 여기서부터 시작된다. 하지만 이 이야기를 해야 할 사람은 내가 아니다. 나보다 카프리 케이크의 기원에 대해 훨씬 더 잘 아는 사람은 안토니노 칸바나추올로Antonino Cannavacciuolo다. 그는 환상적인 요리사이자 자신의 고향에 대한 깊은 지식을 가진 지적인 사람이며, 일 때문에 고향을 떠나야 했음에도 불구하고 고향에 대해 꾸준한 애착을 가지고 있는 사람이다.

그는 소렌토 해안의 매력적인 해변 마을인 비코 에쿠엔세에서 태어났는데 이곳에서는 수평선 너머로 카프리가 바라보였다. 카프리에서 아버지가 가르치던 호텔학교를 졸업한 후 잡은 첫 직장 중 하나는 그랜드 호텔 퀴시사나의 레스토랑이었다. 퀴시사나의 젊은 요리사로서 그가 얼마나 많은 카프리 케이크를 오븐에 넣었을지 상상해보라.

1999년에 그는 피에몬테 오르타 호수에 있는 빌라 크레스피의 매니저가 되었고 거기서부터 그의 경력은 날개를 달기 시작했다. 그는 2개의 미슐랭 별을 받았으며 TV 출연자로도 주목을 받고 있다. 요즘 안토니노는 이곳 못지않은 이탈리아의 멋진 지역에 살고 있지만 그가 비코의 이 작은 해변을 얼마나 그리워하는지는 짐작이 된다.

"카프리 케이크는 실수의 결과인 거죠? 그렇죠?" 내가 그에게 물었다.

"우연한 계기로 카프리 케이크를 처음 만든 파티시에의 이름은 카르미네 피오레Carmine Fiore입니다. 1920년 당시 그는 카프리 최고의 페이스트리 요리사로 꼽혔죠. 어느 날 세 명의 깡패가 그의 레스토랑에 들이닥쳐 경멸의 눈빛으로 둘러보았습니다. 그들은 분명히 지하 세계의 인물들이었습니다. 상상이 되나요? 사업을 위해 나폴리에 온 미국 마피아들이 자신들의 보스인 알 카포네에게 줄 게이터(무릎 아래를 보호하는 장비)를 사기 위해 카프리를 방문했다는 것을요! 당시 최고의 게이터는 이 섬에 있었나 봅니다." 안토니노가 설명을 계속했다.

"공교롭게도 그때 피오레는 아몬드 케이크를 만드느라 바빴고, 두려움과 긴장감을 느꼈어요. 그 바람에 너무 서둘었고 결국 주재료인 밀가루를 빼고 만들었지요. 오븐에서 케이크를 꺼냈을 때 케이크의 속은 부드럽고 겉은 바삭바삭한 것을 보고 깜짝 놀랐습니다. 오스카, 카프리 케이크는 단순함에 대한 찬사입니다. 아몬드·코코아·버터·달걀·설탕 이 다섯 가지 재료만 있으면 됩니다. 변형된 레시피들도 있지만 이것들이 원래 레시피의 재료들이죠. 비밀은 만드는 방법에 있습니다. 재료들을 어떻게 합치고, 어떻게 굽고, 또 얼마나 오래 굽느냐에 비법이 있는 것이지요. 1920년의 그날은 모든 것이 카르미네 피오레에게 완벽했습니다. 겁에 질린 그는 자신도 모르게 완벽함을 창조했습니다. 더 놀라운 점은 이 케이크를 만든 이유였던 미국인들의 입맛을 사로잡은 것이었습니다. 그들은 그에게 레시피를 물어보기도 했습니다. 카프리 케이크는 역사적으로 주방에서 일어난 '실수'나 '부주의'가 어떻게 우리의 전통을 상징하는 요리로 이어져 세계적인 성공을 거둘 수 있었는지를 보여주는 하나의 예입니다."

안토니노와 같은 뛰어난 요리사는 혼자서 모든 것을 해낼 수 없었을 것이라는 점을 잘 알고 있다. 매일 우리는 새로운 맛의 조합, 새로운 요리 기법 또는 새로운 재료의 조합을 통해 신선한 식감과 기분 좋은 놀라움을 만들어내는 시도를 할 수 있을 뿐이다.

"어렸을 때부터 저는 다양한 재료들을 섞어보는 것을 좋아했어요. 성인이 된 지금도 학교가 파한 오후에 집에서 무언가를 시도하던 때와 같은 열정을 가지고, 이제는 경험까지 쌓인 상태로 여전히 실험을 하고 있습니다. 저는 주방에서의 실수에 대한 이야기를 할 때 오류를 지적하는 것은 그다지 좋아하지 않아요. 속담에 '실수를 통해 배운다'는 말이 있듯이 오히려 시도와 연구, 새로운 기회에 대해 이야기하고 싶지요. 실수를 통해 배운다는 것은 곧 기회입니다. 그리고 이것이 우리에게 가르쳐주는 것은 인간의 진화와 개선에 관한 이야기로, 이는 단지 주방에서만 일어나는 일이 아닙니다."

"아직도 카프리 케이크를 만들고 있나요, 안토니노?"

"물론입니다!" 그는 이 질문에 거의 놀란 표정을 지었다. "카프리 케이크는 매일 제 메뉴에 올라와 있어요. 빌라 크레스피에서는 20년 동안 매일 아침 손님들에게 이 케이크를 제공해왔고, 지금은 노바라와 토리노에 있는 저의 비스트로(작은 규모의 프랑스 식당-옮긴이)에도 이 메뉴가 있지요. 밀가루가 들어가지 않아 부드럽고, 정교한 맛은 음식 과민증이나 알레르기로 식이 제한을 해야 하는 사람들을 위해서도 완벽합니다. 카르미네 피오레가 실수를 했을 때 그는 그저 훌륭한 디저트를 창조한 정도가 아니라 한 세기가 지난 지금까지도 부러움을 살 정도로 의미 있는 케이크를 발견한 것이었어요. 저 역시 저와 제 가족이 정말 좋아하는 전통의 디저트를 제공하게 되어 영광스럽고 의무감을 느끼기도 합니다."

운 좋게 카프리에 왔다면 카프리 케이크를 큼지막하게 한 조각 먹는 것을 잊지 말자. 그리고 먹는 동안 파티시에 카르미네 피오레를 생각하며 그가 한 실수가 얼마나 행운이었는지도 잊지 말자!

안토니노의 카프리 케이크 레시피는 다음과 같다.

안토니노의
카프리 케이크 레시피

| 재료 | 버터 200g, 아이싱 슈가 150g,
    달걀(전란) 160g, 달걀노른자 26g
    달걀흰자 40g, 설탕 50g
    아몬드 가루 300g, 코코아 가루 35g

| 만드는 법 | 1. 전동 믹서로 버터와 아이싱 슈가를 크림화한다.
    2. 별도의 믹싱볼에 전란과 달걀노른자를 넣고 함께 저은 후
       1번의 버터 혼합물에 서서히 부으며 섞어준다.
    3. 한편, 달걀흰자는 설탕과 함께 거품을 내고 아몬드 가루는
       코코아와 섞어둔다.
    4. 믹서에서 버터와 달걀 혼합물을 꺼낸 후 달걀흰자를 넣고
       마지막으로 아몬드 가루와 코코아 혼합물을 넣는다.
    5. 케이크 링에 버터를 바르고 베이킹 팬 위에 올린 다음
       슬라이스 한 아몬드를 뿌리고 케이크 반죽을 붓는다.
    6. 170°C에서 약 40분간 굽는다.

47

베르디그리

포도를 훔치지 마세요

아틸리오 시엔차와의 대화

아틸리오 시엔차^{Attilio Scienza}는 농학
학자로, 특히 와인을 연구하고 있다. 성이 '과학^{Scienza}'인 사람의
직업이 과학자라는 사실이 꽤 재미있다. 그는 자신의 이름을 딴
수많은 출판물을 출간하며 큰 성공을 거두었다.

아틸리오는 2004년부터 밀라노대학에서 포도 재배학 교수로
재직하고 있다. 가장 흥미로운 세렌디피티 사례 중 하나는 특정
질병을 예방하고 치료하기 위해 포도나무에 뿌리는 베르디그리
^{verdigris}라는 푸른색 혼합물로, 구리에 생기는 푸른 녹이었다. 이에
대해 자세히 알아보기 위해 나는 그를 직접 찾아갔다.

그는 구리가 기원전 5,000년 전으로 거슬러 올라가는 고대 금
속이라는 설명으로 이야기를 시작했다. 구리는 구하기 쉽고 가공
하기도 쉬웠으며 주로 중부 및 동부 유럽에서 도구와 무기를 만
드는 데 사용되었다. 최근에는 녹조류를 없애고 박테리아 및 곰
팡이를 죽이는 데 사용되었으며 포도나무, 감자 및 토마토에 노
균병이 발생하면서 매우 인기가 높아졌다.

아틸리오는 구리가 해결책에서 문제점으로 바뀔 수 있음을 상
기시켜주었다. "유기농 농업이 부상하면서 구리는 기생충과의 싸
움에 점점 더 많이 사용되었습니다. 결국 유럽공동체는 중금속이
토양에 미치는 생물학적 피해를 방지하기 위해 포도 재배에 사용
하는 구리를 연간 4kg(7년간 28kg)으로 제한하는 새로운 규칙을

도입했습니다. 1998년부터 2010년까지 프랑스 포도밭의 토양을 연구한 결과, 보르도 및 랑그독 같은 일부 지역에서는 토양 미생물에 독성이 있는 것으로 간주하는 독성 한계치 50ppm을 초과하는 매우 높은 수준의 구리가 검출되었습니다. 우리는 보르도 혼합물 형태의 구리가 1800년대 중반부터 사용되어왔으며 시간이 지나도 분해되지 않는 금속이라는 점을 기억해야 합니다."

따라서 다량의 베르디그리는 토양 건강에 문제가 될 수 있다. 그러나 베르디그리가 개발되었을 때는 노균병에 대한 완벽한 해결책으로 환영을 받았다. 노균병은 알렉시스 밀라르데[Alexis Millardet]라는 이름의 포도 품종학자가 우연히 발견했는데, 이 기생충이 미국에서 유럽으로 들어왔을 시점에 유럽은 다른 해충인 포도 필록세라[phylloxera]의 피해로 이미 위기에 처해 있었다.

밀라르데가 보르도 지역의 생 줄리앙에 있는 샤토 뒤크루 보카이유를 방문했을 때 이 병이 도로 근처에서 자라는 포도나무는 공격하지 않는다는 사실을 발견했다. 이곳을 운영하던 어니스트 데이비드[Ernest David]는 거기에는 간단하고도 다소 흥미로운 이유가 있다고 말했다. 그는 도로에서 가장 가까운 줄에 있는 포도나무에 달린 포도송이들을 훔쳐가는 사람들이 너무 많아서 기본 구리 또는 황산구리 아세테이트 용액에 석회를 혼합하여 첫 줄에 있는 포도나무의 포도송이에 바르는 아이디어를 생각해냈다고 했다. 구리 성분의 푸른색을 칠해 포도 도둑을 막으려 했던 것이다.

그가 푸른색 혼합물 베르디그리를 발명한 것은 맞지만 이는 단지 도둑을 단념시키고자 하는 이유였다! 그러다 그는 뭔가 이상한 일이 벌어지고 있다는 것을 깨닫게 되었다. 용액이 묻은 포도송이는 다른 것들과 달리 노균병의 공격을 받지 않고 건강하게 자랐던 것이다. 결과적으로 베르디그리가 적절한 처방이었던 셈이다.

아틸리오는 이렇게 말했다. "1883년부터 바르기 시작했습니다. 용액을 적신 빗자루를 식물에 문지르는 식으로 발랐는데, 이는 시간이 너무 오래 걸리고 힘든 작업인 데다 비용도 많이 들었어요. 50ha의 면적을 처리하는 데 일꾼 20명이 20일 동안 작업해야 했으니까요. 그러나 산업은 항상 발전하는 법이기에 도포 기술을 개선했죠. 첫 번째 방식은 1886년에 적용되었는데, 작업자가 등에 짊어진 펌프에 분말 혼합물을 넣어 뿌리는 방식이었습니다. 몇 년 후 말이 끄는 수레로 베르디그리를 뿌리는 방식으로 전환됩니다."

그는 율리시즈 가이용^{Ulysses Gayon}이라는 위대한 화학자가 그 유명한 보르도 믹스를 만들었다는 말도 덧붙였는데, 보르도 믹스는 만들기도 쉽고 저렴했다. "마침내 우리는 포도나무 병에 대한 천연 해독제와 올바른 살포 방법을 찾았습니다. 하지만 안타깝게도 포도 재배자들은 이 마법의 혼합물을 살포할 때 전문가들이 권장하는 것보다 훨씬 더 많은 양을 사용했어요. 1950년대에는 헥타르당 사용량이 연간 40~50kg에 달했지요. 민족학자 앙드레 라그랑주^{André Lagrange}는 보르도 혼합물로 뒤덮인 포도밭을 보고 '마치 하늘의 모든 푸른색이 땅으로 내려온 것처럼 사방이 푸른색으로 뒤덮였다'라고 표현했을 정도였지요."

짐작하겠지만 아틸리오는 베르디그리를 그리 좋아하지 않는다. 그러나 베르디그리가 포도나무 병에 대해 유기농 규정집이 정한 유일한 치료법이라는 점에서 어떻게 하는 것이 좋을지 궁금해졌다. 내가 물었다. "화학 약품으로 돌아가야 하는 것일까요?"

"우리 건강과 토양에 해를 끼치는 것은 확실히 아닙니다. 우선은 처리 방식부터 개선해야 합니다. 일반적으로 절반 이상이 표적을 벗어납니다. 그러므로 '엄격한 포도 재배' 접근 방식을 모색해야 합니다. 베르디그리의 살포를 필요한 곳에만 제한할 수 있는 기술과, 모니터링 및 정보를 통해 이러한 결정을 지원하는 시스템과 적절한 시점을 계산할 수 있는 기술들도 필요하지요. 주변에 확산되는 것을 크게 줄이기 위해 '보호 패널'을 사용하는 것도 예상해볼 수 있고, 같은 줄에 있는 포도나무들을 덮는 '비 가림막'도 이미 개발되어 있습니다. 하지만 현실은 재정과 조경상의 이유로 이러한 새로운 기술이 사용되고 있지 않습니다.

화학 업계에서는 베르디그리를 대체할 살충제를 개발하기 위해 열심히 노력하고 있지만 간단하지가 않습니다. 유기 농법에 성공적으로 이용되기 위해서는 충족시켜야 할 요건들이 많기 때문이죠. 즉, 인공 화학 물질이 없어야 하고, 시간이 지나도 효능이 지속되어야 하며, 환경적으로 지속 가능해야 합니다. 또한 적절한 독물학 개요를 갖추고, 환경친화적인 미래에 대한 고려가 있어야 하고요. 더불어 포도와 결과적으로는 와인의 질적 특성에는 절대적으로 영향을 주지 않아야 하고, 포도나무가 견딜 수 있는지도 파악해야 합니다.

마지막으로 재정적인 측면도 당연히 무시할 수 없습니다. 현재 오렌지 에센셜 오일을 기반으로 한 혼합물만 등록되어 있고 몇몇 토스카나 기업들이 이를 시험하고 있습니다. 과학계는 오랫동안 새로운 분자를 적극적으로 찾아 천연 화합물을 활용해왔지만, 현재로서는 아직 연구 단계라 일부 전제 조건을 달성하는 것이 불가능해 보입니다. 제가 보기에 가장 빠르고 안전하며 저렴한 방법은 유전학에 공을 들이는 것입니다."

나는 아틸리오에게 유전자 변형 포도나무를 만들 의도가 있는지 물었고, 그의 대답은 '아니오'였다. 우리가 GMO로 알고 있는 유전자 변형은 다양한 식물 및 동물 혈통의 유전자를 결합하여 원래 식물의 자연적인 염기 서열을 변경하는 것을 포함한다.

오히려 아틸리오가 의미하는 것은 포도나무의 같은 속인 비티스^{Vitis}와 심지어 같은 종인 비니페라^{Vinifera} 식물의 유전자를 조합하여 포도나무가 곰팡이 질병에 대항하는 물질을 생산하도록 하는 가능성이다. "유럽 포도나무들은 질병 저항성 유전자를 많이 가지고 있지만 진화의 역사 때문에 그 역할을 할 수가 없었습니다. 미래에는 가능할지 모르지만 시간이 오래 걸릴 겁니다. 아주 오래요." 그는 계속 설명을 이어갔다.

"1980년대와 1990년대에 우리의 연구는 포도나무 유전체(게

놈)를 해독하는 것으로 이어졌고 이는 향후 포도나무에 대한 모든 유전적 개량 기술의 적용에 대한 출발점이 되었지요. 오늘날 포도나무의 유전체를 변화시킬 수 있는 두 가지 기술이 있는데, 이 기술들은 신육종 기술^{New Plant Breeding Techniques}(NPBT)에 속합니다. 하나는 매우 최근의 기술로, 특정 염기 서열을 인식하여 미리 정해진 지점에서 DNA를 자르는 일종의 분자 가위를 통해 유전체 편집을 유발할 수 있는 CRISPR/Cas9이라는 단백질의 발견과 관련이 있습니다. 우리는 이 작업을 '복제' 식물을 생산하는 것으로 설명할 수 있는데, 유전적 돌연변이가 최소화되고 몇 개의 염기에만 영향을 미치기 때문입니다(자연에서는 돌연변이를 통해 자연적으로 동일한 일이 발생한다). 이러한 유전체 교정은 소위 '감수성' 유전자에 대해 수행되는 일종의 미세 수술^{microsurgery}(수술용 현미경이 필요한 수술의 총칭-옮긴이)이며 포도나무가 더 이상 질병에 취약하지 않다는 것을 의미합니다."

또 다른 기술은 GMO에 대한 대중의 두려움과 저항을 극복하려는 목적으로 2006년에 도입된 동종기원^{cisgenesis} 기술이다. 동종기원은 변형되지 않은, 생식적으로 적합한 식물에서 유래한 질병 저항성 또는 품질 제어 유전자를 사용한다는 점에서 형질 전환인 GMO와 다르다. GMO 기술로 삽입된 유전자는 유전적으로 매우 다른 식물 또는 심지어 동물 유기체에서 온 것이다.

GMO 기술이 지닌 독특한 면은 변형이 목표가 된다는 점이다. 긍정적일 수도 부정적일 수도 있는 무작위 변형을 일으키는 물리적 또는 화학적 돌연변이나 교배 같은 것인데, 동종기술은 이런 시스템들과는 다르다. 최종 결과는 교배와 같은 전통적인 접근 방식을 통해 얻을 수 있는 것과 동일하지만, 와인의 품질에 대한 존중과 효율성이 향상되어 토종 포도나무와 원산지 지정의 가치를 극대화할 수 있다.

합성 화학물질을 사용하지 않는 와인 양조에 대한 새로운 인식은 혁신적인 연구 방법을 가속화했으며 이탈리아가 그 선두에 서 있다. 우디네대학교는 프리울리의 와인 생산 회사 열 곳과 협력하여 노균병과 흰가루병에 강한 미국 및 아시아 포도나무를 사용하여 전통적인 교배 기법을 적용한 포도나무 열 그루를 확보했다. 그리고 최근 산 미켈레 알라디제에 있는 에드먼드 마크 재단 Edmund Mach Foundation은 새로운 저항성 품종을 재배할 수 있는 허가를 받았다.

그렇다면 이상적인 포도나무를 찾았다고 말할 수 있을까? 아직은 아니다. 여전히 갈 길이 멀고, 우리의 연구를 GMO 분야와 구별하기 위해서는 유전학 개념에 대한 관료주의적인 이슈와 이념적인 저항도 해결해야 하다. 현재는 유전체 편집과 동종기원으로 저항력을 가진 포도나무를 만드는 것에 제동이 걸렸다. 이러한 기술로 얻은 포도나무를 GMO라고 승인한 스트라스부르 사법재판소의 결정 때문이다.

하지만 이 분야에서도 상황이 변하고 있으며, 유럽연합 이사회는 유럽연합 위원회에 2018년 지침의 검토에 대한 연구를 제출하라고 요구했다.

아틸리오는 이 프로젝트를 성공적으로 이끌고, 나아가 이탈리아를 포도 재배 연구의 세계적인 선두주자로 만들기 위해서는 조직과 자금 측면에서 큰 노력이 필요하다고 말했다. "가급적이면 효과적인 로비를 통해 운영되는 전담 재단을 통해 이탈리아 연구 기관과 와인 생산자 간의 네트워크를 구축해야 합니다. 여기에는 자금이 필요합니다. 자금이 없으면 연구가 중단되기 때문이죠. 5년 동안 매년 1,500만 유로 정도의 연구비가 필요합니다. 이탈리아에서 생산되는 와인(현재 연간 약 56억 병 생산) 한 병당 1센트 미만이면 와인 생산자들에게는 사소한 액수지만 연구를 발전시키는 데는 매우 의미있는 자금이 될 겁니다.

또한 유럽공동체가 이러한 식물의 분류에 어떻게 접근할지, 나아가 DOC 와인 설명서에서 '복제'의 사용에 대해 어떻게 접근할지 아직 명확하지 않습니다. 분명한 건, 우리는 이를 5년 안에 할 수 있습니다. 믿어도 좋아요!"

48

인류

최고의 세렌디피티

텔모 피에바니의 기고문

지구 역사상 가장 중요한 세렌디피티 사례인 우리 인류에 대한 이야기로 마무리하고자 한다. 인간의 기원에 대해 어떠한 생각을 가지고 있든 이 세상에서 인간보다 더 우연하고 불완전한 방식으로 창조되고 자율적으로 형성된 것은 없다.

그럼에도 불구하고 창조주 하나님을 믿는다면, 창조주는 전쟁을 일으키고 인종 차별과 이기심을 드러내는 등 결함을 지닌 사피엔스와는 매우 다른 종을 원했을 것이라는 사실을 인정하게 된다. 창세기 1장 26절에 '하나님이 이르시되 우리의 형상을 따라 우리의 모양대로 우리가 사람을 만들고'라는 구절이 나온다. 하지만 창세기 5장 1절과 2절에서 훨씬 더 명확하게 다음과 같이 표현된다. '하나님이 사람을 창조하실 때에 하나님의 모양대로 지으시되 남자와 여자를 창조하셨고 그들이 창조되던 날에 하나님이 그들에게 복을 주시고….'

하나님도 최소한 가치라는 측면에서는 사람을 자신과 조금 더 닮은, 더 나은 존재로 상상했다고 생각할 수 있다. 그러나 하나님은 사람이 그렇지 못하다는 사실을 보게 되었다. 얼마 지나지 않아(정확히는 창세기 3장 17절) 아담과 하와는 원죄에 물들었고 하나님은 진노하며 이들을 에덴동산에서 쫓아냈다. 예상과는 전혀 다른 결과가 나왔으니 세렌디피티의 완벽한 예라고 할 수 있다.

찰스 다윈처럼 인간이 자연선택의 산물이라고 믿는다면, 연구를 통해 오늘날 인류라는 '존재' 뒤에 얼마나 많은 우연과 예측 불가능성, 운명이 존재했는지 알 수 있을 것이다. 제3천년 (2001~3000년)기가 시작될 무렵의 상황은 대략 이러했다. 인구수는 약 80억 명에 달했고 195개의 서로 다른 국가에 저마다 속해 있으며 7,000개 이상의 언어를 사용하고 약 14개의 주요 종교를 가지고 있다. 그러나 30억 년에 걸친 인류의 발전 과정에서 다른 일들이 일어났다면 지금의 이러한 시나리오는 매우 달라졌을 수도 있다. 어느 면을 보더라도 세렌디피티가 개입되어 있다.

이는 지구에 생명체가 출현하기 전부터 시작된 기나긴 이야기다. 많은 과학자들은 이 모든 것이 약 140억 년 전 빅뱅과 함께 시작되었다는 데 동의한다. 빅뱅은 폭발이라기보다 특정한 밀도와 열 조건으로 인해 우주가 팽창하기 시작한 순간을 말한다. 이 현상은 공간과 시간, 물질과 에너지의 탄생으로 이어졌다. 그 후 100억 년 동안 그야말로 엄청난 우주 활동이 이어졌다. 가스 성운이 평평해져 원시 행성계 원반이 되고 별이 형성되었다. 초신성이 폭발하고 행성이 충돌하고 운석이 부서졌다.

약 45억 년 전 이러한 우연한 붕괴 중 하나로 지구를 포함한 태양계가 생성되었다. 지금으로부터 약 45억 년 전, 인류의 역사가 시작된 때다.

태초의 지구는 오늘날 우리가 알고 있는 것과 달랐다. 지구는 더 작았고 처음 20억 년 동안은 겪어야 할 거의 모든 일을 겪었다. 지구보다 약간 더 작은 다른 행성과 엄청난 충돌이 있었고, 수백만 개의 얼어붙은 혜성이 지구의 지각에 부딪히면서 엄청난 양의 물을 운반하여 바다를 형성했다.

물은 생명체가 생겨난 곳이다. 정확히는 알 수 없지만 30억 년에서 37억 년 전 사이로 추정된다. 하지만 이러한 혜성과 운석들이 쏟아져내리면서 생명체는 수십억 년 동안 수없이 탄생하고 소멸했을 것이다.

어느 순간 물속에서 놀던 분자가 스스로 복제하는 데 성공했다. 그 후 분자는 생식을 위해 같은 입자와 결합하고 다분자 유기체와 합쳐졌다. 박테리아가 가장 먼저 만들어졌고 곰팡이, 식물, 동물이 그 뒤를 이었다. 여기서 동물이란 물고기를 의미하지만 오늘날 우리가 알고 있는 물고기는 아니다. 생명의 기원을 심도 있게 연구한 사람들은 최초의 가시적 동물의 존재는 일종의 해면이었을 것으로 상상한다. 하지만 수십억 번의 시행착오를 거치며 점차 환경에 적응해가면서 이 생물은 실제 물고기가 되었다.

어느 순간 연안의 바다 일부에 산소가 부족해지자 몇몇 해양 생물은 산소를 찾아 물 밖으로 고개를 드는 법을 배웠다. 시간이 지나면서 이는 정상적인 행동이 되었고, 육지에 가까워지면서 지느러미로 몸을 지탱하는 방법에 적응하기 시작했다. 분자에서 공룡에 이르기까지 10억 년에 걸친 이 과정에 대해 생각해보는 것은 매우 흥미진진한 일이다.

사실 2억 3,000만 년 전에 고대 공룡들은 파충류 조상으로부터 처음 분리되어 지구의 지배자가 되었다. 심지어 어떤 공룡들은 하늘을 나는 법을 배우기도 했다. 이 시기를 우리는 쥐라기 시대라고 부른다. 판게아라는 하나의 대륙이 생겨났고, 약 1억 8,000만 년 전에 아메리카 대륙은 서쪽으로, 유라시아 대륙은 동쪽으로 이동하면서 현재의 지구 구성으로 이어지는 길고 느린 분리 과정이 시작되었다.

하지만 6억 6,000만 년 전으로 거슬러 올라가면 대재앙과도 같은 사건 하나가 역사의 흐름을 영원히 바꿔놓았다. 지름 10km에 달하는 거대한 운석이 현재의 유카탄반도에서 조금 벗어난 곳에 떨어지면서 지구 생명체의 3분의 2가 멸종할 정도로 엄청난 파괴를 일으켰다. 공룡은 거의 모두 죽었지만, 이후 수백만 년 동안 몇몇 척추동물은 매우 천천히 다시 번식하기 시작했다.

이제 번식은 시간 문제였다. 질소·산소·이산화탄소의 적절한 배합에서부터 자외선으로부터 보호하는 오존막에 이르기까지 지구의 전반적인 조건이 생명체에 유리하게 작용했다. 포유류의 다양화에는 오늘날 우리가 침팬지처럼 묘사하는 아프리카의 원숭이도 포함되는데, 일부 과학자들은 이 원숭이가 땃쥐와 같은 작은 포유류가 진화한 것이라고 믿는다.

왜 일부 원숭이들이 똑바로 서기 시작했는지, 왜 뇌의 크기가 점차 커졌는지는 확실하지 않지만 그런 일들이 일어났다. 200만 년 전부터 직립보행을 하고, 마주보는 엄지와 검지손가락을 가지고 있었으며, 원시적인 방식으로 서로 의사소통할 수 있었던 원숭이 무리들을 호모^{Homo}에 가까운 종으로 분류할 수 있다.

결정적인 전환점은 약 150만 년 전 이러한 유인원들 중 하나가 불을 발명했을 때 찾아왔다. 그 후 인류는 기하급수적으로 성장하여 지구를 지배하게 되었고 오늘날 지구 곳곳에서 실시간으로 서로 소통할 수 있는 75억 명 이상의 인구 공동체를 이루게 되었다. 150만 년이라는 시간은 우주의 탄생 시점과 현재 사이의 기간에서 단 0.01%에 해당하는 시간이다. 말하자면 찰나에 불과하다.

불의 발명도 세렌디피티로 분류할 수 있다. 동굴에 침입해 닥치는 대로 먹어치우는 야생 동물을 잡기 위한 실용적인 이유가 있었기 때문이다. 유인원들은 불을 보자마자 겁을 먹고 도망쳤다. 그러나 뛰어난 지능을 가졌던 이들은 불이 나무에서 나무로 번지는 것을 알아차렸다. 한 나뭇가지에서 다른 나뭇가지로 옮기면서 불을 분리하는 것을 시도했고 동굴 안으로 옮길 수 있다는 점을 알아냈다. 그런 다음 더 많은 나무로 연료를 공급함으로써 가장 중요한 생명을 지키는 문제를 해결했다. 수세기가 지난 후에는 나뭇가지 두 개를 세게 비벼서 불을 붙이는 법도 배웠다.

동시에 이들은 문제를 해결하기 위해 만든 이 발명품이 훨씬 더 나은 무언가로 이어질 수 있다는 사실을 깨달았다. 일단 어떻게라도 살아남은 생명은 개선될 수 있었다.

불이 발명된 이후에는 더 이상 주저할 것이 없었다. 불은 최소한 적응력과 생존력이라는 면에서 다른 동물보다 인간이 우월하다는 점을 입증한 최초의 발명품이었다. 인간은 더 이상 두려워하지 않았다. 유인원들은 점점 더 호기심을 가지고 세상을 탐험하기 시작했고, 그 후 100만 년 동안 세상의 거의 모든 구석구석에 이르렀다.

유인원 이후로 다양한 범주의 인간과 비슷한 존재들이 등장했는데 외모와 지적 인식 능력은 저마다 달랐다. 이러한 중요한 전환은 약 30만 년 전으로 거슬러 올라간다. 예를 들어, 네안데르탈인과 호모 사피엔스가 한 번도 만난 적이 없다고 믿는 사람들도 있지만, 최근 학자들은 두 종이 지나간 길이 교차했다는 증거를 발견하기도 했다. 네안데르탈인의 멸종은 미스터리로 남아 있지만, 호모 사피엔스는 살아남아 오늘날 우리가 이해하는 인류를 탄생시켰다.

지금으로부터 약 1만 2,000년 전, 마지막 빙하기가 끝날 무렵, 이란·이라크·시리아의 접경 지역이자 티그리스강과 유프라테스강 사이 평원, 즉 지금의 중동에 해당하는 지역을 생각해보자. 이곳은 비옥한 초승달 지대로 알려져 있다. 새로운 야생 과일과 사냥감을 끊임없이 찾아 이동하는 유목 생활을 포기한 소수의 사람들이 이곳에 정착했다. 이러한 결정은 기후의 급격한 변화로 인해 세계 여러 지역에서 이루어졌을 가능성이 높다. 다시 한 번 우연한 사건이 인류의 운명을 바꾼 것이다. 인류는 자연적으로 자라는 곡물을 복제하기 위해 토양에 씨앗을 심어 식량을 재배했고 이는 성공적이었다. 우유와 고기를 얻기 위해 몇 가지 동물 종을 사육해보았고 이것도 성공했다. 이 집단은 수세기에 걸쳐 팽창했고 그들이 재배하는 동물 종들도 마찬가지로 늘어났다. 인류에게 있어 또 하나의 거대한 질적 도약인 농업이 탄생했다.

이 지역에서 최초의 조직화된 사회가 출현한 것은 당연한 일이었다. 약 6,000년 전, 수메르인은 경작·관개·수확 방법을 완성했고, 맥주·와인·올리브 오일을 만들기 시작하여 꽤 좋은 성과를 거두었다. 이후 3,000년 동안 이집트인과 그리스인은 농업·동물 사육·원료의 가공·보존 기술을 더욱 향상시켰다. 그들은 더 효율적인 낚시 장비를 개발하고 몇몇 어종의 양어 방식까지 파악했다. 이후 몇 세기 동안 이러한 관행에 대한 지식이 점점 더 북쪽으로 퍼져 마침내 세계에서 가장 비옥한 반도에 다다랐다. 이탈리아에서 이상적인 환경을 만나며 폭발적으로 성장한 것이다.

로마인들은 현대 농업의 원리를 개선하여 모든 인구 중 가장 영양 상태가 좋아졌고 결과적으로 가장 강력한 민족이 되었다. 500년 이상 지속된 성장과 정복의 이야기가 시작된 것이다. 그러다 서기 5세기 말에 모든 것이 끝났다.

이제 우리는 몇 마디로는 요약하기 힘든 길고 다채로운 시대인 중세에 이르렀다. 농업이라는 면에서는 마치 한 걸음 뒤로 물러난 것 같은 암울한 시기였으며, 종교의 핵심 기능이 큰 역할을 했다. 그러나 역설적이게도 건실한 농업 관행을 보존하고 때로는 이를 개선한 사람들은 당시 점점 그 수가 증가하던 수도원의 수도사들이었다.

중세 초기에는 농업 혁신에 탄력이 붙었고 르네상스와 함께 모든 것이 다시 시작되었다. 지금으로부터 불과 600여 년 전의 일이다. 새로운 사고방식이 퍼져나갔고 이러한 문화적 모델의 핵심에는 인간이 있었으며, 사람들은 자기 자신과 자신의 능력에 대한 믿음을 획득했고, 그 결과 경제와 전반적인 복지가 향상되었다. 르네상스 시대에서 가장 위대한 것을 말하라고 하면 나는 믿음을 꼽을 것이다. 인간을 조화, 아름다움, 웰빙을 향해 나아가게 이끄는 강력한 자연의 엔진이 있다면 바로 믿음이라 할 수 있다.

신대륙에서 서양과 동양으로 유입된 낯선 과일과 채소는 구대륙의 생물다양성에 변화를 가져왔다. 이후 수세기 동안 국가별 그리고 지역별 요리가 등장했고, 농업을 통해 변화된 제품은 점점 더 맛있고 건강해졌다.

18세기 말 산업혁명으로 인해 식품과 음료는 본질적으로 현재와 같은 특성을 띠게 되었다. 경제에서 농업의 중요성은 점차 줄어들고 있었지만 강력한 기술 혁신의 혜택을 받기 시작하면서 육체노동의 필요성이 점점 줄어들기 시작했다.

안타깝게도 내부 국경이라는 개념이 여전히 생소했던 유럽에서는 전 세계에 영향을 미친 암흑의 시대가 시작되었다. 두 차례의 세계대전, 학살과 파괴 등이 이어졌다. 수십 년에 걸쳐 이렇게 많은 잔학 행위가 집중적으로 일어난 적은 없었다. 국민을 맹목적인 이기주의와 인종차별주의로 이끌겠다는 한 통치자의 망상은 인류에게 막대한 해를 끼칠 수 있다는 것을 보여주었다.

전후 경제 기적과 함께 당시 대부분 농민이었던 전 세계 인구는 급격하게 변화했다. 적은 인원으로 훨씬 더 많은 것을 생산할 수 있었는데, 이 기적의 주인공은 산업이었다.

빠르게 발전하는 기계 기술 외에도, 질병을 근절하면서도 인간의 수고를 줄이고 인공적인 수단을 사용하여 지구의 에너지를 이용하려는 목적으로 화학기술과 공업이 전면에 등장하기도 했다.

20세기의 마지막 20년 동안, 처음에는 제네바에 있는 유럽원자핵공동연구소CERN가, 그리고 나중에는 보스턴의 MIT에서 팀 버너스 리Tim Berners-Lee라는 영국 출신의 젊은 연구원이 월드와이드웹을 개발했다. 인터넷이 탄생한 것이다. 이어 시애틀의 한 차고에서 어떤 젊은이가 또 다른 발명품을 완성했다. 빌 게이츠라는 미국 청년이 일종의 인공 지능을 만들기 위해 키보드와 모니터가 달린 작은 기계에 삽입하는 소프트웨어를 만든 것이다. 이것이 최초의 개인용 컴퓨터였다. 그리고 같은 시기에 샌프란시스코 인근의 또 다른 차고에서 비슷한 기계를 만들고 있던 같은 또래의 누군가도 잊지 말자. 바로 위대한 스티브 잡스다.

인공 지능과 인터넷의 결합은 종종 우연한 연구와 개선의 소용돌이 속에서 오늘날 우리가 디지털 경제 또는 디지털 사회로 알고 있는 것을 만들어냈다. 나는 이것이 불과 함께 또하나의 위대한 발명품이라고 생각한다. 그리고 불처럼 인류의 운명을 더 나은 방향으로 변화시킬 사명을 가지고 있다고 믿는다.

하지만 불과 마찬가지로 유용한 용도로 길들여져야 한다. 현재는 여전히 우리 발에 조금씩 화상을 입히고 때로는 숲도 태운다. 디지털 혁신이 적용되면서 직장이 파괴되고 있다. 우리 각자가 소비의 기초인 급여를 창출하는 존재로 이용되는 사회경제 모델에서는 디지털 혁신이 재앙을 일으키기도 한다. 더 나아가 디지털 관계는 주로 불만, 불신, 모욕에 대한 과장된 언어를 조장하는 것으로 보인다.

이는 미국 청년들이 이 모든 것을 발명했을 때 상상했던 모습은 아닐 것이다. 알레산드로 바리코Alessandro Baricco는 자신의 저서 『더 게임The Game』에서 이 현상이 20세기 엘리트들에 대한 혁명적인 항의의 몸짓으로 시작되었다고 주장한다. 즉, 모든 사람이 연결을 통해 진실을 이해할 수 있거나 최소한 접근할 수 있고, 각 개인이 성장하여 경제적 불평등에 맞설 수 있는 가능성을 제공하고자 하는 꿈을 품고 중간 존재를 제거하려는 시도였다는 것이다.

몇 년 만에 등장한 것은 한편으로는 아름답고 다른 한편으로는 우려스러운 놀라운 기계였다. (그동안 자신의 차고에 대한 동화 뒤에 숨어서 지구상에서 가장 부유한 사람이 된) 그 발명가들조차도 예측이 거의 불가능했던 이러한 전개에 약간은 겁을 먹었던 것 같다.

지금 우리 모두는 기후 변화와 환경 오염이라는 매우 시급한 문제와 씨름하고 있다. 플라스틱, 내연기관, 그리고 탄화수소를 이용해 전기 에너지를 생산하는 법을 알아낸 발명가들도 그들이 내놓은 놀라운 메커니즘이 지구의 미래에 재앙을 초래하리라고는 상상조차 못했을 것이다. 예상치 못한 부정적인 영향을 초래한 의도치 않은 우연이라고 할 수도 있지만, 지금 우리가 매우 심각한 비상사태에 직면해 있다는 사실은 변함이 없다.

우리 모두는 기후 변화로 인해 지구에서 인류 종말의 시기가 상상했던 것보다 더 가까워질 수 있다는 사실을 갑자기 깨닫게 되었다. 땅, 공기, 물, 즉 신앙을 가진 자들이 '창조물'이라고 부르는 것, 그리고 세속적인 세계에서는 '자연'이라 부르는 것과 인류의 관계를 다시 설정해야 할 필요가 있다.

거의 2세기 전에 인간이 발명한 소비 사회의 사명은 즐거움이었다. 더 잘 먹고, 더 잘 입고, 더 좋은 집과 더 좋은 자동차를 소유하고, 더 편리한 기기를 갖추고, 겨울에는 더 따뜻하게, 여름에는 더 시원하게 사는 것, 즉 더 나은 삶을 사는 것이 이러한 즐거움이다.

평균 수명이 20년이나 더 늘어나는 등의 많은 긍정적인 효과들에도 불구하고 더 큰 즐거움을 추구하는 과정에서 소비는 소비주의로 변질되었다. 과잉 생산은 지금도 계속되고 있으며, 쓰레기는 증가하고 환경에 대한 존중은 점점 감소하고 있는데 이는 산업과 농업, 그리고 가정생활 모두에 해당한다. 게다가 농업이 발명된 지 1만 2,000년이 지난 지금도 세계의 일부 지역은 여전히 식량을 구하지 못하고 있다.

이런저런 세렌디피티 사례들을 통해 인류는 사건과 변화에 적응할 수 있는 엄청난 능력을 바탕으로 꾸준히 성장하고 발전해왔다. 이제 우리는 새로운 커다란 장애물을 극복해야 하며 불완전성을 관리하는 우리 능력이 다시 한 번 도움이 되기를 바라야 할 시점이다.

인간의 불완전성에 대한 연구와 관련하여 이탈리아에는 세계 최고의 석학 텔모 피에바니[Telmo Pievani]가 있다. 그는 파도바대학교에서 과학철학의 한 분야인 생물학적 철학을 가르치는 젊은 학자로, 일련의 성공적인 불완전성의 결과로서 인간을 더 잘 이해하는 데 도움이 되는 책을 저술했다. 이 책의 제목은 『불완전한 존재들 - 결함과 땜질로 탄생한 모든 것들의 자연사 [Imperfezione: Una storia naturale (Imperfection: A Natural History)]』(북인어박스, 2024)다.

'친애하는 텔모, 음식 및 와인 사업가이자 역사 애호가가 해석하여 기술한 인간의 세렌디피티에 대한 간략한 역사를 마무리하며, 이제 당신에게 바통을 넘깁니다.'

텔모 피에바니의 기고글

사실, 우리는 모든 면에서 전형적인 세렌디피티의 산물입니다. 당신은 우리가 왜 직립 보행을 하게 되었는지 확실하지 않다고 말씀하셨습니다. 우리가 그 이유를 모르는 것은 두 발로 걷는 것, 즉 직립 보행이 여러 다양한 기능을 수행하기에는 훨씬 수월하지만, 우리가 알고 있는 가장 불완전한 적응 중 하나이기 때문입니다. 허리 통증, 하부 요통, 좌골 신경통, 척추 측만증, 탈장 및 기타 통증을 가진 사람들은 그 결과를 겪고 있습니다. 게다가 네 발 동물의 휜 척추를 수직으로 만들고 매우 연약한 발에 모든 체중을 싣는 것은 효율성 면에서 최선의 선택이라 할 수 없습니다. 척추의 곡선과 척추뼈에 과도한 압력이 가해지고 신경과 근육이 재적응을 해야 합니다. 도대체 왜 직립 보행을 하게 되었을까요?

그리고 맨 위에 흔들리는 머리를 지탱하고 있는 목은 또 다른 약점입니다. 한때 우리를 잡아먹던 고양잇과 동물들이 인간의 경동맥에 이빨을 박는 것은 너무나 쉬웠습니다. 그리고 모든 내부 장기가 있는 부드러운 복부도 모든 종류의 외상에 노출되어 있습니다. 말이 안 됩니다. 중력이 복막을 꽉 누르는 것은 끔찍한 장기 탈출증을 유발합니다. 우리는 얼굴에서도 그 대가를 치릅니다. 상악동에는 위쪽의 비강으로 향하는, 다시 말해 중력을 거스르는 배액 통로가 있습니다. 이는 또 하나의 끔찍한 아이디어지요. 네 발 달린 동물은 상악동의 입구가 앞을 향하고 완벽하게 작동합니다. 네 발이었던 사람이 서서 얼굴을 수직 자세로 만들면 감기나 부비동염 등에 자주 걸립니다. 출산의 고통과 다른 많은 기능 저하는 말할 것도 없습니다. 인간은 불완전함의 집합체입니다.

하지만 직립 자세는 생존과 번식 측면에서도 큰 이점을 가져다주었습니다. 그렇지 않았다면 나무에서 사는 데 더 익숙한 우리 동료들이 우세한 종이 되었을 것입니다. 나뭇가지에 앉아 아래에 있는 자신의 사촌들이 트램펄린 위를 걷는 것처럼 뒤뚱거리는 모습을 의아해하면서 재미있게 바라보는 모습을 상상해보세요. 하지만 진화의 과정에서 혁신은 예측할 수 없는 길을 밟습니다.

직립 자세는 장거리를 달릴 수 있게 해주었고 더 유연한 기동성을 제공했습니다. 또한 우리가 여전히 나무를 오르고, 걷고 뛰고 강을 건널 수 있으며, 무엇보다 초원 위에 서 있음으로써 우리를 기다리고 있는 포식자를 더 잘 볼 수 있게 해주었습니다.

물론 직립 자세는 손과 팔을 자유롭게 만들어 도구를 다루고 음식과 아이를 안고 다닐 수 있게 해주었습니다. 그런 점에서 직립 보행은 장기적으로는 기술 및 문화적 진화에 엄청난 가능성을 열어주었습니다. 투르카나 호수에서 호모 속이 출현하기 전인 70만 년 전에 사용되었던 석기를 최근에야 발견한 것은 유감스러운 일입니다. 이는 직립 자세가 아직 확립되지 않았을 때부터 누군가가 석기를 만들었다는 뜻이죠.

손을 자유롭게 사용하기 위해 이족 보행을 하게 되었다는 이야기는 앞뒤가 맞지 않게 됩니다. 그런데 놀라운 점이 있어요. 어쩌면 이러한 장점들은 예측하지 못한, 우연하게 발생한 부수적인 효과였을 수도 있다는 점입니다. 아프리카의 숲과 초원의 경계에서 살았던 인류의 조상, 오스트랄로피테쿠스가 가진 문제들 중 하나는 체온을 생리적 한계치 이내로 유지하는 것이었습니다. 특히 뇌가 그러한데, 뇌는 과열을 견디지 못하기 때문입니다. 아마도 해결책은 햇볕에 노출되는 표면적을 줄이고 체온을 조절하는 것이었을 것입니다. 어떻게요? 똑바로 서는 것이죠. 동시에 우리 조상들은 점차 털을 잃고 땀샘이 발달되었을 것입니다. 이러한 상황이라면, 구조적 불완전성으로 인한 높은 비용에도 불구하고 체온 조절을 위한 적응 과정에서 채택된 이족 보행이 여러 가지 용도 덕분에 유익한 전략으로 선호되었을 수 있습니다. 이것이 진화가 작동하는 방식입니다. 있는 것을 창의적으로 재사용하는 것이죠.

요컨대, 이족 보행은 매우 불완전한 절충안이지만 수많은 시행착오를 겪은 끝에 효과를 발휘하기 시작했습니다. 사바나를 걸어서 정복하기 위해 '나무에서 내려오는' 영웅적인 행동으로 시작되는 인간 진화의 이야기는 잊어버립시다. 인류가 완전한 이족 보행자가 된 것은 200만~280만 년 전 호모 속 초기에 발생한 일에 불과합니다. 그 전에는 줄곧 나무로 돌아가 숨을 곳을 찾았습니다.

유전적 돌연변이는 DNA의 입력 오류라 할 수 있는데, 종종 이는 해롭게 작용하지만 이러한 돌연변이가 없었다면 진화적 변화를 촉진할 수 있는 그 어떤 것도 없었을 것입니다. 오류는 자연에서 생성되는 것입니다. 더욱 흥미로운 것은 때때로 진화가 우연하게도 잉여물들을 저장해둔다는 점입니다. 예를 들어, 우리의 유전체(게놈)는 불필요하게 반복되는 염기서열과 비활성화된 유전자로 가득 차 있습니다. 이러한 것들을 유지하는 비용이 너무 많이 든다면 진화는 그것들을 제거합니다. 비용이 그렇게 들지 않는다면, 용도를 변경하여 사용할 수 있을지도 모른다며 사람들이 창고에 보관하는 잡동사니처럼 보관해둡니다.

오스카, 당신은 분명 생물다양성과 맛의 다양한 활용이라는 측면에서 양파를 찬양할 수 있을 겁니다. 양파의 DNA는 우리보다 4배나 깁니다! 그러나 외람된 말이지만 양파는 구근 식물이며 우리보다 4배 더 진화되었거나 더 똑똑하다고 보기는 어렵습니다. 자연은 가능하다면 언제나 풍요롭습니다.

실제로 우리는 최근 진화의 중요한 단계들 중 일부가 다른 일을 하거나 일시적으로 사용되지 않았던 유전자를 재사용한 결과였다는 사실을 발견했습니다. 한 가지 일을 하는 유전자를 발견했는데 그 유전자가 완전히 다른 일을 하는 데 사용될 수 있다는 것을 발견하는 것, 이것도 역시 세렌디피티입니다.

여기서 핵심은 진화는 항상 우연하게 진행되며, 우리는 그 법칙을 최종적으로 확인하는 존재라는 점입니다. 자연에서 하나의 구조는 생존과 번식 측면에서 유리하게 해주는 기능과 관련하여 진화합니다. 예를 들어 곤충을 날게 해주는 구조인 날개의 경우도 날기 위해 진화한 것으로 알고 있지만, 자연에서는 그 특성이 여러 가지 용도로 사용되는 경우가 많기 때문에 주의해야 합니다. 즉, 우연하게도 날개는 위장하거나 보호하기 위해, 그늘을 만들기 위해, 그리고 화려한 색으로 암컷을 유혹하거나 신호를 송출하기 위해 사용되기도 합니다. 결국 이 날개가 원래는 어떤 용도로 진화했는지 알기란 어렵습니다. 자연은 상상력으로 가득하고 다양성이라는 양분을 먹습니다. 미리 정해진 표준이란 존재하지 않습니다. 진화는 모든 개체에 내재된 무궁무진한 변화 가능성과 고유성을 기반으로 하나하나 그 가능성을 탐구하기 때문입니다.

새의 날개가 날기 위해 진화했다고 믿는 이유는 목적과 계획, 필요에 의해 그렇게 되었다는 관점에서만 생각하기 때문입니다. 하지만 이는 잘못된 생각입니다. 날개는 모든 복잡한 구조와 마찬가지로 하룻밤 사이에 갑자기 생겨난 것이 아니라 수천 세대에 걸친 자연 선택과 개별적인 희생을 거쳐 탄생했습니다.

따라서 우리는 태초에 날개에 대한 여러 시도, 즉 날개에 대한 최초의 단계인 초안이 있었다고 가정해야 합니다. 그리고 모든 단계에서 그 이상한 초안들이 여전히 무언가에는 유용했을 것입니다. 그렇지 않으면 곧바로 버려졌을 테니까요. 절벽에 서서 초안의 날개로 날아보려는 시도를 한다고 합시다. 실패할 겁니다! 이게 요점입니다.

최초로 하늘을 난 공룡의 날개는 다른 기능들을 가지고 있었습니다. 성적인 매력을 발산하고, 체온을 조절하며, 달리는 동안 균형을 잡는 등의 기능이죠. 그러다가 몇몇은 나무 둥치에서 먹이를 덮치는 과정에서 날개를 활공에 사용하는 법을 배우기도 했습니다. 한참 후에 이러한 날개는 하늘을 자유롭게 나는 데 사용되었습니다. 놀라운 발견이었죠. 우리 인간들은 한 세기 전에 겨우 모방할 수 있었던 기술입니다.

이것이 자연의 우연한 위대함입니다. 자연 선택이 어떤 결과를 이끌어내고 그 결과 안에는 또 다른 수많은 이야기가 있습니다. 특정 목적을 위해 진화한 특성이 전혀 다른 용도로 재사용되기도 하는 것입니다.

인간은 창의적인 '땜질' 분야에서 세계 챔피언으로, 필요라는 가치를 만들고 불가능해 보였던 대안들을 생각해냈습니다. 대안이 없다고 말하는 사람은 크게 화를 당할 것입니다! 그렇기 때문에 불완전함이 그토록 중요한 것입니다. 우리가 완벽하다면 모든 것이 제자리에 있을 겁니다. 우리는 특정 환경에 고도로 특화되어 있을 것이고 그게 다일 것입니다. 우선 커다란 생태적 충격만으로도 우리는 멸종했을 것입니다. 우리 비밀 무기는 유연성, 즉 기발한 적응력과 가변성입니다. 다윈은 자연은 쓸데없는 것으로 넘쳐나지만 그래서 혁신적이라고 말한 바 있습니다. 과잉, 불완전성, 우연한 변화 등 항상 연구할 소재가 있기 때문이죠.

인간의 뇌만 해도 200만 년 동안 크기가 세 배로 커졌습니다. 머릿속에서 가능한 모든 방향으로 밀어내 확장하면서 폭발적으로 팽창했습니다. 뇌가 커진 덕분에 우리는 점점 더 복잡해지는 사회관계를 관리하는 데 큰 도움을 받았지만, 비용이 많이 들고 불완전하기도 합니다. 이 때문에 우리는 채소, 과일, 씨앗, 동물성 단백질, 익힌 덩이줄기 작물 등으로 식단을 더 풍성하게 하고 다양화해야 했습니다.

우리의 뇌는 우연한 땜질의 산물입니다. 뇌는 성장하면서 오래된 부분과 새로운 부분을 최선을 다해 조합했고, 오늘날에도 여전히 서로 상호작용하고 있습니다. 때로는 감정이나 본능적 반응과 관련된 가장 오래된 영역들이 추론, 언어, 그 외의 많은 것과 관련된 전전두피질과 두정엽과 같은 최근의 영역들과 충돌하기도 합니다.

뇌는 창의적인 재활용의 챔피언입니다. 불완전한 도구지만 놀라운 잠재력을 가지고 있지요. 우리는 전혀 다른 것을 하도록 진화한 뇌의 일부를 사용하여 읽고 쓰고 대화합니다. 이와 관련하여 강박적으로 스마트폰의 키를 누르는 데 마주 볼 수 있는 엄지손가락이 사용되리라고는 상상도 못했을 것입니다. 오늘날 지능의 어떤 영역도 처음 만들어졌을 때와 동일한 기능에 할당된 영역은 사실상 없습니다. 순전한 의미의 세렌디피티지요.

이 마법을 한번 생각해보세요. 우연한 뇌는 이제 스스로 인지하고 우주에 대해 질문하며 우주선을 만들고 자연 현상을 연구하며 그 과정에서 종종 무언가를 찾다가 완전히 다른 것을 발견하기도 합니다! 이제 우연성의 산물인 우리 머리는 아직 알지 못하는 것을 깨닫고 우연에 이끌리면서 미지의 것들을 탐험합니다.

자연의 우연이 우리를 창조했고, 이제 우리는 우연을 이용해 자연을 이해합니다. 오래전에 노벨 의학·생리학상을 수상한 위대한 과학자 조지 월드 George Wald는 우리 몸과 마음이 별의 핵에서 합성된 중원소들로 구성되어 있다는 점을 고려할 때, 인류는 별이 스스로를 알기 위해 고안한 방법이라고 말했습니다.

그렇다면 과학에서 우연은 겸손을 의미하기도 합니다.

우리는 우주를 이해한다고 생각했지만, 에너지와 암흑 물질을 합치면 우리가 아는 것이 10%도 안 된다는 사실을 알게 됩니다. 그래서 발견의 모험은 계속됩니다.

우리는 지구상에 유일한 인간이라고 확신했지만, 5만 년 전까지만 해도 아프리카와 유라시아에 적어도 다섯 가지의 다른 인간 형태가 함께 살았다는 사실을 알게 되었습니다. 다양성의 절정기였죠. 제 생각에 인간이 되는 데는 여러 가지 방법이 있습니다. 우리의 방법만이 유일하지는 않았다는 사실을 알게 된 것은 멋진 일입니다.

게다가 우연이라는 말에 걸맞게 과학의 질문에 대한 답은 다른 많은 질문을 불러일으킵니다. 예를 들어, 수천 년 전까지만 해도 다른 인류와 함께 살았다면 어떻게 우리만 남게 되었는지 궁금해집니다. 모르긴 해도 호모 사피엔스는 오랫동안 간섭하기 좋아하는 종이었을 것으로 추정됩니다. 과학은 시간이 지남에 따라 물음표가 줄어들지 않고 오히려 늘어나는 멋진 사업입니다. 더 많이 알수록 더 많이 모른다는 것을 깨닫게 되죠. 사실, 자신이 모른다는 사실조차 몰랐다는 것을 깨닫게 되는 것, 이것이 바로 가장 매혹적인 형태의 세렌디피티입니다.

인간이 이족 보행을 하고 뇌가 커지기 시작하자마자 이동을 시작해서 멈추지 않은 것은 우연이 아닙니다. 인류는 여러 차례 아프리카 대륙을 떠나 유라시아 대륙으로 흩어졌습니다. 호기심에서든 기후 변화에 대응하기 위해서든 인류는 200만 년 동안 이주를 해왔지만, 어떤 사람들은 이주를 비상사태나 더욱 심각하게 는 최근의 침략에 의한 것이라 생각하기도 합니다.

반대로 우리는 이주했기 때문에 인간입니다.

우리 뇌의 유연성, 놀라운 적응력, 다양성은 대체로 문화적 진화와 끊임없이 이동하고자 하는 경향에서 비롯된 것으로, 우리는 항상 저 언덕 너머에 무엇이 있는지 보고 싶어합니다. 호모 사피엔스는 탁월한 이동성 종으로, 13만 년 전 아프리카를 벗어나기 시작한 이래 한 번도 멈춘 적이 없습니다. 또한 약 6만 5,000년 전에는 호주로 최초로 이동했고 2만 5,000년 전에는 아메리카 대륙으로 최초로 이동했습니다.

기껏해야 5만~6만 명에 불과했던 아프리카의 작은 개척자 집단(작은 마을 규모)에서 오늘날 놀랍도록 다양한 민족, 언어, 문화가 전 세계로 퍼져나갔습니다. '다양성 속에서의 통합'이 세계의 모토가 되어야 합니다.

이주는 우연한 행동이기도 합니다. 새로운 땅이나 자원 등 무언가를 찾아 떠났다가 전혀 다른 무언가를 발견할 수도 있습니다. 예를 들어 아프리카를 떠난 초기 인류의 후손인 다른 종족과 함께 살게 될 수도 있습니다. 우리 인류는 때때로 정말 운이 좋았습니다. 갑작스러운 기후 변화나 거대한 화산 폭발로 인해, 또는 특정 바이러스와는 공존할 수 없어 인구가 한 번 이상 급격히 감소했음을 보여주는 유전적 데이터가 있습니다. 하지만 그때마다 우리는 이를 극복하고 우연한 모험을 재개했습니다.

북극 지방에서부터 열대 지방에 이르기까지 지구의 모든 생태계를 이동하고 이에 적응하는 과정에서 사피엔스 탐험가 그룹은 곧 그들의 모순적인 본성을 드러냈습니다. 이들은 매장 의식, 악기나 도구, 신체 장식품, 암벽화 등 놀라운 창의력을 갖췄지만 침략자, 공격자, 포식자이기도 했습니다. 4만 년 전으로 거슬러 올라가면 호모 사피엔스가 가는 곳마다 환경이 변화하고 종종 고갈되기도 했습니다. 환경의 지속 가능성에 한계가 있다는 것은 오래된 이야기입니다.

당신은 앞에서 불이 얼마나 중요하고 우연한 발견이었는지 설명했습니다. 불은 말 그대로 주변 세상을 바꾸어 더 편안한 곳으로 만들어주었습니다. 세상에 수동적으로 적응하는 대신 세상을 능동적으로 변화시킨 것이 우리 진화의 성공 비결입니다. 그리고 이렇게 우리가 도입한 변화에 적응했습니다. 불 덕분에 우리는 더 씹기 쉽고 소화가 잘되며 영양이 풍부한 익힌 음식을 먹을 수 있게 되었습니다.

하지만 또 다른 중요한 사실이 있습니다. 이제 우리의 소화 시스템은 익힌 것에 의존하게 되었고 날 음식만으로는 생존할 수 없게 되었기 때문에 우리의 생리도 바뀌었습니다. 우리의 사촌인 유인원도 선택권이 주어지면 익히지 않은 음식보다 익힌 음식을 선호합니다. 제게는 이것이 세렌디피티의 놀라운 사례라고 생각합니다. 음식 조리와 같은 문화적, 기술적 발명이 우리 유전자를 바꾼 것이지요. 세상이 거꾸로 뒤집힌 셈이죠. 문화가 먼저, 생물학이 그 뒤를 따른 겁니다.

성인이 우유와 유제품을 소화하고 알코올을 대사하는 경우도 이와 마찬가지인데, 이러한 메커니즘이 작동하지 않는 경우들도 있습니다. 지방과 당분이 많은 음식을 너무 많이 섭취하는 것은 인간에게 좋지 않은데, 인간의 생명 활동이 이러한 고칼로리 음식을 항상 대량으로 구할 수 있는 도시 환경에 아직 적응하지 못했기 때문입니다. 하지만 이 과정은 느리지만 계속되고 있습니다.

우리를 살 수 있게 해주는 내장과 입, 피부에 서식하는 박테리아, 곰팡이 및 기타 미생물의 생태계를 의미하는 마이크로바이옴의 경우 도시와 산업화된 지역에 사는 사람들보다 수렵 채집인과 시골 거주자들의 것이 훨씬 더 건강하고 풍부합니다. 이는 좋은 소식이 아닙니다. 게다가 지구 온난화가 지구의 조절 메커니즘에 대한 대대적인 변화가 아니라면 이를 어떻게 해석할 수 있을까요? 지구 온난화는 일부 인류에게 웰빙과 발전을 가져다준 인간의 활동에서 비롯된 것이며 이제 우리가 적응해야 하는 변화입니다.

인간의 진화적 세렌디피티는 인간을 모순적인 존재로 만들었습니다. 우리 스스로가 초래한 급격한 변화에 적응하면서 지구를 온난화하고 생태계를 황폐화하는 것은 그 영향을 배가시키는 위험한 게임일 수 있습니다. 우리는 이미 지구 생물다양성의 3분의 1을 멸종시켰습니다. 예를 들어, 환경 위기는 이미 충격적인 글로

벌 불평등을 더욱 악화하고 전쟁과 강제 이주를 부추기며 팬데믹의 가능성을 높입니다.

이탈리아에서 태어난 사람이라면 이 문제에 특히 민감할 수밖에 없습니다. 우리는 중간 기지국, 즉 통과국으로서 수십 년 동안 엄청나게 과도한 토지 사용과 해안 개발에도 불구하고 우리 반도가 여전히 유럽 전체에서 생물다양성이 가장 풍부한 지역이라는 사실을 매우 자주 잊어버립니다. 동시에 과학적 조사가 필요하긴 하지만, 이탈리아에서는 인간, 언어, 문화, 미식의 측면에서 타의 추종을 불허하는 놀라운 다양성이 진화해왔습니다.

요약하자면, 제가 말하고 싶은 것은 불완전하고 우연하게 발생한 종이 엄청난 힘을 가지고 있다는 점입니다. 그러나 공룡과 달리 우리는 이를 알고 있으며 우리 종을 멸종시키는 것은 정말 터무니없는 일이라는 점을, 사피엔스답지 않다는 점을 깨닫고 있습니다. 다른 무엇보다 우리 없이도 지구 위의 생명은 완벽하게 잘 유지될 것이며, 실제로 빠르게 다시 번영할 것입니다. 우리는 필수 불가결한 존재가 아닙니다. 환경에 대한 책임은 궁극적으로 우리 자신과 미래 세대에 대한 존중을 표현하는 인본주의적 약속이라고 생각합니다.

게다가 수많은 우연으로 여기까지 왔는데, 우리가 가진 하나뿐인 지구를 고갈시키는 것은 정말 큰 행운을 낭비하는 일입니다.

생각만 해도 소름이 돋습니다. 이 모든 것의 시작에는, 태초의 불완전성인 양자 진공에서의 무한한 미세 요동, 그러다가 반물질보다 물질이 우세해지는 현상, 물질이 고르지 않게 분포하여 가장 밀집된 구역에서 별의 용광로가 타오르는 현상, 무작위로 선택된 은하의 주변부, 그러나 무거운 원소들로 가득 찬 영역에서 너무 크지도 작지도 않은 하나의 별이 탄생했다는 사실, 그 별 주위를 도는 암석들 간의 우연한 충돌로 적당한 거리에 적당한 크기의 행성이 탄생했다는 사실 등이 있습니다.

나머지는 공룡이 지배하던 시대가 저물고 우리 조상인 포유류에게 지구가 양도되었던 6억 6,000만 년 전의 전적으로 우연한 전환점을 포함하여 오스카 당신이 잘 요약해준 삶에 관한 이야기입니다. 그 어디에도 그러한 일들이 정해진 대로 일어났어야 했다는 기록은 없습니다. 우리가 인식해야 할 사실은 우리가 운이 좋아서 여기까지 왔다는 점입니다. 우연한 기회였던 것이죠.

아마도 천문학자들이 찾고 있는 수많은 외계 행성들 중 하나에서도 이런 일이 일어났을 가능성이 높지만, 어떤 결과가 나왔을지는 추측하기 어렵습니다. 우주 이웃에 관해 우리가 찾을 수 있는 최선의 것은 극단을 좋아하는 몇몇 낯선 박테리아들일 겁니다. 페르미 역설Fermi paradox의 비관론에 동조하고 싶지는 않지만, 외계 문명이 행성 간 여행을 할 수 있는 진화 단계에 도달했을 시점이면 이미 그 외계 존재의 행성이 가진 자원이 고갈되고 붕괴되었을 것이기 때문에 외계 존재들이 찾아오거나 방문하는 일은 없을 것이라고 추측하는 물리학자들의 말이 맞을 수도 있습니다. 그 외계 존재는 이미 전쟁으로 산산조각이 났을 겁니다. 요컨대,

우리를 방문할 만큼 충분히 지적인 외계인은 이미 멸종한 외계인이라는 말입니다. 이 메시지는 분명 외계인보다 우리를 향한 것이며, 우리가 그 방향으로 가지 않기를 바랍니다.

이러한 진화의 함정에서 벗어나려면 우리 지성의 우연성을 길러야 합니다. 자연 현상에 대한 순전한 호기심으로 시작한 기초 연구를 지원해야 한다는 의미입니다. 이 책의 서문에서 언급한 것처럼 이러한 현상들이 혁명적이고 예상치 못한 적용 사례들을 촉발시키는 경우가 종종 있습니다.

최근 사례를 하나 더 추가하겠습니다. 오늘날 우리가 사용하는 가장 강력한 생명공학 기술인 유전체 편집은 몇 년 전 자금 지원이 거의 없이 바이러스에 대한 박테리아의 방어력을 연구하던 몇몇 미생물학자들이 '자신도 모르게' 발견한 것입니다. 지금은 월스트리트에 상장된 거대 신생 기업들이 이를 연구하고 있습니다.

세렌디피티는 순수한 우연이 아닙니다. 이는 변화와 놀라움, 예상치 못한 돌발 상황에 대해 열린 마음을 갖는 것을 의미합니다. 실험을 통해 자연에 질문을 던지면 자연은 완전히 다른 것으로 응답합니다. 천재성은 이 '완전히 다른' 것 안에 중요한 것이 있다는 사실을 즉각적으로 이해하는 데 있습니다.

순수하고 선입견이 없는 연구를 장려한다는 것은 우리가 여전히 무지하다는 사실을 알고 생성 오류에 대해 열려 있으며, 멀리 내다보고 즉각적인 수익을 기대하지 않는다는 것, 그리고 고집을 부리지 않고 증거가 가리키는 다른 길을 택할 준비가 되어 있다는 것을 의미합니다. 사회 정의 없이는 환경을 보호할 수 없으므로, 진정한 혁신은 공동의 이익을 위해 모든 사람이 접근할 수 있어야 한다는 점을 이해해야 합니다.

결국, 세렌디피티 지향적인 사고는 잘못된 근거에 사로잡혀 역사를 이해하고 있다고 확신하며 항상 다른 사람을 친구 또는 적으로 분류하고 두려움, 이기심, 분노를 삶의 자양분으로 삼는 근본주의자적 사고와는 반대됩니다.

또한 세렌디피티 지향적인 사고는 기업, 종파, 정당의 이익에 집착하는 부족 중심적 사고, 즉 공동선을 생각하기보다 자신의 뒷마당 싸움에서 이기고 싶어하는 사람들이 가진 사고와는 반대됩니다. 안타깝게도 최근 많은 과학 연구에 따르면 이러한 개탄스러운 인간의 태도가 우리 두뇌를 정복하는 데 매우 성공적이라는 사실을 보여주고 있습니다. 이러한 태도는 우리를 설득하고 안심시켜주는 본능적 지름길이기 때문입니다.

이것이 바로 인터넷에서 일어나고 있는 일입니다. 인터넷이 주는 해방과 정보 공유의 가능성을 열정적으로 탐구했던 처음 단계 이후, 이제 디지털 세계는 우리가 가진 편견을 사실이라고 확인시켜주는 거품들 속에 사는 부족들로 가득 채워지고 있는 중입니다. 하지만 우리는 여전히 웹의 선사시대에 살고 있으며, 이를 문명화하는 데는 시간이 걸릴 것이라는 데 저도 동의합니다. 특히 젊은이들에게 비판 정신과 세렌디피티의 정신을 길러주기 위해 노력해야 하는 이유도 바로 그것입니다. 젊은이들이 때때로 운명론을 따르며 의욕을 잃고 체념하는 것을 보는데, 이는 말도 안 되는 일입니다. 우리는 혁신과 놀라움이라는 영역에서 훌륭한 자원들을 가지고 있습니다.

지금까지 우리는 세렌디피티 덕분에 용케 살아왔고 앞으로도 그럴 것입니다. 우리가 함께 모여 장기적인 목표를 세운다면 불가능은 없을 것입니다.

최근 달 착륙 50주년을 맞이했습니다. 지금 시점에서 그 당시 달 착륙에 사용했던 '선사 시대적인' 재료와 기술들을 보면 그들이 한 모험은 허무맹랑한 짓이었다는 걸 깨닫게 되겠지만, 그 모든 것에도 불구하고 그들은 달에 도착했습니다. 이러한 집단적 노력은 우연한 기술적 응용을 더욱 활성화하는 것으로 이어졌습니다. 지구 온난화와 우리가 만들어낸 피해와 기회 속에서 태어날 후손들은 21세기의 초반 수십 년 동안 우리가 사용하고 있는 '선사시대적인' 기술을 애정을 가지고 되돌아볼 것입니다.

인간의 세렌디피티는 끝나지 않는다는 점에서, 그리고 숨겨진 목표가 없다는 점에서 결론이 없는 이야기입니다. 호모 사피엔스는 20만 년 전 아프리카에서 태어났으며, 이는 진화 시간으로 따지면 눈 깜짝할 사이에 이루어진 8,000세대 전의 사건입니다.

가능성에 대한 우리의 탐구는 이제 시작 단계에 불과하다고 생각하고 싶습니다.

여러분에게도
세렌디피티가 함께하기를!

이제 마지막에 이르렀다. 우리는 토리노에서 시작해 나폴리·밀라노·부에노스아이레스·멕시코·뉴욕·시카고·샌디에이고·트리니다드·파리·런던·몽골·일본에 이르기까지 세계 곳곳을 여행하며 멋진 시간을 보냈다. 불의 발견에서부터 신육종 기술과 현대 의학에 이르기까지 다양한 시대와 기술을 둘러보기도 했다. 놀라운 사람들의 경험담을 듣고 정말 특별한 사람들과 이야기도 나눴다.

내가 즐거운 마음으로 이 이야기들을 들려준 만큼 독자 여러분도 재미있게 읽었기를 바란다. 이 책을 통해 우리가 먹고 마시는 제품들에 대해 더 많이 알게 되고 이것들을 더 잘 즐기는 데 도움이 될 것이라 믿어 의심치 않는다.

나아가 역사상 각기 다른 시간대에 크고 작은 문제에 직면했지만 열정과 인내, 용기 덕분에 해결책을 찾아 극복한 사람들의 사례를 통해 좋은 교훈을 찾을 수 있었을 것이라 확신한다.

이 모든 이야기가 우리에게 준 가장 중요한 교훈은 의심이 확신보다 더 가치 있을 수 있다는 점이다. 의심 덕분에 '실수한' 많은 제품이 뛰어난 제품으로 탈바꿈했다는 사실을 배웠다. 우리는 방향을 바꾸고 후퇴하며 실수에서 배우고 어느 것이 옳고 어느 것이 그른지 결코 단언하지 않는 역량을 확인했다.

의심한다는 것은 결코 불확실하다는 뜻이 아니다. 사실 우리를 포기하지 않게 하고 생각을 바꾸어 새로운 길을 찾도록 이끌 수 있는 것은 이러한 의심이다.

인생을 즐겨라! 독자 여러분 모두의 여정에 멋진 세렌디피티가 함께하기를 기원한다.